新形式対応

TOEIC® L&R TEST
はじめから超特急
金のパッケージ

TEX加藤

JN051610

朝日新聞出版

編集協力 ─────── 渡邉真理子

Daniel Warriner

株式会社 Globee

株式会社 mikan

録音協力 ─────── 英語教育協議会 (ELEC)

東健一

Emma Howard 🇬🇧

Howard Colefield 🇺🇸

Jason Takada 🇦🇺

Nadia Jaskiw 🇨🇦

もくじ

Part 1　写真描写問題　　　　　　　　19

Part 2　応答問題　　　　　　　　　　51

Part 3　会話問題　　　　　　　　　　79

⊗ TOEIC 超重要単語200 　　　284

実戦模試 問題 　　　305

実戦模試 解答・解説 　　　351

コラム

まえがき

　本書は、TOEIC L&R TEST の総合対策書です。私自身の、150回以上の受験経験と、延べ数千名の学生への指導経験を基に、「最新、最強のガイドブック」を目指して書きました。

　本書の主な対象は以下のような方です。

- 初受験まで時間がないので、効率よくテスト対策をしたい
- 試験を受けたけどボロボロだったので、対策をしてスコアアップしたい
- 試験の最新の傾向と対策を一通り知っておきたい

　本書の基本的な使用方法は以下の通りです。

1. パートごとの基本知識と対策を学ぶ
2. 例題でポイントを確認する
3. 実戦問題で練習する
4. 全パート終了後、巻末の実戦模試を解く
5. パートごとの勉強法を実践し、付録の単語を覚えて実力を伸ばす
6. 試験直前に再度模試を解いてポイントを確認する

　本書で使われている記号は以下の通りです。

L：リスニングセクション		R：リーディングセクション	
動：動詞	名：名詞	形：形容詞	副：副詞
前：前置詞	接：接続詞	助：助動詞	複：複数形
類：類義語	関：関連語	同：同義語	例：用例

従来の特急シリーズ同様、この本の音声は、下記 HP から無料でダウンロードできます。

https://publications.asahi.com/toeic/

本書は、AI 英語教材アプリ abceed に対応しています。スマートフォンをお持ちの方は、こちらのアプリもぜひご活用ください。無料の Free プランで音声を聴くことができ、音声速度も簡単に変えられます。詳しくは P.18 をご参照ください。

最後に、延べ数千名の教え子の皆さん。本書を実践的な内容にすることができたのは、ひとえに皆さんのおかげです。本書の問題作成には、TOEIC に精通した Daniel Warriner 氏の協力を得ました。TOEIC 講師としてお世話になった方々、出版にあたりご協力を頂いた皆様、実家の家族、愛犬 TEX、私の著作をご支持頂いている読者の皆さまにも、この場を借りて感謝申し上げます。本書が読者の皆さまのスコアアップのお役に立てますこと、著者として心より願っています。

2024年1月吉日
TEX 加藤

TOEICはどんなテスト?

TOEIC Q&A

ここからは、受験者として知っておくべきことをQ&A形式でご説明します。以下の情報は2024年1月時点のものです。内容が変更になる場合もありますので、念のため最新情報はTOEIC公式サイトにてご確認ください。

●TOEICってどんな試験ですか?

TOEICは、Test of English for International Communicationの略で、「トーイック」と読みます。TOEICは、ビジネス英語の基本的な運用能力を測る試験です。L&R (Listening & Reading) と、S&W (Speaking & Writing) の2種類の試験があります。このうち本書で扱うのは、L&Rの方です。皆さんが、社会人として、どの程度英語を聞いて読んで理解できるかが、5点刻みのスコアで示されます。ListeningとReadingは別々に採点され、それぞれ最低点が5点、最高点が495点です。合計すると、最低点が10点、最高点が990点です (最低点の10点は白紙で出した場合の点数です。200問をほぼ勘でマークしても200点程度は取れます)。試験時間は約2時間で、リスニング約45分 (45～47分)、リーディング75分です。途中休憩はありません。

●試験はいつありますか?

TOEICには、皆さんが一般の受験者と一緒に受験する「公開テスト」と、普段通われている会社や学校で団体受験する「IPテスト」の2種類の試験があります。2024年は、公開テストは年18回 (3・6・7・9・10・12月は月2回。それ以外は月1回) 開催予定です (回数が少ない地域もあります)。試験は通常日曜日に開催され、午前実施か午後実施かを選べます。問題は午前と午後で違います (問題の違いによる有利不利はありません)。同じ日に午前と午後の試験を両方受けることはできません。年度の途中で試験日が追加される場合もありますので、最新のスケジュールは公式サイトでご確認ください。IPテストは、テストの実施団体が決めた日時に実施されます。

● IP テストと公開テストはどう違いますか？

IP テストの IP は、Institutional Program（団体特別受験制度）の略です。**普段通っている会社や学校といった団体で申し込み、会社の同僚や同じ学校の学生と一緒に受験します。試験内容や難易度は公開テストと変わりません（IP テストは過去に実施されたさまざまな公開テストの問題を再利用しています）**。公開テストのスコアは、試験の 17 日後に公式サイトで発表され、その翌日にデジタル公式認定証が発行されます。IP テストのスコアは、通常、それより早くわかります（実施団体に直接ご確認ください）。

なお、IP テストでは、公開テストで発行される Official Score Certificate と呼ばれる公式のスコア認定証は発行されません。 特に、就職・転職活動や入試等で TOEIC スコアの提出が必要な場合は注意が必要です。「過去半年以内に受験した公開テストのスコアに限る」等、応募や出願の条件に明記されている場合もあります。あらかじめ確認しておきましょう。

● 受験料はいくらですか？

本書の発売時点（2024年1月）の公開テストの受験料は 7,810 円（税込）です。 リピート受験すると割引になる制度もあります（最新情報は公式サイトでご確認ください）。IP テストは、通常公開テストより安く受験できます。実施団体によって受験料は異なりますので、各団体に直接確認しましょう。

● 試験会場は選べますか？

公開テストでは、申込の際、全国約 80 都市の中から、「東京」「大阪」「福岡」といった形で受験都市を指定できます。ただし、**会場は指定できません。** 試験日の 10 日程度前に郵送で届く受験票や、公式サイトで受験会場を確認できます。IP テストは、通常、実施団体の会社や学校で受験します。

● 注意すべき禁止事項はありますか？

問題用紙への書き込みは禁止です。メモを取ることはもちろん、線を引いたりマルを付けたりすることもできません。リスニング中にリーディングの問題を見たり解いたりすることも禁止です。試験終了の合図があったにもかかわらず、解答を続けることもできません。 こうした禁止行為が試験官に発見されると、試験が無効になる可能性があります。また、携帯電話や電子機器を試験中に鳴ら

すと、その場で退場になってしまうので注意しましょう。試験中の水分補給は認められていますが、試験教室内での食事は禁止です。

●問題によって配点は違いますか？

簡単な問題も難しい問題も配点は同じです。正答数でスコアが決まります。難しい問題で考え込んで時間を浪費しないようにしましょう。また、勘で正解しても減点されることはありません。リーディングの時間が最後足りなくなっても、白紙で出さずにマークしましょう。ちなみに、A/B/C/Dの正解になる確率はほぼ同じです。たとえば、最後の20問を、「ABCD」のように散らしてマークすると、ほとんど外れる可能性もあります。「最後の20問は全部A」等、同じ記号にマークしましょう。そうすれば約4分の一の確率で正解できます。目安として、600点目標ならL/R合わせて6割程度、700点目標なら7割程度、800点目標なら8割程度の正答率が必要です。

●TOEICのスコアに有効期限はありますか？

英語力は時間の経過と共に変化するため、TOEICの開発元のETSはスコアの有効期限を2年と設定しています。また、紙の公式認定証の再発行期間は試験日から2年以内です。それを過ぎると再発行してもらえなくなります。ただし、応募や出願等の目的でスコアの提出が必要な際、企業や学校等が個別に有効期限を設定している、あるいは期限を明記していない場合があります。間違いがないようあらかじめ確認しておきましょう。

公開テストの申込方法

公開テストの申し込みはオンラインです（IPテストは実施団体によって異なります）。

以下の手順で申し込みましょう。

① TOEIC公式サイトのトップページからログイン（初めての場合は事前に会員登録が必要）
② 「TOEIC Listening & Reading Test」の「受験申込」を選ぶ
③ 申込可能な試験回が表示されるので、午前か午後かを選ぶ
④ 個人申込か団体申込かを選ぶ
⑤ 画面に表示される説明にしたがって手続きを進める

⑥ 「クレジットカード」「コンビニ決済」「楽天ペイ」のどれかを選んで支払い

⑦ 支払が終わり、登録したメールアドレスに「申込受領通知」のメールが届けば申込完了

　受験票は試験の約10日前に届きます。万が一、申込方法がわからない、試験数日前になっても受験票が届かない、受験票を紛失してしまった等のトラブルがあった場合は、公式サイト右上の「お問い合わせ」をチェックして、対応を確認しましょう。

公開テスト受験の流れ

●前日

以下の「TOEIC受験4種の神器」がそろっているかを、前日のうちに確認しておきましょう。

① 写真を貼った受験票

　署名欄への署名と、写真裏面への受験番号と氏名の記入も忘れないようにして、前日に受験票に写真を貼っておきましょう。試験当日に写真がないとあせってしまいます。

② 筆記用具

　普通のシャーペンは芯が出ない等のトラブルもあるので、解答用には芯が太いマークシート用のシャーペンか、鉛筆がオススメです。ちなみに私は鉛筆3本を毎回持参しています。解答欄のマーク用に先を丸めたものを2本、解答用紙と問題用紙の氏名欄の記入用に先が丸くないものを1本準備しています。

③ 本人確認書類 (顔写真付の身分証明書)

　下記いずれかの原本が必要です。忘れると受験できません。
- 運転免許証
- 学生証／学生手帳／生徒手帳 (デジタル学生証も可)
- パスポート (パスポートは海外発行も可)
- マイナンバーカード (個人番号カード)

- ●住民基本台帳カード
- ●在留カード
- ●特別永住者証明書
- ●仮運転免許証
- ●運転経歴証明書
- ●障害者手帳（身体障害者手帳・療育手帳・精神障害者保健福祉手帳）

※「社員証」は本人確認書類として認められません。

④ 腕時計

　会場には時計がありません。試験中に時刻のアナウンスもないので、必ず腕時計が必要です。腕時計の時刻は前日のうちに合わせておきましょう。スマホやスマートウォッチ、置時計は禁止です。私は文字盤が見やすいカシオのアナログ腕時計を愛用しています。

　その他、参考書やお守り等も、必要なら前日までにすべて準備しておきましょう。会場までの経路や所要時間も必ず確認してください。時間に余裕を持って会場に到着できるよう、家を出る時刻もあらかじめ確認しておきましょう。

　私の趣味のテニスでは、「準備をしすぎて負けた選手はいない」「試合は前日から始まっている」という名言があります。これは TOEIC でも同じです。試験前日の夜は、暴飲暴食を慎み、しっかり睡眠をとり、準備を万全にして試験に臨みましょう。

●当日

　試験会場での流れは以下の通りです。

テスト当日の流れ	午前実施	午後実施
受付	9:25〜9:55	14:05〜14:35
試験の説明・音テスト	9:55〜10:20	14:35〜15:00
試験開始〜試験終了	10:20〜12:20	15:00〜17:00
問題用紙・解答用紙の回収	12:20〜12:35	17:00〜17:15
解散	12:35頃	17:15頃

以下は、起床してから試験までのシミュレーションです。

●起床〜出発

　十分な睡眠は重要ですが、出発ぎりぎりまで寝て、あわてて家を出てはいけません。家を出るまでに少なくとも以下の準備はしておきましょう。

① 食事

　必ず食事はとってから試験会場に向かいましょう。ただし、脂っこい物や辛い物、水分をとりすぎないよう注意してください。試験中にトイレに行きたくなっては大変です。消化の良い食事を軽めにとり、水分も適度にとりましょう。

② 4種の神器の確認

　持ち物がそろっているか、時計の時間が狂っていないか等、前日に準備したものを念のために確認しましょう。

③ 軽めの音読

　私のオススメは軽めの音読です。英文を音読すると、頭が英語モードに切り替わります。模試の Part 2 の正解の応答と Part 4 の 10 セットのトークを、音声を流しながら同時読みすると合わせて 10 分弱なので、ウォーミングアップには最適です。

④ 服装に注意

　会場によっては、冷暖房が効きすぎている、またはその逆の可能性もあります。「教室が寒すぎて試験に集中できなかった」「暑すぎてだめだった」といった感想を試験後にネット上で目にすることがよくあります。そうならないよう、必ず温度調整できる服装で試験会場に向かいましょう。特に注意が必要なのが夏場の試験です。私は真夏の試験でも、T シャツの上に必ず長そでのシャツを着て受験します。タンクトップに半パンといった服装は避け、必要ならひざ掛け等も持参しましょう。

●出発〜会場到着

　会場の受付時間は、**午前実施が9:25〜9:55、午後実施が14:05〜14:35です。遅刻すると受験できません**（大規模な交通機関の遅延等、やむを得ない場合は、各会場で問い合わせましょう）。余裕を持って会場に到着できる時間に出発しましょう。電車の車内では、リスニングの耳慣らしをしながら会場に向かうのがオススメです。素材は聞き慣れたものを選びましょう。新しい参考書や単語帳をチェックして、知らないことがあると不安になってしまいます。

　会場に到着後、会場内の掲示で自分が受験する部屋を確認します。受験教室は受験番号で指定されています。

●受付〜試験開始

　受験教室の入り口で、受験票と身分証明書を見せて、受付が済んだら入室します。席は受験番号で指定されています。座席の机の上に受験番号カード（受験番号が書かれた紙）が置かれているので、自分の番号と合っているかを確認しましょう。机の上には他に、「TOEIC公開テスト受験のしおり」と、解答用紙が置かれています。

　数百名規模の大教室でのリスニングは通常館内放送です。小教室の場合、教室の前方にスピーカーが置いてあれば、館内放送ではなく、そのスピーカーを使ってリスニングテストが行われます。

　試験終了時刻は、会場前方のホワイトボードや黒板に書かれています。午前の部なら12:21（リスニングが46分の場合）、午後の部なら17:02（リスニングが47分の場合）といった終了時刻になります。あらかじめ終了時刻は確認しておきましょう。

　席に着いたら、「受験のしおり」の記入例を見ながら、解答用紙に鉛筆やシャーペンで氏名や受験番号等の必要事項を記入します。記入が終わったら、しばらく自由時間です。トイレを済ませ、慣れ親しんだ教材で、リスニングの耳慣らしや、単語の確認等を行いましょう。

　午前の部は9:55、午後の部は14:35から試験の説明が始まります。最初に、リスニングの音テストが行われます。**音が小さい、冷房が直撃して寒すぎるといった問題がある場合は、思い切って挙手をして申し出ましょう。**席移動を認められる等、何らかの対応をしてもらえます。

その後、携帯電話等の電子機器を机の上に出し、電源を切ってカバンにしまうよう指示があります。注意事項のアナウンスが終わったら、本人確認です。受験票を中央のミシン目で半分に切り離すよう指示が出ます。係員が、身分証明書で本人確認をしながら、写真が貼ってある方を回収します（残り半分は本人保管用です）。

本人確認が終わったら、問題用紙の配布です。問題用紙にはシールで封がされていて、試験開始の合図があるまでは封を切ることはできません。問題用紙の左上に受験番号と氏名の記入欄がありますので、忘れずに記入しましょう。問題用紙が配布されてから試験開始までの数分間は、私は深呼吸をしつつ、目を閉じて集中力を高めています。きょろきょろ周囲を見渡すと集中力がそがれますから、視線はなるべく自分の机の上以外には向けないようにしましょう。

試験開始時刻になると、「まもなくリスニングテストを開始します。シールを切って、問題用紙を開いてお待ちください」という日本語のアナウンスが流れます。細かいことですが、このシールを切るのに四苦八苦している人をたまに見かけます。シールをめくろうとするとうまくいかないので、シール内側の真ん中あたりに指を差し込んで、スパッと切ってください。数秒後に、「Listening test. In the listening test…」とリスニングセクションの問題形式の説明が始まり、試験開始です。

リスニングテスト終了後、英語で、「これでリスニングテストは終了です。問題用紙をめくって Part 5 に進んでください」といった内容のアナウンスが流れますので、そのままリーディングセクションに進みましょう。試験官からは、「では、リーディングセクションを始めてください」といった指示は出ません。

試験終了時刻になると、試験官から、「試験終了です。筆記用具を置いて問題用紙を閉じてください」といったアナウンスがあります。試験官の指示に従わず解答を続けると、試験が無効になる恐れがあります。試験終了数分前の時点で、最後まで解き終わりそうになければ、あらかじめ残りの部分を全部同じ記号にマークしておきましょう。

試験終了後は、試験官が問題用紙・解答用紙の順に回収し、順次解散となります。

全体の構成と時間配分

　TOEICには、リスニングとリーディング合わせて7つのパートがあり、試験時間は約2時間（通常2時間1分か2時間2分）です。途中休憩はありません。パートごとの内容や問題数、解答時間の目安は以下の通りです。

●リスニング

パート	内　容	問題数	解答時間の目安
Part 1	写真描写問題	6問	約4分半
Part 2	応答問題	25問	約9分
Part 3	会話問題	39問（3問×13）	約18分
Part 4	説明文問題	30問（3問×10）	約14分
合　計		100問	45〜47分

　リスニングの試験時間は45〜47分です（試験当日の教室内の試験終了時刻を見ればわかります）。リスニングの音声は一度しか流れません。また、問題用紙への書き込みは禁止です。メモを取ることはもちろん、問題用紙にマルを付けたり、線を引いたりすることもできません。リスニング中にリーディングの問題を見たり解いたりすることも禁止です。

●リーディング

パート	内　容	問題数	解答時間の目安
Part 5	短文穴埋め問題	30問	10分
Part 6	長文穴埋め問題	16問（4問×4）	10分
Part 7	読解問題	1文書問題　29問（10文書） 2文書問題　10問（5問×2） 3文書問題　15問（5問×3） 合計54問	55分
合　計		100問	75分

　リーディング全体の制限時間は75分です。パートごとに制限時間があるわけではなく、どのパートから解いても構いません。「5⇨6⇨7」の順に解くのが一般的ですが、長文読解問題が得意なら、「7⇨5⇨6」の順に解くのも戦略の一つです。問題の配点はすべて同じです。大量の英文が出題されるため、高得点者でも時間内に解き終わるのは困難です。速く解こうとしてミスが増えては意

味がありません。**最後まで解き終わらなくても、解答した部分の正答率が高ければ高得点が狙えます。**以下の表は、解き残した問題数と、解いた部分の正答率をまとめたものです。目標スコアを取るための参考にしてください。

TOEIC リーディングの予想スコア（495点中）

解いた問題の正解率	解き終わらなかった問題数（100問中）				
	40問	30問	20問	10問	0問
9割	300	340	380	415	450
8割	260	300	330	370	395
7割	230	255	280	310	335
6割	195	220	235	255	270
5割	160	180	190	210	220

※この予想スコアは著者調べです。公式のデータではありません。解き終わらなかった問題は全部同じ記号にマークしたと仮定して計算してあります。

この表からわかる通り、最後まで解き終わっても、正答率が5割だと、リーディングの予想スコアは220点です。一方、30問解き残しても、解いた70問を9割正解していれば、予想スコアは340点です。**初めて受験する方は、難しい問題に時間をかけすぎないよう意識しつつ、自分のペースで、時間内に解けるところまで解くのがオススメです。なお、解き終わらなかった部分を白紙にすると、その部分はゼロ点になってしまいます。勘で正解しても減点されません。A/B/C/D が正解になる確率はほぼ同じなので、「最後の30問は全部 B」等、同じ記号にマークしましょう。**また、試験終了の合図の後も解答を続けるのは禁止行為です。試験終了の数分前に、解き終わりそうにない部分はあらかじめマークしておきましょう。私が指導していた専門学校では、リーディングセクションが始まった瞬間に、最後の数行を全部同じ記号にマークしている学生もよく見かけました（笑）

試験の概要はつかめたでしょうか。それでは、パートごとに問題を解きながら、試験内容や解き方のポイントなどを見ていきましょう。

◀ 音声を聴く方法 ▶

スマートフォンで聴く方法

AI 英語教材アプリ abceed

iOS・Android 対応

無料の Free プランで音声が聞けます。

https://www.abceed.com/

※ご使用の際は、アプリをダウンロードしてください。
※abceed 内には本書の有料アプリ版もあります。
※使い方は、www.abceed.com でご確認ください。

また、mikan アプリにも対応しています。詳細はカバー
内側に記載の QR コードからご覧ください。

パソコンで聴く方法

本書の音声は、下記の朝日新聞出版 HP から
ダウンロードしてください。

https://publications.asahi.com/toeic/

Google などの検索エンジンで

朝日新聞出版　金のパッケージ

と入力して検索してください。

Part 1
写真描写問題

「消去法」が
基本！

Part 1（写真描写問題）について

問題数	6問	時間	約4分30秒
目標正解数	600点：4問　　730点：5問		
内容	写真を見ながら (A) 〜 (D) の4つの選択肢を聞き、写真の内容を最も適切に描写している答えを選びます。選択肢の英文は問題用紙には掲載されていません。リスニングの4つのパートの中では最もやさしいといえますが、上級者でも答えに迷う問題も出題されます。		

Part 1の基本

　出題される写真は、英語圏の社会人が日常的に目にするシーンです。

　場所は、オフィスや自宅、スーパーといった屋内から、道路、ビーチ、公園といった屋外までさまざまです。写真はすべてモノクロです。色については問われません。

　写真は以下の4タイプあり、1〜2問ずつほぼ均等に出題されます。

> ●一人の写真　　●二人の写真
> ●三人以上の写真　　●無人の写真

　読み上げられる英文はすべてシンプルな短文です。

　「〜する」という能動態（普通の文）と、「〜される」という受動態の両方が出題されます。

　受動態もよく出るので、頭に入れておきましょう。

　出題される時制は現在形、現在完了形、現在進行形の3つです。

それ以外の過去や未来を表す時制は出題されません。

　以下でそれぞれの時制について確認しましょう。

● 現在形──「～である」「～がある」といった**状態**を表します。

There are some pictures on a wall. (壁に数枚の絵がある)
Some cars are parked along a street. (通り沿いに数台の車が停められている)

● 現在完了形──「(すでに) ～した」「(すでに) ～された」といった**状態**を
　　　　　　　表します。特に受動態がよく出ます。
　　　　　　　受動態は「has/have been 過去分詞」のカタチです。

Some people have gathered in a park. (公園に数名が集まった)
Some plants have been placed outside. (いくつかの植物が屋外に置かれた)

● 現在進行形──「(今)～している (ところだ)」「(今)～されている (ところ
　　　　　　　だ)」といった**一時的な動作・状況**を表します。
　　　　　　　このパートで最もよく出題される時制です。
　　　　　　　受動態は「is/are being 過去分詞」のカタチです。

He is looking at some flowers. (彼は花を見ている)
A wall is being painted. (壁が塗られている)

　　　😎 TOEIC の世界には、戦争や災害、事故は存在しないので、そうした写真は出題
　　　　されません。また、恋愛や萌え、お笑いも存在しないので、ラブシーンやアイド
　　　　ルの胸キュン写真、おバカ画像も出ません (出たら動揺して試験どころではなく
　　　　なってしまう受験者がいるためです)。

Part 1の攻略法

このパートの最も重要な攻略法は、「消去法」です。
「写っていない名詞」「していない動詞」が聞こえたら不正解です。
「動詞は聞き取れなかったけど、写っていない名詞が聞こえた」
「名詞は聞き取れなかったけど、写真と合わない動詞が聞こえた」
と思ったら、その選択肢は正解候補から消去して、次の選択肢に集中しましょ
う。
**否定文は出題されないので、写真と合わない単語が聞こえたら消去して構い
ません**。

❌ **高得点者でも、Part 1 の選択肢を 100% 聞き取ることは困難です。**
「完ぺきに聞き取る必要はなく、消去法で解く」のがこのパートの基本です。
難易度が高い問題も、消去法でほとんど解けます。
聞き取れない部分があっても、落ち着いて解きましょう。

Part 1 の心構えと準備

このパートで、「やばい」「だめだ」といったネガティブな言葉を思い浮かべると、メンタル面で出鼻をくじかれ、その後の試験に悪影響が出ます。答えがわかったら、「よし」「いける」「じぶん天才」、わからなければ、「OK」「ドンマイ」「次集中」といったポジティブな言葉を常に思い浮かべましょう。そうすることで気分が乗って、ベストのパフォーマンスが出せます。

　実際の試験では、リスニングセクションの最初に、テスト内容の説明 (Directions) が約1分半流れます (聞き流して大丈夫です)。その間に6枚の写真をざっと眺めましょう。特に、無人の写真は比較的難易度が高いので、何問目にあるのかを確認し、心の準備をしておくのがオススメです。

　では、タイプ別の例題を解きながら、解き方のポイントを確認しましょう。
　まずは、最もよく出る「一人の写真」です。
　音声を聞き、写真を最も適切に描写している答えを (A) ～ (D) から選びましょう。
　一人の写真では、特に「動詞」の聞き取りが重要です。

1.

Ⓐ Ⓑ Ⓒ Ⓓ

1. 正解 (B)

(A) She's looking out a window.
(B) She's writing on a clipboard.
(C) She's using a tablet computer.
(D) She's putting on a long-sleeved shirt.

訳
(A) 彼女は窓の外を見ている。
(B) 彼女はクリップボードに書いている。
(C) 彼女はタブレット PC を使っている。
(D) 彼女は長そでのシャツを着ようとしている。

 「写っていない名詞」「していない動詞」が聞こえたら不正解

　Part 1 対策で最も重要なのは、「消去法」です。「写っていない名詞」「していない動詞」が聞こえたら不正解です。正解候補から消去しましょう。一人の写真では、その人物の動作を表す「動詞」の聞き取りが特に重要です。ここでは、(A) は looking out (外を見ている) が「していない動詞」です。(B) が正解で、(C) は tablet computer (タブレット PC) が「写っていない名詞」です。(D) は正解に思えるかもしれませんが、実は putting on が「していない動詞」です。

 put on は引っ掛けの可能性大

　Part 1 定番の出題ポイントが、wearing と putting on の違いです。wearing は「着ている」状態、putting on は「着ようとしている」動作を表します。したがって (D) は「長そでのシャツを着ようとしている」という意味になり不正解です (wearing なら正解です)。**putting on は不正解の選択肢によく出るので注意しましょう** (正解になることも年 1 回程度あります)。(D) の long-sleeved (長そでの) と、short-sleeved (半そでの) は Part 1 で出る単語なので、合わせて覚えましょう。

　次は、「二人の写真」です。二人の写真では、両方の人だけでなく、どちらか片方の描写が正解になる場合もあります。

2.

Ⓐ Ⓑ Ⓒ Ⓓ

2. 正解 (C)

(A) One of the men is typing on a keyboard.
(B) One of the men is taking off his glasses.
(C) They're looking at a computer screen.
(D) They're facing each other.

訳

(A) 男性の一人がキーボードをタイピングしている。
(B) 男性の一人が眼鏡を外そうとしている。
(C) 彼らは PC の画面を見ている。
(D) 彼らは互いに向き合っている。

👍 「ぱっと見」で答えを判断する

　(A) を聞いたときに、右側の男性が左手でタイピングしているかもしれない、と写真を食い入るように見る必要はありません。**Part 1 では、ぱっと見でわからない動作やモノは正解になりません。**(B) の taking off は、眼鏡なら「外そうとしている」、服や帽子なら「脱ごうとしている」、飛行機なら「離陸しようとしている」という意味です。(C) は正しく写真を描写しています。(D) の facing each other (互いに向き合っている) も Part 1 で出ます。二人が向き合っていたら正解になるので、頭に入れましょう。

> ※厳密には PC の画面は写っていませんが、二人が画面を見ていることは明らかです。また、他の選択肢はいずれも写真の内容と合いません。本試験でもこうした問題は出ます。あまり考えすぎず、ぱっと見で写真と合っている答えを選びましょう。

👍 頭の中で○・△・×を思い浮かべる

　選択肢を聞いたとき、正解だと思ったら○ (マル)、わからなければ△ (サンカク)、不正解だと思ったら× (バツ) を思い浮かべましょう。マークシートの使い方にもコツがあります。○か△だったら、その記号の上に鉛筆を置いたままにします。×なら次の記号に移動させます。4つの選択肢を聞き終わってから、鉛筆が残っている記号にマークしましょう。特に初心者の場合、(A) が正解だと思ってマークしたものの、よく聞いたら (D) が正解だった、といったケース

があります。そうなると、いったんマーク
した(A)を消して(D)に塗り替える作業が
発生し、リズムが乱れます。また、鉛筆を
置いておかないと、どれが正解だったかを
忘れてしまう恐れがあります。本書の問題
を解きながら、マークシートの使い方も練
習しましょう。

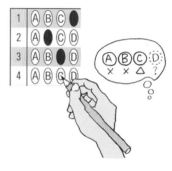

続いて、「三人以上の写真」です。
このタイプの写真では、人以外の描写が正解になる場合もあります。
人以外で大きく写っているモノにも注意しましょう。

例題

3.

Ⓐ Ⓑ Ⓒ Ⓓ

3. 正解 (D)

(A) A boat is docked at a pier.
(B) A flag is being raised on a pole.
(C) Some umbrellas are being folded.
(D) Some people are relaxing on a beach.

訳

(A) ボートが桟 (さん) 橋に停泊している。
(B) 旗がポールに掲げられている。
(C) いくつかの傘が折りたたまれている。
(D) 数名がビーチでリラックスしている。

 Part 1単語に注意

(A) の pier (桟橋) と (B) の flag (旗) が「写っていない名詞」、(C) の folded (折りたたまれている) が「していない動詞」です。(D) は正しく写真を描写しています。仮に (A) がうまく聞き取れなければ保留にして、鉛筆は (A) に置いたままにします。その上で、(D) が正解だと思ったら、すばやく鉛筆を移動させ、(D) にマークしましょう。なお、Part 1では、(A) の dock (動：停泊する　名：船着場) や pier (桟橋) のような独特の単語が出ます。このパートの最後に、Part 1頻出単語を100個まとめましたので、試験前にぜひ覚えてください。この100単語を覚えれば、Part 1が間違いなく得点源になります。

 人物写真でも、人以外の描写が正解になる場合がある

人が写っている写真でも、人以外を描写した選択肢が正解になる場合があります。特に、こうしたたくさんの人が写っている写真は要注意です。たとえば、この問題で、Some umbrellas are open on a beach. (数本の傘がビーチで開いている) という選択肢があれば正解です。本試験で「え？　そこ？」と意表を突かれないよう、頭に入れておきましょう。

最後は、「無人の写真」です。
　このタイプの写真は、何の描写が正解になるか予想しづらいので、難易度が高くなります。消去法を使いつつ、仮に答えがわからなくても、思い切ってマークしましょう。

例題

4.

Ⓐ Ⓑ Ⓒ Ⓓ

4. 正解 (A)

(A) The chairs are unoccupied.
(B) The rug is being rolled up in a corner.
(C) The floor is being swept.
(D) The picture has been hung above a
　　door.

訳

(A) 椅子に人がいない。
(B) ラグマットが隅で巻き上げられている。
(C) 床が掃かれている。
(D) 絵がドアの上に掛けられた。

 無人の写真では、「間違った場所」にも注意

　(A) が正解です。unoccupied は「人がいない」という意味で、反意語の occupied (人がいる) と合わせて Part 1 によく出る重要語です。仮に (A) が聞き取れなくても、あせらず消去法で解きます。(B) の rolled up (巻き上げられている) と (C) の swept (掃かれている) は「していない動詞」です。(D) は、途中までは合っていますが、最後の above a door (ドアの上) が「間違った場所」です。もしこの部分が on a wall (壁に) なら正解です。このように、無人の写真では、名詞と動詞は写真と合っていて、最後の「場所」が写真と合わない選択肢が出ます。最後までしっかり聞きましょう。

 無人の写真では being は不正解

　こうした無人の写真では、「is/are being 過去分詞」のカタチの現在進行形の受動態は原則として不正解です。「〜されているところだ」という意味ですが、動作を行う人がいないからです。ただし、上級者でも、現在進行形の受動態の聞き取りは簡単ではありません。それよりも、その後の動詞や、モノや場所を表す名詞に意識を集中し、消去法で解くことを心がけましょう。

　注　以下のような現在進行形の受動態は、一時的な状態を表すため、無人の写真でも正解になりえます。
　　　　Merchandise is being displayed outside. (商品が屋外に陳列されている)
　　　　Shadows are being cast on the ground. (地面に影が伸びている)
　　　　Water is being sprayed from a fountain. (噴水から水が噴射されている)

Part 1では、写真に写っているモノが、正解の選択肢で「まとめ単語」に言い換えられることがあります。

以下は出題例のある主な「まとめ単語」のリストです。頭に入れましょう。

写っているモノ	まとめ単語
● **painting** (絵画)	● **artwork** (芸術作品)
● **bread** (パン) ● **cookie** (クッキー) ● **donut** (ドーナッツ)　など	● **baked goods** (焼いたもの)
● **coffee** (コーヒー)　● **tea** (ティー) ● **juice** (ジュース) ● **milk** (ミルク)　など	● **beverage** (飲み物)
● **broom** (ほうき) ● **dustpan** (ちり取り)　など	● **cleaning supplies** (清掃用品)
● **restaurant** (レストラン) ● **café** (カフェ)　など	● **dining area** (食事をする場所)
● **chair** (椅子)　● **table** (テーブル) ● **sofa** (ソファ)　など	● **furniture** (家具)
● **fruit** (果物) ● **vegetable** (野菜)　など	● **groceries** (食料雑貨) ● **food item** (食料品)
● **guitar** (ギター) ● **piano** (ピアノ)　など	● **instrument** (楽器)
● 個別のモノ・商品	● **item** (モノ、品物) ● **merchandise** (商品)
● **microscope** (顕微鏡) ● **test tube** (試験管)　など	● **laboratory equipment** (実験器具)
● **clothes dryer** (乾燥機) ● **washing machine** (洗濯機)	● **laundry equipment** (洗濯設備)

写っているモノ	まとめ単語
● **mobile phone** (携帯電話) ● **smartphone** (スマホ) など	● **mobile device** (携帯機器)
● **copy machine** (コピー機) ● **printer** (プリンター) など	● **office equipment** (事務機器)
● **calculator** (計算機) ● **envelope** (封筒) ● **stapler** (ホッチキス) など	● **office supplies** (事務用品)
● **dish** (皿)　● **pot** (壺)　など	● **pottery** (陶器)
● **helmet** (ヘルメット) ● **goggles** (ゴーグル) など	● **protective gear** (防護装備) ● **safety equipment** (安全装具)
● **book** (本) ● **brochure** (パンフレット) ● **magazine** (雑誌) など	● **reading material** (読み物)
● **drill** (ドリル) ● **hammer** (金づち) ● **screwdriver** (ドライバー) など	● **tool** (道具)
● **car** (車)　● **truck** (トラック) など	● **vehicle** (乗り物)
● **river** (川)　● **pond** (池) ● **lake** (湖)　● **sea** (海) ● **fountain** (噴水) など	● **water** (水域、水面)

コラム ● 不思議な TOEIC の世界

　TOEICでは、約2時間のテスト中に、ありとあらゆる日常トラブルをバーチャル体験できます。ただし、その内容は、交通機関の遅延、配送トラブル、在庫切れ、注文・請求ミス、プリンターの紙詰まり、家電製品の故障、会議室の重複予約、レストランやホテルの予約ミス、医者の予約変更といった軽微なモノばかりです。

　犯罪、事故、災害、戦争、重病、パワハラ、セクハラ、人間関係のトラブル、といった深刻な問題は絶対に発生しません。

　親族の結婚式の日に野球観戦の予定を入れる人、新入社員の社員証の名前を間違う人事担当者、契約書の相手の社名を間違う担当者、会議の予定の変更に気づかず、「何で誰もいないの？」と驚く社員、予定も人数も間違って予約を受けるホテルの担当者等、ありえないミスをする人が出てくるのも「TOEICの世界」のお約束です。

例題で確認したポイントを頭に入れてから、4問続けて解いてみましょう。

1.

Ⓐ Ⓑ Ⓒ Ⓓ

2.

Ⓐ Ⓑ Ⓒ Ⓓ

3.

Ⓐ Ⓑ Ⓒ Ⓓ

4.

Ⓐ Ⓑ Ⓒ Ⓓ

1.　正解 (A)

(A) She's using a laptop.
(B) She's holding a cup.
(C) She's turning on a lamp.
(D) She's hanging a picture.

訳

(A) 彼女はノートPCを使っている。
(B) 彼女はカップを手に持っている。
(C) 彼女はランプをつけている。
(D) 彼女は絵を掛けている。

解説　一人の写真なので、動詞に集中します。(A) は写真を正しく描写しています。laptop(ノートPC) は laptop computer ともいい、Part 1でよく出ます。(B) の holding a cup(カップを手に持っている)、(C) の turning on a lamp(ランプをつけている)、(D) の hanging a picture(絵を掛けている) はいずれも写真と合いません。turn on は、「スイッチをオンにする」イメージを持ち、「(電気製品の) 電源を入れる」「(蛇口をひねって) 水を出す」「(照明等を) つける」といった意味で、Part 1によく出ます。

2.　正解 (B)

(A) One of the women is adjusting headphones.
(B) One of the women is wearing glasses.
(C) They're shaking hands.
(D) They're kneeling on the floor.

訳

(A) 女性の一人がヘッドホンを調節している。
(B) 女性の一人が眼鏡をかけている。
(C) 二人は握手している。
(D) 二人は床に膝をついている。

解説 二人の写真なので、両方に加え、それぞれの人物にも意識を向けます。(A) は adjusting (調節している) が「していない動詞」です。(B) は写真を正しく描写しています。(C) は shaking hands (握手している) が写真と合いません。(D) は kneeling (膝をついている) が「していない動詞」で floor (床) が「写っていない名詞」です。こうした二人が向き合っている写真では、They're facing each other. (二人は互いに向き合っている) も定番の答えです。

3. 正解 (D)

(A) The men are leaning against a fence.
(B) The men are washing some window panes.
(C) The men are stepping onto a stage.
(D) The men are playing some instruments.

訳

(A) 男性たちがフェンスに寄りかかっている。
(B) 男性たちが窓ガラスを洗っている。
(C) 男性たちがステージに上がろうとしている。
(D) 男性たちが楽器を演奏している。

解説 (A) は leaning against (〜に寄りかかっている) が「していない動詞」です。lean against (〜に寄りかかる) は Part 1 重要表現です。**例** A ladder is leaning against a wall. (ハシゴが壁に立てかけられている) (B) は washing (洗っている) が「していない動詞」です。window pane (窓ガラス) も Part 1 重要語です。(C) は stepping onto (〜に上がっている) が「していない動詞」です。(D) は正しく写真を描写しています。instrument (楽器) は musical instrument ともいい、Part 1 で出ます。piano (ピアノ) や guitar (ギター) の言い換えでもよく出るので頭に入れましょう。

4.

(A) People are looking at a monitor on a wall.
(B) A plant is hanging from the ceiling.
(C) Some jars have been arranged on shelves.
(D) Food is being cleared from a counter.

訳

(A) 人々が壁のモニターを見ている。
(B) 植物が天井からぶら下がっている。
(C) いくつかの瓶が棚に並べられた。
(D) 食べ物がカウンターから片づけられている。

解説　こうした無人の写真は、比較的難易度が高いので、「消去法」で解きましょう。(A) は people (人々)、(B) は plant (植物) がそれぞれ「写っていない名詞」です。(C) は写真を正しく描写していますが、jar (瓶) が難易度の高い単語なので、自信が持てなければ保留にします。(D) は cleared (片づけられている) が「していない動詞」です。

金の勉強法

Part 1 対策として、以下の3つの勉強法がオススメです。

> ■ 「Part 1 単語」を覚える
> ② 画像検索を活用する
> ③ リッスン・アンド・リピートで音読する

■ 「Part 1 単語」を覚える

Part 1 には独特の単語が出題され、知っているかどうかでスコアに差が出ます。

本書の「Part 1 頻出単語100」を覚えれば万全です。

覚える際は音声で必ず発音も確認しましょう。

② 画像検索を活用する

pier (桟橋) や wheelbarrow (手押し車)、crate (輸送用の箱) のように、文字だけでイメージしづらい単語は、必ずネットで画像検索しましょう。この3つの単語を検索すると、以下のような画像が表示されるはずです。Part 1 単語はこうしたイメージで頭に入れましょう。

pier (桟橋)　　　wheelbarrow (手押し車)　　　crate (輸送用の箱)

❸ リッスン・アンド・リピートで音読する

　最後に、短期的な試験対策ではなく、英語力底上げのための勉強法をご紹介します。

　リッスン・アンド・リピートとは、英文を聞いた直後に同じ英文を声に出すトレーニングです。

　発音の上達、弱点の確認、リテンション力 (英文を記憶に保持する力) の向上などに効果があります。以下のステップで取り組んでみてください。

> ① 選択肢の単語・英文の内容を理解する
> ② テキストを見ながら選択肢の英文を聞き、直後に真似をして音読する

　リピートの際は、自己流の発音ではなく、必ずネイティブの真似をしてください。たとえば、例題1の (A) She's looking out a window. なら、「looking out a」の部分は、「ルッキングアウトア」ではなく、「ルッキンアウタ」のように聞こえるはずです。スラスラ読めるまで音読を繰り返し、慣れてきたら、テキストを見ないでリッスン・アンド・リピートに挑戦しましょう。テキストを見ないで Part 1 の選択肢を100%リッスン・アンド・リピートできれば、リスニング400点以上のレベルです。

1

A woman is watering some plants.

女性が植物に水をやっている。	**water**	🔵 水をやる 🔵 水、水面

2

Some plants have been placed outside.

植物が屋外に置かれている。	**place**	🔵 置く

3

The women are facing each other.

女性たちが互いに向き合っている。	**face**	🔵 (〜の方を) 向く

4

One of the people is reaching into a bag.

一人がバッグの中に手を伸ばしている。	**reach**	🔵 手を伸ばす

5

They're looking at a sign.

彼らは標識を見ている。	**sign**	🔵 標識、看板

6

One of the men is pointing at a document.

男性の一人が書類を指している。	**point**	🔵 指す

7

They're paging through a binder.

彼らはバインダーのページをめくっている。	**page through**	ページをめくる

8

The women are seated side by side.

女性たちが並んで座っている。	**side by side**	並んで

9

He's wearing gloves.

彼は手袋を身に着けている。	**glove**	🔵 手袋

10

A man is standing on a walkway.

男性が歩道に立っている。	**walkway**	🔵 歩道

11 | Some pictures have been hung on a wall.

| 数枚の絵が壁に掛けられている。 | **hang** | 動 掛ける、掛かる |

12 | Chairs are arranged in a dining area.

| 椅子が食事スペースに配置されている。 | **arrange** | 動 (きちんと) 並べる、配置する |

13 | Some flower pots have been placed on the ground.

| いくつかの植木鉢が地面に置かれている。 | **pot** | 名 鉢、鍋、壺 |

14 | A woman is examining some merchandise.

| 女性が商品を詳しく見ている。 | **examine** | 動 詳しく見る、チェックする |

15 | They're walking along a path.

| 彼らは道を歩いている。 | **path** | 名 道 |

16 | A man is handing out some bottles.

| 男性がボトルを配っている。 | **hand out** | 配る |

17 | A wagon has been loaded with branches.

| ワゴンに枝が積み込まれている。 | **load** | 動 積み込む |

18 | She's resting on a couch.

| 彼女はソファで休んでいる。 | **rest** | 動 休む、休める |

19 | The server is pouring coffee into a cup.

| 給仕係がコーヒーをカップに注いでいる。 | **pour** | 動 注ぐ |

20 | One of the men is exiting a building.

| 男性の一人が建物から出ようとしている。 | **exit** | 動 (場所から) 出る |

21 Passengers are boarding a bus.

乗客がバスに乗り込んでいる。	**board**	動 乗り込む

22 Some bushes have been planted outside a fence.

茂みがフェンスの外側に植えられている。	**bush**	名 茂み

23 Some newspapers are spread out on the table.

数部の新聞がテーブルの上に広げられている。	**spread out**	広げる

24 A map is laid out on the table.

地図がテーブルの上に広げられている。	**lay out**	広げる

25 He's throwing away a document.

彼は書類を捨てている。	**throw away**	捨てる

26 She's weighing some food on a scale.

彼女ははかりで食べ物を量っている。	**weigh**	動 量る

27 Some notices have been posted on a wall.

いくつかのお知らせが壁に掲示されている。	**post**	動 掲示する　名 柱

28 There are tall buildings in the distance.

遠くに背の高いビルがある。	**in the distance**	遠くに

29 The shelves are filled with boxes.

棚が箱でいっぱいだ。	**shelf**	名 棚　複 shelves

30 Boxes are stacked in a warehouse.

箱が倉庫内に積み重ねられている。	**stack**	動 積み重ねる

31
A man is looking in a drawer.

| 男性が引き出しの中を見ている。 | **drawer** | 図 引き出し |

32
He's leaning over the sink.

| 彼は流し台に寄りかかっている。 | **lean** | 動 寄りかかる、もたれる |

33
He's adjusting a microphone on a stage.

| 彼はステージ上のマイクを調節している。 | **adjust** | 動 調節する、調整する |

34
The man is holding onto a railing.

| 男性が手すりをつかんでいる。 | **railing** | 図 手すり |

35
A woman is sweeping the floor.

| 女性が床を掃いている。 | **sweep** | 動 (ホウキやブラシで) 掃く |

36
He's standing on a ladder.

| 彼はハシゴに立っている。 | **ladder** | 図 ハシゴ |

37
Some artwork has been hung on the wall.

| いくつかの芸術作品が壁に掛けられている。 | **artwork** | 図 芸術作品 |

38
Some merchandise has been arranged in rows.

| いくつかの商品が数列に並べられている。 | **row** | 図 列　動 (船を) こぐ |

39
She's removing a book from a shelf.

| 彼女は棚から本を取り出している。 | **remove** | 動 取り出す、取り外す、脱ぐ |

40
They're playing some musical instruments.

| 彼らは楽器を演奏している。 | **instrument** | 図 楽器、器具 |

41 Some **diners** are seated across from each other.

数名の食事客が互いに向き合って座っている。	**diner**	图 食事客

42 A **fountain** is spraying water into the air.

噴水が水を噴射している。	**fountain**	图 噴水、泉

43 A painting is **mounted** between windows.

絵が窓の間に据え付けられている。	**mount**	動 (上に)据える、固定する

44 A woman is standing next to a **bookcase**.

女性が本棚の隣に立っている。	**bookcase**	图 本棚

45 A **potted plant** has been placed on top of the counter.

鉢植えがカウンターの上に置かれている。	**potted plant**	鉢植え

46 Some men are **greeting** one another.

数名の男性が互いにあいさつをしている。	**greet**	動 あいさつする

47 Some people are sitting on a **lawn**.

数名が芝生に座っている。	**lawn**	图 芝生

48 The floor is being **polished**.

フロアが磨かれている。	**polish**	動 磨く

49 The woman is **glancing** through a book.

女性が本をちら見している。	**glance**	動 ちらっと見る

50 She's looking down at her **luggage**.

彼女は手荷物を見下ろしている。	**luggage**	图 手荷物、旅行かばん

51

Some chairs have been arranged on a platform.

数脚の椅子が台の上に並べられている。	**platform**	图 台、プラットフォーム

52

She's holding a clipboard on her lap.

彼女は太ももの上にクリップボードを持っている。	**lap**	图 (座った時の) 太ももの上の部分

53

Some people are working on laptops.

数名がノートPCで作業をしている。	**laptop**	图 ノートPC (lapの上に置けるサイズのPCのこと)

54

Some steps lead to a building.

階段が建物に続いている。	**lead to**	(道などが) ~に続く

55

A bookshelf has been positioned next to a window.

本棚が窓の隣に配置されている。	**position**	動 配置する、位置を合わせる

56

A vase has been placed on a table.

花びんがテーブルの上に置かれている。	**vase**	图 花びん

57

A kettle is plugged in.

ポットがコンセントに差し込まれている。	**kettle**	图 (湯沸かし用の) ポット、やかん

58

They're standing near a doorway.

彼らは戸口の近くに立っている。	**doorway**	图 戸口、出入口

59

Some documents are scattered on the desk.

書類が机の上に散らばっている。	**scattered**	形 散らばっている

60

Tall buildings overlook the water.

高い建物から水面が見下ろせる。	**overlook**	動 見下ろす位置にある

61	She's browsing through some reading material.		
	彼女は読み物をパラパラ見ている。	**browse**	動 (本や雑誌を)パラパラ見る、(店内を)ぶらぶら見て回る

62	He's kneeling on the floor.		
	彼は床に膝をついている。	**kneel**	動 膝をつく

63	She's carrying some containers.		
	彼女はいくつか容器を持ち運んでいる。	**container**	名 容器、コンテナ

64	There is a workstation near the entrance.		
	入り口の近くに仕事場がある。	**workstation**	名 仕事場、作業場

65	Some laundry equipment is lined up against a wall.		
	数台の洗濯機が壁際に並んでいる。	**laundry**	名 洗濯 (物)

66	She's sewing a hat.		
	彼女は帽子を縫っている。	**sew**	動 縫う

67	One of the people is fastening an apron.		
	一人がエプロンを結んでいる。	**fasten**	動 結ぶ、留める

68	They're fishing off the dock.		
	彼らは船着き場で釣りをしている。	**dock**	名 船着き場 動 (be docked の形で) 停泊している

69	The stadium is full of spectators.		
	スタジアムが観客でいっぱいだ。	**spectator**	名 (スポーツ等の) 観客、見物客、観衆

70	Some trees are being trimmed.		
	数本の木が刈りそろえられている。	**trim**	動 (芝や髪の毛などを) 刈りそろえる

71	The chairs are unoccupied.		
	椅子に人がいない。	**unoccupied**	形 人がいない 反 occupied 人がいる
72	A bridge is suspended above a river.		
	橋が川の上につり下がっている。	**suspend**	動 つるす
73	Some workers are wearing protective helmets.		
	数名の作業員が防護用のヘルメットをかぶっている。	**protective**	形 防護用の
74	He's sorting some documents.		
	彼は書類を仕分けしている。	**sort**	動 仕分けする
75	A microwave has been set on the countertop.		
	電子レンジがカウンターの上に設置されている。	**microwave**	名 電子レンジ(= microwave oven)
76	A man is pouring a beverage.		
	男性が飲み物を注いでいる。	**beverage**	名 飲み物
77	Reading material is on display in a hallway.		
	読み物が廊下に展示されている。	**hallway**	名 廊下
78	The garbage can is full.		
	ごみ箱がいっぱいだ。	**garbage can**	ごみ箱　同 trash bin ごみ箱
79	A woman is climbing up a staircase.		
	女性が階段を上っている。	**staircase**	名 (手すりの付いた) 階段
80	A cashier is accepting a payment.		
	レジ係が支払いを受け取っている。	**cashier**	名 レジ係

81	**Lampposts have been installed along a river.**	
	街灯柱が川沿いに設置されている。	**lamppost**	名 街灯柱

82	**She's using a microscope.**	
	彼女は顕微鏡を使っている。	**microscope**	名 顕微鏡

83	**A vehicle has been parked in the driveway.**	
	乗り物が私道に停められている。	**driveway**	名 私道

84	**One of the people is seated on a stool.**	
	一人がスツールの上に座っている。	**stool**	名 スツール (背もたれのない椅子)

85	**Some pillows have been arranged on the bed.**	
	いくつかの枕がベッドに並べられている。	**pillow**	名 枕

86	**Pedestrians are waiting to cross the street.**	
	歩行者が通りを渡ろうと待っている。	**pedestrian**	名 歩行者

87	**He's wiping off a countertop.**	
	彼はカウンターの上を拭いている。	**wipe**	動 拭く

88	**She's cleaning some utensils.**	
	彼女は調理器具をきれいにしている。	**utensil**	名 調理器具、(スプーンやナイフ等の) 食器

89	**A patterned rug is being rolled up.**	
	柄入りのじゅうたんが巻き上げられている。	**rug**	名 (部分) じゅうたん、ラグマット

90	**The patio is being swept.**	
	テラスが掃除されている。	**patio**	名 テラス (建物に隣接した屋外の舗装された平らなスペース)

91	**A woman is raking leaves.**		
	女性が葉を熊手でかき集めている。	**rake**	動 熊手でかき集める 名 熊手

92	**Some pottery is being displayed.**		
	いくつかの陶器が展示されている。	**pottery**	名 陶器、瀬戸物

93	**They're strolling along a walkway.**		
	彼らは歩道を散歩している。	**stroll**	動 散歩する、ぶらぶら歩く

94	**The ship is approaching the pier.**		
	船が桟橋に近づいている。	**pier**	名 桟(さん)橋

95	**Some potted plants have been placed on a windowsill.**		
	いくつかの鉢植えが窓台に置かれている。	**windowsill**	名 窓台 (窓枠の下のモノが置ける出っ張りの部分)

96	**A man is riding a lawn mower.**		
	男性が芝刈り機に乗っている。	**lawn mower**	芝刈り機 (mow 動 刈る)

97	**A man is installing a light fixture in the ceiling.**		
	男性が照明器具を天井に設置している。	**light fixture**	照明器具

98	**Some bicycles are parked beside a curb.**		
	数台の自転車が縁石のそばに停められている。	**curb**	名 縁石 (歩道と車道の間にある石の段差)

99	**A man is pushing a wheelbarrow.**		
	男性が手押し車を押している。	**wheelbarrow**	名 手押し車

100	**Some crates are being transported.**		
	箱が輸送されている。	**crate**	名 (輸送用の木やプラスチックの) 箱、ケース

Part 2
応答問題

全集中！

Part 2 (応答問題) について

問題数	25問	時間	約9分
目標正解数	600点：18問　　730点：20問		
内容	聞こえてくる問いかけに対し、(A)〜(C)の3つの選択肢を聞き、会話が成立する答えを選びます。問いかけや選択肢の英文は問題用紙には掲載されていません。正確なリスニング力と瞬時の判断力が求められるので、特にリスニングが苦手な方にとっては最も難しいパートといえます。TOEICの全7パートの中で、唯一答えが三択なので、消去法が非常に有効です。		

Part 2の基本

Part 2の応答は、英語圏の社会人が日常的に交わす会話です。

25人のネイティブが次々に話しかけてきて、それに返事をするイメージです。

相手は会社の同僚が最も多く、店員や客、道を尋ねる見知らぬ人の場合もあります。

問いかけは以下の6タイプに分けられます。

1. WH疑問文 (10〜13問程度／25問中)

When、Who、Where、What、Which、Why、How で始まる疑問文です。

▶**Where is Mr. Saito's office?** (サイトウさんのオフィスはどこですか)

2. Yes / No 疑問文 (2〜4問程度／25問中)

Yes / No で答えられるタイプの疑問文です。

▶**Have you finished reading the report?** (レポートは読み終わりましたか)

3. 依頼・提案（2〜3問程度／25問中）

相手が何かを依頼・提案するタイプの問いかけです。

▶Could you lend me an umbrella?（傘を貸していただけますか）

▶Would you like me to close the window?（私が窓を閉めましょうか）

4. 否定疑問文・付加疑問文（2〜4問程度／25問中）

相手が何かを確認したり、驚いたりしたときに使われる疑問文です。

▶Didn't you register for the seminar?（セミナーに申し込まなかったんですか）

▶The conference is in Helsinki, isn't it?（会議はヘルシンキですよね）

5. 選択疑問文（2〜3問程度／25問中）

相手からAかBかを尋ねられるタイプの疑問文です。

▶Would you like a sandwich or a salad?
（サンドイッチかサラダはいかがですか）

6. 普通の文（2〜4問程度／25問中）

疑問文ではないタイプの問いかけです。

▶It's raining quite hard outside.（外はかなり雨が強く降っていますよ）

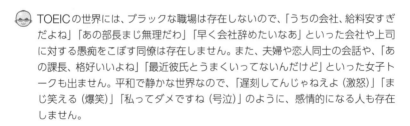 TOEICの世界には、ブラックな職場は存在しないので、「うちの会社、給料安すぎだよね」「あの部長まじ無理だわ」「早く会社辞めたいなあ」といった会社や上司に対する愚痴をこぼす同僚は存在しません。また、夫婦や恋人同士の会話や、「あの課長、格好いいよね」「最近彼氏とうまくいってないんだけど」といった女子トークも出ません。平和で静かな世界なので、「遅刻してんじゃねえよ（激怒）」「まじ笑える（爆笑）」「私ってダメですね（号泣）」のように、感情的になる人も存在しません。

Part 2の攻略法

このパートでは、以下の5つのポイントを押さえましょう。

> ● 冒頭の疑問詞に集中
> ● WH 疑問文では Yes / No は消去
> ● 質問を脳内リピート
> ● 「ツリ単語」に注意
> ● 直球と変化球の答えは半々

このあと実際に問題を解きながら、それぞれのポイントを確認していきます。

Part 2の心構えと準備

　このパートでは、耳だけが頼りなので、非常に高い集中力が求められます。多くの受験者が最も緊張するパートです。途中で、「だめだ」「わかんない」「どうしよう」といったネガティブな言葉を思い浮べてはいけません。パニックで頭が真っ白になり、解けるはずの問題が次々に解けなくなる「Part 2なだれ現象」は上級者にもよく起こります。「残り半分だ。頑張ろう」「あと10問集中」といった自分を励ます言葉を頭の中で唱えると、集中力 UP に効果的です。答えに迷う問題があっても、「さっきの答え何だったんだろう」「やっぱりBだったかな」などと、引きずってはいけません。「OK、次集中」と自分に声掛けして、すぐに気持ちを切り替えましょう。身体の力を抜き、数回ゆっくり深呼吸すると、緊張感を和らげるのに効果的です。

　実際の試験では、Part 2の最初に、試験形式の説明 (Directions) が30秒弱流れます（聞き流して大丈夫です）。その間に、説明の英語で耳慣らしをしながら、軽く深呼吸をして気持ちを落ち着けましょう。問題を解く際は、目を閉じて聴覚に意識を集中させるのがオススメです。

　それでは、タイプ別の例題を解きながら、解き方のポイントを確認しましょう。

1. WH 疑問文

　まずは、最もよく出る「WH 疑問文」です。

　When、Who、Where、What、Which、Why、How で始まる問いかけが流れます。

　その音声を聞き、会話が成立する答えを (A) 〜 (C) から選びましょう。

　このタイプの問題では、特に冒頭の疑問詞の聞き取りが重要です。

例題：WH 疑問文

1. Mark your answer on your answer sheet. Ⓐ Ⓑ Ⓒ　　🔊11

2. Mark your answer on your answer sheet. Ⓐ Ⓑ Ⓒ　　🔊12

3. Mark your answer on your answer sheet. Ⓐ Ⓑ Ⓒ　　🔊13

4. Mark your answer on your answer sheet. Ⓐ Ⓑ Ⓒ　　🔊14

1. 正解 (B)

Where did you stay while you were in Bangkok?
(A) Yes, but only for the weekend.
(B) At the Persimmon Royal Hotel.
(C) On my last business trip.

訳 バンコクにいる間はどこに泊まりましたか？
(A) はい、でも週末だけです。
(B) パーシモン・ロイヤル・ホテルです。
(C) 前回の出張時です。

WH 疑問文では Yes / No は消去

WH 疑問文は、25 問中半数程度出題されるので、これは超重要なポイントです。**When、Who、Where、What、Which、Why、How で始まる疑問文には、Yes / No では答えられません。聞こえたら消去しましょう。**日本語で考えても、「どこに泊まったんですか？」と聞かれて、「はい」「いいえ」で答えては会話が成立しません。Part 2 は答えが三択なので、この問題でも、Where と Yes が聞こえた段階で、答えが二択に絞れます。続く (B) が、「どこ？」に対して宿泊したホテル名を答えているので正解です。

冒頭の疑問詞に集中

この問題で、冒頭の Where を When と聞き間違えてしまうと、(C) を選んでしまう可能性があります。こうした Where か When かを聞き逃すと答えに迷う問題は実際の試験でも出題されます。**Part 2 では、冒頭の疑問詞の聞き取りに全神経を集中しましょう。**Where と When の聞き取りが苦手な方は、Part 1 でご紹介した「リッスン・アンド・リピート」の練習が効果的です。繰り返し音読し、うまく真似をしてスラスラ読めるようになると、だんだん聞き分けられるようになります。

　Part 2 の 9 分間、ずっと集中し続けようとすると、疲れて Part 3、4 で失速してしまいます。問題と問題の間の 5 秒間はリラックスしたり、(A) が絶対正解だと自信があれば (B)(C) を聞き流したりして、集中力のスタミナを温存しましょう。

Who's in charge of ordering office supplies?
(A) I was surprised to hear that.
(B) That's Pablo's job.
(C) Some paper clips and envelopes.

訳 事務用品の注文の責任者は誰ですか？
(A) 私はそれを聞いて驚きました。
(B) それはパブロの仕事です。
(C) いくつかのペーパークリップと封筒です。

👍 「ツリ単語」に注意

Part 2では、受験者をまどわせる「ツリ単語」に注意が必要です。たとえば、この問題では、質問文のsupplies（用品）と「似た音」のsurprised（驚いた）が (A) に入っています。これは定番の「ツリ単語」の一つです。「何言ってるのかわからなかったけど、サプライズって聞こえたから、(A) にしよう」と、単語に釣られて答えを選んではいけません。むしろ、そうした「似た音」の単語はワナの可能性大です（単語だけ聞き取れて正解できたら試験になりません）。自信がない限りは選ばないようにしましょう。ここでは、「誰？」に対して担当者名を答えている (B) が正解です。

👍 「ツリ単語」の3パターン

●同じ単語

質問文に入っているのと同じ単語が「ツリ単語」になることがよくあります。

●「似た音」の単語

supplies と surprised、copy と coffee、train と training といった、発音が似た単語も「ツリ単語」でよく出ます。

●関連語

この問題の (C) のペーパークリップと封筒は、質問文のoffice supplies（事務用品）の一種です。こうした質問文から連想される関連語も「ツリ単語」として定番です。

3. 正解 (A)

When does the renovation work start?
(A) Didn't you receive the memo?
(B) A renovation contractor.
(C) On Barton Avenue.

訳 改装工事はいつ始まりますか？
(A) 内部連絡を受け取りませんでしたか？
(B) リフォーム業者です。
(C) バートン通りです。

直球と変化球の答えは半々

　最初の2問よりも難易度が高かったと思います。なぜかというと、「いつ？」と聞かれて、「来週です」のように直球で答えていないからです。ここでは、「内部連絡を受け取りませんでしたか (そこに書いてありましたよ)」と、変化球で答えている (A) が正解です (memo は「内部連絡」という意味です)。**Part 2の25問中、ストレートに答える直球と、ニュアンスで答える変化球の割合は毎回半々です。**12〜13問が直球、残り半分が変化球です。相手は直球勝負とは限りません。どちらを投げられても対応できるよう、心構えをしておきましょう。(B) の renovation (改装) は質問文と同じ「ツリ単語」です。冒頭の When を Where と聞き間違うと、(C) を選んでしまいます。冒頭の疑問詞の聞き取りにはしっかり集中しましょう。

「(そこに出ています)」パターンの変化球

　この問題のように、「(そこに出ています)」のニュアンスを読み取る変化球は定番です。たとえば、この問題では、以下の変化球も正解になります。頭に入れておきましょう。

- **There was an e-mail about that.** (その件でメールが来ていましたよ)
- **Haven't you seen the schedule?** (スケジュールを見ていないんですか)
- **Ms. Kim might know.** (キムさんが知っているかもしれません)

4. 正解 (A) 🚄 🇦🇺 🇬🇧 (◀14)

How many chairs do we need for the orientation?
(A) All the new employees will be there.
(B) Yes, stack them up by the tables.
(C) You'll get an employee identification badge.

訳 新人向け説明会に椅子が何脚必要ですか？
(A) 新入社員全員がその場にいます。
(B) はい、テーブルのそばに積み重ねてください。
(C) あなたは社員証をもらいます。

👍 質問を脳内リピート

　選択肢が流れている途中で問いかけの内容を忘れないよう、それぞれの選択肢が流れる前に必ず脳内リピートしましょう。英語でリピートする必要はありません。最初は日本語で要約するのがオススメです。たとえば、この問題なら、脳内イメージは以下の通りです。

How many chairs do we need for the orientation?

● 「椅子いくつ必要？」(A) 〜.
　⇨「正解っぽいけど自信がないから保留にしよう」

● 「椅子いくつ必要？」(B) 〜.
　⇨「How で Yes は消去だ」

● 「椅子いくつ必要？」(C) 〜.
　⇨「会話になってないから、やっぱり (A) が正解だ」

　皆さんの英語力や問いかけの難易度によって、脳内リピートの方法は異なります。「椅子いくつ？」のように最小限必要な情報だけをリピートしたり、「How many chairs」のように英語でリピートしたりしても構いません。問題によってリピートの仕方を変えても OK です。問題を解きながら、自分に合ったリピート方法を見つけましょう。

　この問題では、「新人向け説明会に椅子が何脚必要ですか」という問いかけに対し、「新入社員全員がその場にいます（だから人数分必要です）」と変化球で答えている (A) が正解です。ほかに、Sandra is organizing everything. (サンドラが全

部取りまとめています⇨だから彼女に聞いてください）といった**変化球**も**正解になり得ま
す**。もちろん、Thirty will be enough.（30で十分です）のように**直球**で答えるこ
ともできます。

2. Yes / No 疑問文　3. 依頼・提案

　次は、「Yes / No 疑問文」と「依頼・提案」です。
Yes / No 疑問文は、WH 疑問文とは異なり、Yes / No で答えることもできます。
ただし、直球ではなく、変化球で答えることも多いので、頭に入れておきまし
ょう。
　「依頼・提案」は、相手に話しかけられているシーンをイメージすると解きや
すくなります。

例題：「Yes / No 疑問文」「依頼・提案」

5. Mark your answer on your answer sheet.　Ⓐ Ⓑ Ⓒ　　🔊15

6. Mark your answer on your answer sheet.　Ⓐ Ⓑ Ⓒ　　🔊16

5. 正解 (C)

Do you know when the digital marketing conference starts?
(A) Why don't you send it electronically?
(B) In the auditorium, I believe.
(C) There's an online schedule.

訳 デジタルマーケティング会議がいつ始まるか知っていますか？
(A) それをメールで送ってはどうですか？
(B) きっと講堂です。
(C) オンラインスケジュールが出ていますよ。

👍 Yes / No 疑問文には、Yes / No で答えるとは限らない

この問題では、会議の予定を尋ねる問いかけに対し、「オンラインスケジュールが出ていますよ (そこに出ています)」と変化球で答えている (C) が正解です。Q. 3 で練習した、「(そこに出ています)」タイプの変化球です。このように、「Yes / No 疑問文」に対し、「Yes / No」で答えないこともよくあります。たとえば、この問題で、「Yes, I do. (はい、知っています)」と直球で答えてしまうと、「知ってるんなら教えてくれよ」ってなりますよね。会話として不自然です。もし、直球で答えるのなら、On October 19. (10月19日です) のように日時で答えるのが普通です。「Yes / No 疑問文には、Yes / No で答えるとは限らない」と頭に入れましょう。

👍 「中止になりました」「延期になりました」も定番の変化球

この問題では、It's been canceled. (中止になりました) も正解になり得ます。Part 2 では、「中止 (延期) になりました」も定番の変化球の答えです。

● **Don't you have a meeting at ten?** (10時に会議じゃないんですか)
  ⇨ **It's been postponed.** (延期になりました)

● **When should we ship this order?** (この注文はいつ出荷すべきですか)
  ⇨ **The customer just canceled it.** (お客様がさっきキャンセルされました)

● **When are you looking to move?** (いつ引っ越しするつもりですか)
  ⇨ **My job transfer has been canceled.** (私の転勤は中止になりました)

6. 正解 (B) 🚄 🇨🇦🇦🇺 ◀16

Can I help you set up the advertising display?
(A) On several social media sites.
(B) I can manage it on my own.
(C) He bought a newspaper.

訳　宣伝用の展示の設営をお手伝いしましょうか？
(A) いくつかの SNS のサイト上です。
(B) 自分だけで何とかできます。
(C) 彼は新聞を買いました。

 ## Part 2に出る主な「依頼・提案」表現

　設営の手伝いの申し出に対し、自分だけで何とかできる、と答えている (B) が正解です。I can manage it on my own. は、「自分だけで何とかできる」という決まり文句です。「I can manage (it).」や「I can manage it alone.」でも同じ意味で、助けの申し出に対しての定番の答えの一つです。こうした「依頼・提案」タイプの問題では、必ず話しかけられたシーンをイメージしましょう。そうしないと、相手が自分に何かを頼んでいるのか、その逆なのか、混乱してしまうからです。

　Part 2に出る主な「依頼・提案」表現は以下の通りです。頭に入れましょう。

●依頼
- ●Could / Can you ～ ? (～していただけますか)
  ⇨ **Could you lend me that book?** (あの本を貸していただけますか)

- ●Would / Do you mind doing ～ ? (～していただいても構いませんか)
  ⇨ **Do you mind turning that music down?**
  (音楽の音量を下げていただいても構いませんか)

●提案

- Would you like to ～？（～されますか）
  ⇨ Would you like to go to the workshop?（研修会に行かれますか）

- Why don't we ～？（～しませんか）
  ⇨ Why don't we go see a movie?（映画を見に行きませんか）

- Would you like me to ～？（私が～しましょうか）
  ⇨ Would you like me to close the window?（私が窓を閉めましょうか）

4. 否定疑問文・付加疑問文

続いて、「否定疑問文・付加疑問文」です。

こうした疑問文は、「～ないの？」と驚いたり、「～よね？」と確認したりする際に使われます。否定の部分を「ないの？」、「付加」の部分を「よね？」に置き換えましょう。

例題：否定疑問文・付加疑問文

7. Mark your answer on your answer sheet. Ⓐ Ⓑ Ⓒ ◀17

8. Mark your answer on your answer sheet. Ⓐ Ⓑ Ⓒ ◀18

7. 正解 (B)

Don't you need to leave for the airport soon?
(A) All right, I'll put in a request.
(B) My trip has been canceled.
(C) No one so far.

訳 空港にそろそろ出発する必要はないんですか？
(A) 了解です。私が依頼を出します。
(B) 私の出張は中止になりました。
(C) 今までの所、誰もいません。

👍 否定疑問文は、「ないの？」「ないですか？」と置き換える

Don't や Didn't、Isn't などで始まる否定疑問文は、何かを確認したり、驚いたりしたときに使われます。ここでも、出張に行くはずの同僚がまだ会社にいるので、「出発する必要ないの？」と確認しているわけです。それに対し、「出張が中止になった (だからその必要はない)」と変化球で答えている (B) が正解です。Q. 5で取り上げた「中止になりました」タイプの変化球です。否定疑問文は、日本語でも、「〜じゃないの？」「〜ないですか？」といった形で、普通に使われます。難しく考えず、「ないの？」「ないですか？」と置き換えましょう。

- Didn't you attend the seminar? (セミナーに出席して**ないの**？)
- Isn't it cold in here? (ここ、寒く**ないですか**？)

👍 否定疑問文が苦手なら、not を取って考える

否定疑問文が苦手なら、not を取って考えましょう。たとえば、皆さんがセミナーに出席したあと、同僚からこう聞かれました。

- **Didn't you attend the seminar?** (セミナーに出席してないの？)

出席したのですから、答えは、Yes, I did. (しました) です。not を取るとこうなります。

- **Did you attend the seminar?** (セミナーに出席したの？)

出席したのですから、答えは同じ Yes, I did. (しました) です。

否定疑問文で聞かれても、普通の疑問文で聞かれても、Yes は Yes、No は No です。シンプルに考えましょう。

8. 正解 (B) 🔊18

The new shipment hasn't arrived yet, has it?
(A) We have enough space, thanks.
(B) Yes, it came this morning.
(C) An extra shipping charge.

訳 新しい荷物はまだ届いていませんよね？
(A) 我々には十分なスペースがあります、ありがとう。
(B) はい、今朝来ました。
(C) 追加の送料です。

付加疑問文は、付加の部分を「よね？」に置き換える

　普通の文の最後に、「have you?」「didn't you?」「right?」などを付け加える
タイプの疑問文です。相手に何かを確認する際に使われます。**付加疑問文は、
付加の部分をシンプルに「よね？」に置き換えれば OK です。**この問題文も、
「新しい荷物はまだ届いてない、よね？」と置き換えます。それに対し、「今朝
来たよ」とストレートに答えている (B) が正解です。もちろん、I'm not sure.
(よくわかりません) や I'll check with Mary. (メアリーに確認してみます) といった変化
球の答えもあり得ます。

付加疑問文も、not があってもなくても答えは同じ

　この問いかけの前半が、not がない「The new shipment has arrived, hasn't
it?」だったとしても、解き方は同じです。付加の部分を「よね？」に置き換える
と、「新しい荷物は届いた、よね？」です。届いたわけですから、答えは変わら
ず Yes です。否定疑問文と同じで、Yes は Yes、No は No です。念のため、以
下の例文でも確認してみましょう。

● **The author signed the books, didn't he?** (著者は本にサインしました、よね？)
● **The author didn't sign the books, did he?**
　(著者は本にサインしませんでした、よね？)

　サインした　　　⇨ **Yes, he did.**
　サインしなかった ⇨ **No, he didn't.**

したのなら Yes、しなかったのなら No で答えは同じです。

5. 選択疑問文　6. 普通の文

　最後は、「選択疑問文」と「普通の文」です。
ＡかＢかを相手が尋ねる選択疑問文も、必ずしもＡかＢで答えるとは限りません。

　疑問文ではない普通の文は、答えが予想しづらく、比較的難易度が高くなります。英会話を意識して、自然な答えを選ぶことを心がけましょう。

例題：「選択疑問文」「普通の文」

9. Mark your answer on your answer sheet.　Ⓐ Ⓑ Ⓒ　🔊19

10. Mark your answer on your answer sheet.　Ⓐ Ⓑ Ⓒ　🔊20

9. 正解 (C)

Are you taking the train or driving to the convention?
(A) In the training workshop.
(B) Yes, he's a keynote speaker.
(C) I'll take the train.

訳 会議までは電車で行きますか、それとも車ですか？
(A) 研修中です。
(B) はい、彼は基調講演者です。
(C) 電車で行きます。

 選択疑問文では Yes / No は消去

　A or B（A か B か）を問いかける選択疑問文では、Yes / No で答えることはできません。聞こえたら消去しましょう。日本語で考えても、「電車ですか車ですか」と聞かれて、「はい」「いいえ」で答えては会話が成立しません。この問題でも、(B) は、Yes が聞こえた時点で消去できます。「電車で行きます」とストレートに答えている (C) が正解です。この問いかけに対しては、My car's still in the repair shop.（私の車はまだ修理中です⇨だから電車）や、Where is it this year?（今年の場所はどこですか⇨それ次第）といった変化球の答えもあり得ます。(A) の training は、train と「似た音」の定番の「ツリ単語」です。

選択疑問文の正解パターンは3つ

1. A か B でストレートに答える
- Would you like tea or coffee?（ティーかコーヒーはいかがですか）
  ⇨ I'll have some coffee, thanks.（コーヒーをいただきます。ありがとう）

2.「どちらでもいいです」と答える
- Would you like a sandwich or a salad?（サンドイッチかサラダはいかがですか）
  ⇨ Either is fine with me.（私はどちらでも結構です）

3. 変化球で答える
- Would you like indoor or outdoor seating?（店内か店外のどちらの席にされますか）
  ⇨ Some fresh air would be nice.（新鮮な空気が気持ちいいでしょうね⇨だから外）

10. 正解 (C)

I heard you're not going to the trade show in Shanghai this year.
(A) Only a little behind schedule.
(B) The other project has already finished.
(C) They've made cuts to the travel budget.

訳 あなたは今年の上海の見本市に行かないと聞きました。
(A) 少しだけ予定より遅れています。
(B) もう一つのプロジェクトはすでに終わりました。
(C) 出張の予算が削られました。

 普通の文は英会話をイメージする

疑問文ではないこうした普通の文の問いかけも毎回数問出題されます。この問題では、「上海の見本市に行かないと聞きました」に対し、「出張予算が削られたんです (だから無理)」と答えている (C) が正解です。こうした普通の文は、返答が予想しづらいので、難易度が比較的高くなります。話しかけられたシーンをイメージして、自然な返答を選ぶことを意識しましょう。

 「(だから無理)」パターンの変化球

この問題のように、「(だから無理)」のニュアンスを読み取る変化球も定番です。よくあるパターンを頭に入れておきましょう。

- Why don't we hire another assistant? (アシスタントをもう一人雇ってはどうですか)
  ⇨ There's not much money in the budget. (予算があまり残っていません)

- We really need to buy a new copy machine. (我々は新しいコピー機を買う必要があります)
  ⇨ It's too expensive. (お金がかかりすぎます)

- Would you like to have lunch with us? (私たちと一緒にランチはいかがですか)
  ⇨ I still have a lot to do. (まだやるべきことがたくさんあります)

- Can you attend the trade show? (見本市に出席してもらえますか)
  ⇨ I'll be on vacation then. (その時は休暇中です)

　最後に、ここまで学んだポイントをもう一度頭に入れてから、実戦問題を10問解いてみましょう。

1. Mark your answer on your answer sheet.　Ⓐ Ⓑ Ⓒ　🔊21

2. Mark your answer on your answer sheet.　Ⓐ Ⓑ Ⓒ　🔊22

3. Mark your answer on your answer sheet.　Ⓐ Ⓑ Ⓒ　🔊23

4. Mark your answer on your answer sheet.　Ⓐ Ⓑ Ⓒ　🔊24

5. Mark your answer on your answer sheet.　Ⓐ Ⓑ Ⓒ　🔊25

6. Mark your answer on your answer sheet.　Ⓐ Ⓑ Ⓒ　🔊26

7. Mark your answer on your answer sheet.　Ⓐ Ⓑ Ⓒ　🔊27

8. Mark your answer on your answer sheet.　Ⓐ Ⓑ Ⓒ　🔊28

9. Mark your answer on your answer sheet.　Ⓐ Ⓑ Ⓒ　🔊29

10. Mark your answer on your answer sheet.　Ⓐ Ⓑ Ⓒ　🔊30

1. 正解 (C)

Where's the nearest pharmacy?
(A) About twenty minutes or so.
(B) Dr. Lopez does.
(C) Just around the corner.

訳　一番近い薬局はどこですか？
(A) 20分かその程度です。
(B) ロペス先生がします。
(C) ちょうどその角を曲がったところです。

解説　近くの薬局の場所を尋ねる問いかけに対し、「ちょうどその角を曲がったところです」とストレートに答えている (C) が正解です。こうした問いかけに対しては、I'm going there now. (私も今そこに行くところです⇨一緒に行きましょう) や、Sorry, I don't live around here. (すみません、この辺に住んでいないんです⇨だからわからない) といった変化球もあり得ます。

語注　□ **pharmacy**　名 薬局

2. 正解 (A)

Are you interested in applying for the manager's position?
(A) No, I don't think I'm qualified.
(B) The low-interest auto loan.
(C) A large group of job applicants.

訳　マネージャー職への応募に興味がありますか？
(A) いいえ、私は資格がないと思います。
(B) 低金利の車のローンです。
(C) 大人数の求職者の集団です。

解説　マネージャー職への応募に興味があるかを尋ねる問いかけに、「資格がないと思う」と否定している (A) が正解です。(B) は low-interest (低金利の) が interested (興味がある) と「似た音」、(C) も applicants (応募者) が applying for (〜に応募する) の関連語で、共に「ツリ単語」です。

語注 □ **qualified** 形 資格がある

3. **正解 (B)**

When is the new shopping mall scheduled to open?
(A) Their prices are so good.
(B) It hasn't been announced yet.
(C) A surprising number of shoppers.

訳 新しいショッピングモールはいつオープンする予定ですか？
(A) そこの価格はすごくお得です。
(B) まだ発表されていません。
(C) 驚くべき数の買い物客です。

解説 ショッピングモールがいつオープンする予定かを尋ねる問いかけに、「まだ発表されていません」と変化球で答えている (B) が正解です。この「まだ発表されていない」や、It hasn't been decided yet. (まだ決まってない) は定番の変化球です。There's an announcement in the newspaper. (新聞に発表が出ています) のような、「(そこに出ています)」パターンも頭に入れておきましょう。

4. **正解 (C)**

What's the name of the new supervisor in the accounting department?
(A) He called tech support.
(B) Some accounting software.
(C) Sorry, I can't remember.

訳 経理部の新しい責任者の名前は何ですか？
(A) 彼はテクニカルサポートに電話しました。
(B) 経理ソフトです。
(C) すみません、思い出せません。

解説 経理部の新責任者の名前を尋ねる問いかけに、「思い出せません」と答えている (C) が正解です。もちろん、His name is Mike Trout. (彼の名前はマイ

ク・トラウトです) や、It's Mr. Yoshida. (ヨシダさんです) のように直球で答えること
もできます。(B) の accounting は質問文に出てくるのと同じ「ツリ単語」です。

語注　□ **supervisor** 名 責任者、上司　□ **accounting department** 経理部

5. 正解 (C)　🚄

◀25

Wasn't Mario selected as employee of the year?
(A) No, try the bottom cabinet.
(B) A large selection of items.
(C) Yes, I think he was.

訳　マリオは年間最優秀社員に選ばれませんでしたか？
　　　(A) いいえ、戸棚の一番下を試してみてください。
　　　(B) 豊富な品ぞろえです。
　　　(C) はい、彼が選ばれたと思います。

解説　否定疑問文なので、「ないの？」と置き換えます。「マリオは年間最優
秀社員に選ばれてないの？」という問いかけに対し、「彼が選ばれたと思う」と
直球で答えている (C) が正解です。not を取り、Was Mario selected as 〜？(マ
リオは〜に選ばれましたか) と考えても構いません。Karen might know. (カレンが知
っているかもしれません) や You should ask Kate. (ケイトに聞くべきです) といった変
化球も正解になり得ます。

6. 正解 (B)　🚄

◀26

What was the topic of yesterday's workshop?
(A) No, not everyone wanted to have a copy.
(B) I just got back from vacation today.
(C) Between five and ten participants.

訳　昨日の研修会の話題は何でしたか？
　　　(A) いいえ、全員がコピーを欲しがった訳ではありません。
　　　(B) 私は今日休暇から戻ったばかりです。
　　　(C) 5名から10名の参加者です。

解説　昨日の研修会の内容を尋ねる問いかけに、「今日休暇から戻ったばかりです (だからわからない)」と変化球で答えている (B) が正解です。この「休暇から戻ったばかりです」や、「I was on vacation. (休暇中でした)」、「I just started working here. (まだここで働き始めたばかりなんです)」といった「(だからわからない)」のニュアンスを読み取って答える変化球も定番です。What で始まる疑問文なので、(A) は No が聞こえた瞬間に消去しましょう。

語注　□ **participant** 名 参加者

7. 正解 (C)

We need to come up with a new marketing strategy.
(A) Fresh produce from the farmers' market.
(B) I'm sure they were all impressed.
(C) Let's discuss it at this afternoon's meeting.

訳　我々は新たなマーケティング戦略を考え出す必要があります。
(A) 農家の直売所の新鮮な農産物です。
(B) きっと彼らは全員感心したはずです。
(C) 今日の午後の会議でその件を話し合いましょう。

解説　「新たなマーケティング戦略の立案が必要だ」という発言に対し、「今日の午後の会議で話し合いましょう」とストレートに答えている (C) が正解です。(A) は market (市場) が marketing と「似た音」の「ツリ単語」です。自信がなければ、こうした単語が入っていない選択肢を選びましょう。

語注　□ **come up with** 〜を考え出す、思いつく　□ **strategy** 名 戦略
□ **produce** 名 農産物　□ **impressed** 形 感心している

8. 正解 (A)

Can you e-mail that information to me now?
(A) My Internet connection is down.
(B) Yes, I'll have a couple.
(C) We should do this again very soon.

訳 その情報を私に今メールで送ってもらえますか？
(A) 私のネット接続が落ちています。
(B) はい、2つ頂きます。
(C) 我々はなるべく早くこれをもう一度すべきです。

解説 「メールで情報を送ってもらえるか」という依頼の問いかけに対し、「ネットの接続が落ちている(だから無理)」と変化球で答えている(A)が正解です。Our system's down.(システムが落ちています)や、Our e-mail's not working right now.(メールが今使えません)といった「ネットにつながらない」「メールが使えない」も定番の変化球です。

9. 正解 (C)

The wood stain looks darker than the color in the catalog, doesn't it?
(A) Yes, stainless steel does corrode.
(B) You need a password to log in.
(C) This room doesn't get much sunlight.

訳 その木の着色剤は、カタログの色より暗く見えますよね？
(A) はい、ステンレスは確かに腐食します。
(B) あなたはログインにパスワードが必要です。
(C) この部屋にはあまり日が差しません。

解説 難易度が高い問題です。「木の着色剤が、カタログの色より暗く見えますよね」という問いかけに対し、「この部屋にはあまり日が差しません(だから暗く見えるだけ)」と変化球で答えている(C)が正解です。こうした難問は消去法で解き、わからなければすぐに次の問題に気持ちを切り替えましょう。(A)のstainless(ステンレス)はstain(着色剤)と「似た音」の「ツリ単語」です。

語注 □ **stain** 名 着色剤 □ **corrode** 動 腐食する

10. 正解 (A)

Are you going to lead the discussion, or would you like me to do it?
(A) You're a better facilitator than I am.
(B) Yes, I did read the report.
(C) It was a productive discussion.

訳 あなたがディスカッションを進行しますか、それとも私がしましょうか？
(A) あなたは私より進行が上手です。
(B) はい、私は確かにその報告書を読みました。
(C) とても実りの多いディスカッションでした。

解説 「ディスカッションの進行をあなたがするか、私がするか」と尋ねる選択疑問文です。それに対し、「あなたの方が私より進行がうまい（だからあなた）」と変化球で答えている (A) が正解です。選択疑問文では、(B) のように Yes が聞こえたら消去です。(C) の discussion は質問文と同じ「ツリ単語」です。自信がなければ、こうした単語が入った選択肢は選ばないようにしましょう。

語注 □ **facilitator** 名 進行役 □ **productive** 形 実りが多い、生産的な

金の勉強法

Part 2対策として、以下の勉強法がオススメです。
問題を解くだけでなく、リスニング力強化がスコアアップには不可欠です。
問題を解きっぱなしにせず、トレーニングの素材として活用しましょう。

> **1** リッスン・アンド・リピートで真似をして音読する
> **2** 1セット平均4秒で読めるまで音読を繰り返す
> **3** リード・アンド・ルックアップを練習する
> **4** テキストを見ずに、リッスン・アンド・リピートする
> **5** テキストを見ずに、質問文を聞き、答えが言えるようにする

1 リッスン・アンド・リピートで真似をして音読する

問いかけと正解の応答の内容を理解したら、Part 1でもご紹介した「リッスン・アンド・リピート」で音読をしましょう。音読するのは問いかけと正解の選択肢だけです（不正解の選択肢は無視してください）。自己流ではなく、必ずネイティブの真似をして音読しましょう。

2 1セット平均4秒で読めるまで音読を繰り返す

うまく読めるようになってきたら、音声無しで、テキストを見ながら自分で

音読しましょう。スラスラ読めるまで繰り返し音読してください。目安として、**問いかけと正解の応答を、1セット平均4秒で読めるスピードを目指しましょう**。10セットなら40秒、25セットなら100秒が目標です。そのスピードで音読できれば、本試験のリスニングとほぼ同じ速さです。

3 リード・アンド・ルックアップを練習する

これは、英語のリテンション力 (記憶に保持する力) を養うのに効果的なトレーニングです。以下の方法で練習しましょう。

> ① テキストを見ながら問いかけの英文を音読
> ② すぐに顔を上げて、テキストを見ないで復唱
> ③ テキストを見ながら正解の選択肢の英文を音読
> ④ すぐに顔を上げて、テキストを見ないで復唱

少し高度なトレーニングなので、最初は難しく感じるかもしれません。

うまくできるようになると、Part 2の問いかけが頭に残るようになり、正答率が上がります。

4 テキストを見ずに、リッスン・アンド・リピートする

仕上げとして、音声を聞き、テキストを見ないでリッスン・アンド・リピートしてみましょう。**音読するのは問いかけと正解の選択肢だけです (不正解の選択肢は無視してください)**。Part 2の問いかけと正解の選択肢の英文を、テキストを見ないで完ぺきにリッスン・アンド・リピートできれば、リスニング400点以上のレベルです。

5 テキストを見ずに、質問文を聞き、答えが言えるようにする

テキストを見ずに、質問文が聞こえたらすぐに答えが言えるようにしましょう。最初は順番に言えるようにして、できるようになったら、ランダムに練習しましょう。

このトレーニング方法は、ほかの問題集にも応用できます。

問題演習と並行して、ぜひリスニング力 UP のためのトレーニングも行ってください。

コラム ● TOEIC の世界（塩対応編）

Part 2 で出る定番の変化球の答えを、いくつかこの章でご紹介しました。中でも毎回のように出題されるのが、質問に対し直接答えずに、その情報が出ている場所や、情報を持っている人を教えるタイプの答えです。

> Q.「会議は何時ですか？」
> A.「メール見てないの？」
>
> Q.「イベントはどこで行われますか？」
> A.「その情報はウェブサイトに出ています」
>
> Q.「なぜテックスは今週オフィスにいないんですか？」
> A.「マネージャーに聞くべきです」

といった感じです。TOEIC の世界には、相手の質問に対し、切れたりガン無視したりする人は存在しませんが、Part 2 でのこうした「塩対応」は定番です。主なパターンを頭に入れておき、本試験で出題されたら、「塩対応キタ！」と心の中でつぶやきましょう。

Part 2「見ればわかる」「聞けばわかる」塩対応の例

- There was an e-mail about that. (その件でメールが来ていましたよ)
- Didn't you receive the e-mail? (メールを受け取っていないんですか)
- Haven't you seen the schedule? (スケジュールを見ていないんですか)
- That information is posted on the Web site.
  (その情報はウェブサイトに出ています)
- That information is on the invoice. (その情報は請求書に出ています)
- The instruction manual is on my desk.
  (私の机の上に取扱説明書があります)
- There's a building directory behind you.
  (あなたの背後に建物の案内板があります)
- There's a floor plan on the wall over there.
  (あそこの壁に間取り図があります)
- Here's the event program. (ここにイベントのプログラムがあります)

- I just sent out the agenda. (さっき議題表を送りました)
- I just posted the schedule. (さっきスケジュールを掲示しました)
- Richard has the attendance sheet.
  (リチャードが出席者リストを持っています)
- Paula has the guest list. (ポーラが来客リストを持っています)
- You'll have to ask Mr. Wagner. (ワグナーさんに聞かないといけません)
- Ms. Kim might know. (キムさんが知っているかもしれません)
- Tetsuya's been there before. (テツヤが前にそこに行ったことがあります)
- The manager has that information.
  (マネージャーがその情報を持っています)

　どの答えも、「それを見ればわかる」「その人に聞けばわかる」というニュアンスです。

　ほぼ毎回、こうした塩対応の人が登場するので、頭に入れておきましょう。

Part 3
会話問題

「先読み」で
戦おう!

Part 3（会話問題）について

問題数	39問（3問×13セット）	時間	約18分
目標正解数	600点：27問　　730点：32問		
内容	2人または3人の会話を聞き、その内容に関する3つの設問に対し、(A)～(D)の4つの選択肢の中から適切な答えを選びます。会話はそれぞれ40秒程度で、全部で13セットあります。問題用紙には設問と選択肢の英文のみが掲載されています。39問中、「意図問題」が2問（場所は決まっていません）、「図表問題」が3問（最後の3セットに1問ずつ）出題されます。		

Part 3の基本

　Part 3の内容は、英語圏の社会人が日常的に交わす会話です。会話の場所は、オフィスや自宅、店、ミュージアム、空港、ホテル、農場など多岐にわたります。対面での会話のほか、電話でのやりとりも出題されます。13セットのうち、11セットが2人の会話、2セットが3人の会話です（3人の会話が出る場所は決まっていません）。

Part 3の攻略法

1.「先読み」で設問や選択肢の内容を頭に入れる

　Part 3で最も重要な戦略が、会話が流れる前に設問や選択肢に目を通す「先読み」です。会話を全部聞き取る必要はありません。必要なのは3つの設問に答えることです。たとえば、皆さんは天気予報を聞く際、自分が聞きたい場所の情報を待ち構えて、出てきたらそれをキャッチしますよね。あの感覚です。「先読み」で3つの出題ポイントを頭に入れ、そこに意識を集中しましょう。

　実際の試験では、Part 2が終わったら、Part 3の試験形式の説明（Directions）

が約30秒流れます。その間に最初のセット（Q. 32–34）の設問と選択肢の内容を頭に入れましょう。余裕がなければ設問だけでも構いません。設問は日本語でざっくり要約して頭に入れましょう。「会話の場所　女性の問題　男性の提案」といったカタチです。

2. 問題と解答の順番は基本的に同じ

　これも非常に重要なポイントです。ほとんどのセットでは、1問目のヒントは会話の前半、2問目のヒントは中盤、3問目のヒントは後半に出てきます。設問を先読みして頭に入れ、答えのヒントが順番に出てくるのを待ち構えましょう。

3. 解答はマークシートに軽く印を付ける

　解答をマークすることに意識を取られると、次の問題の答えのヒントを聞き逃してしまうことがあります。そうならないよう、答えがわかったら、マークシートの正解の記号に軽く印だけ付け、すぐに次の問題に意識を集中しましょう。マークシートをきれいに塗るのは会話が終わってからで構いません。マークシート用のシャーペンや先を丸めた鉛筆を使えばマークの時間が節約できます。

32. Ⓐ Ⓑ Ⓒ Ⓓ
33. Ⓐ Ⓑ Ⓒ Ⓓ
34. Ⓐ Ⓑ Ⓒ Ⓓ

答えがわかったら
印を付ける。

32. ● Ⓑ Ⓒ Ⓓ
33. Ⓐ ● Ⓒ Ⓓ
34. Ⓐ Ⓑ ● Ⓓ

会話が終わったら
一気に塗りつぶす。

　それでは、例題を見ながら、解き方をシミュレーションしてみましょう。

1. Where is the conversation taking place?　Ⓐ Ⓑ Ⓒ Ⓓ

(A) At a travel agency
(B) At a laundry service
(C) At a clothing store
(D) At a conference center

2. Why is the woman visiting the city?　Ⓐ Ⓑ Ⓒ Ⓓ

(A) To sign a contract
(B) To give a presentation
(C) To see some relatives
(D) To do some sightseeing

3. What does the man suggest the woman do?　Ⓐ Ⓑ Ⓒ Ⓓ

(A) Check a Web site
(B) Write down an address
(C) Make a reservation
(D) Choose a payment option

まず、それぞれの設問を日本語で要約して頭に入れます。

> 1. 会話の場所
> 2. 女性の訪問理由
> 3. 男性の提案

といったカタチです。余裕があれば、選択肢にも目を通します。会話が始まったら、答えが順番に出てくるはずなので、待ち構えます。

● **解答の流れ** ※英文は実際には掲載されていません。日本語は脳内イメージです。

> 🔊「会話の場所 女性の訪問理由 男性の提案」がポイントだ。最初に場所のヒントが流れるはず。

Questions 1 through 3 refer to the following conversation.

W: Excuse me. I really like this shirt, but it's a little too small for me. Does your store sell any bigger ones in this color?

> 🔊「シャツが気に入ったけど小さすぎる」「こちらの店に大きいサイズはあるか」って女性が尋ねてるから、1番の答えは (C)「衣料品店」だ。マーク欄の C に軽く印だけ付けて、「女性の訪問理由」を待ち構えよう。

M: Sorry, but that's the last one we have in blue. We'll have more in stock next week.

W: Unfortunately, I won't be in the city then. I'm visiting to give a presentation at the International Business Conference tomorrow, and I'm leaving on Friday.

> 🔊 プレゼンのために訪れている、って女性が言ったから、2番の答えは (B)「プレゼンを行うため」だ。マーク欄の B に軽く印だけ付けて、「男性の提案」を待ち構えよう。

M: In that case, why don't you see if our online shop sells that shirt in a larger size? I'll get you our flyer with the shop's Web address on it.

W: Oh, OK. Thank you.

> オンラインショップを確認してはどうか、って男性が提案してるぞ。ということは、3番の答えは(A)「ウェブサイトをチェックする」だ。3問のマーク欄をすばやく塗って、次の3問を「先読み」しよう。

以下がPart 3を解く際の基本的な解答の流れです。

3問を先読み
⇨ 1問目のヒントを待ち構える
⇨ 解答（マーク欄に軽く印）
⇨ 2問目のヒントを待ち構える
⇨ 解答（マーク欄に軽く印）
⇨ 3問目のヒントを待ち構える
⇨ 解答（マーク欄に軽く印）
⇨ マーク欄をすばやく一気に塗りつぶす
⇨ 次の3問を先読み

　問題演習を通じて、「先読み⇨ポン・ポン・ポンと解答⇨先読み」という解答のリズムをつかみましょう。また、**会話の序盤で、「誰と誰が」「どこで」「何を」話しているのかという全体像をイメージすること**も重要です。たとえばこの問題なら、「女性客と男性店員が」「衣料品店で」「シャツの在庫について」話しているシーンをイメージします。会話の場面がイメージできれば、Part 3の正解率が上がります。

Questions 1 through 3 refer to the following conversation.

W: Excuse me. I really like this shirt, but it's a little too small for me. Does your store sell any bigger ones in this color?

M: Sorry, but that's the last one we have in blue. We'll have more in stock next week.

W: Unfortunately, I won't be in the city then. I'm visiting to give a presentation at the International Business Conference tomorrow, and I'm leaving on Friday.

M: In that case, why don't you see if our online shop sells that shirt in a larger size? I'll get you our flyer with the shop's Web address on it.

W: Oh, OK. Thank you.

> **訳**　問題1～3は次の会話に関するものです。
>
> 女性：すみません。このシャツがとても気に入ったんですが、私にはちょっと小さすぎます。こちらのお店で、この色でもっと大きなサイズは売っていますか？
>
> 男性：すみません。青はそれが最後の一着です。来週在庫が追加で入る予定です。
>
> 女性：あいにく私はその時には市にいません。国際ビジネス会議で明日プレゼンするために来ていて、金曜日には出てしまいます。
>
> 男性：それでしたら、そのシャツの大きなサイズがあるかオンラインショップをご覧になってはいかがですか？　店のURLが出ているチラシをお持ちしますね。
>
> 女性：わかりました。ありがとうございます。

語注　□ **unfortunately** 副 あいにく、残念ながら　□ **conference** 名 会議
□ **in that case** その場合　□ **why don't you** ～してはどうですか　□ **flyer** 名 チラシ

1.　正解 (C)

Where is the conversation taking place?　この会話はどこで行われていますか？

(A) At a travel agency　　旅行代理店
(B) At a laundry service　洗濯サービス
(C) At a clothing store　　衣料品店
(D) At a conference center　会議場

85

2. 正解 (B)

Why is the woman visiting the city? 女性はなぜ市を訪れていますか？
(A) To sign a contract 契約にサインするため
(B) To give a presentation プレゼンを行うため
(C) To see some relatives 親戚に会うため
(D) To do some sightseeing 観光をするため

語注 □ **contract** 名 契約 □ **relative** 名 親戚 □ **sightseeing** 名 観光

3. 正解 (A)

What does the man suggest the woman do?
男性は女性に何をするよう提案していますか？
(A) Check a Web site ウェブサイトをチェックする
(B) Write down an address 住所を書きとめる
(C) Make a reservation 予約を取る
(D) Choose a payment option 支払い方法を選ぶ

語注 □ **suggest** 動 提案する □ **reservation** 名 予約

次は3人の会話です。冒頭に流れる、Questions XX through XX refer to the following conversation <u>with three speakers.</u> の with three speakers で3人の会話だとわかります。本試験では、13セット中2セット出題されます。解き方は2人の会話と同じです。設問を先読みしてから解いてみましょう。

例題2 　　　　　　　　　　　　　　　　　　　　　　　(◀32)

4. What is the conversation mainly about?　　Ⓐ Ⓑ Ⓒ Ⓓ

(A) Hotel accommodation
(B) Organizing an exhibition
(C) An application deadline
(D) Admission to a museum

5. Why does the woman talk to Michael?　　Ⓐ Ⓑ Ⓒ Ⓓ

(A) To check a schedule
(B) To recommend an option
(C) To ask about a discount
(D) To point out an error

6. What does the woman ask to see?　　Ⓐ Ⓑ Ⓒ Ⓓ

(A) A brochure
(B) A coupon
(C) A parking pass
(D) A membership card

Questions 4 through 6 refer to the following conversation with three speakers.

M-1: Good afternoon. I'd like a ticket, please.

W: OK, we have two types. One is for the museum's permanent collection, and the other is for our special exhibition.

M-1: I'm here for the special exhibition. By the way, I'm a member of the Halifax Chamber of Commerce. Is there a discount for members?

W: Oh, I'm not sure. My supervisor is here. Let me ask him... Michael, do we offer chamber of commerce members a discount on admission?

M-2: Yes, they receive 10 percent off the ticket price. But they have to show their membership card.

W: Got it. Thanks. Can you show me yours, sir?

M-1: Sure. Here it is.

訳　問題4〜6は次の3人の会話に関するものです。

男性1：こんにちは。チケットを1枚お願いします。

女性　：2種類ございます。1つはミュージアムの常設展用で、もう1つは特別展用です。

男性1：特別展のために来ました。ところで、私はハリファックス商業組合の会員です。会員割引はありますか？

女性　：よくわかりません。上司がここにいますので、彼に聞いてみます…。マイケル、商業組合の会員様に入場料の割引を提供していますか？

男性2：はい。チケット価格が10パーセント引きになります。ただし会員証の提示が必要です。

女性　：わかりました。ありがとうございます。お客様のを見せていただけますか？

男性1：もちろんです。これです。

語注　□ **permanent collection**　常設展　□ **special exhibition**　特別展
□ **chamber of commerce**　商業組合　□ **supervisor**　名 上司、責任者
□ **admission**　名 入場 (料)

4. 正解 (D)

What is the conversation mainly about?　会話は主に何についてですか？
(A) Hotel accommodation　ホテルの宿泊施設
(B) Organizing an exhibition　展示会の準備
(C) An application deadline　応募の締め切り
(D) Admission to a museum　ミュージアムの入場料

解説　ミュージアムの来場者と担当者が窓口で入場料の割引についての会話を交わしているので、(D) が正解。通常3問中1問が、こうした会話の内容や場所など、全体を理解して解くタイプの設問。このタイプの問題は、序盤で答えがわからなければ後回しにして、具体的な情報を聞き逃すと答えられないタイプの2問目を先に解こう。

語注　□ **accommodation** 名 宿泊施設　□ **organize** 動 準備する、取りまとめる
□ **exhibition** 名 展示会　□ **application** 名 応募　□ **deadline** 名 締め切り

5. 正解 (C)

Why does the woman talk to Michael?
　女性はなぜマイケルに話しかけていますか？
(A) To check a schedule　スケジュールを確認するため
(B) To recommend an option　オプションを勧めるため
(C) To ask about a discount　割引について尋ねるため
(D) To point out an error　ミスを指摘するため

解説　中盤で窓口係の女性が、上司であるマイケルに対し、商業組合の会員に入場料の割引を提供しているかを確認しているので、(C) が正解。
語注　□ **recommend** 動 勧める　□ **point out** ～を指摘する

6. 正解 (D)

What does the woman ask to see?　女性は何を見たいと言っていますか？
(A) A brochure　パンフレット
(B) A coupon　クーポン
(C) A parking pass　駐車券
(D) A membership card　会員証

解説 割引を受けるには会員証の提示が必要であるとの説明を受けた女性が、Can you show me yours, sir? (あなたのをお見せいただけますか) と来場者である男性に尋ねている。この yours は your membership card (あなたの会員証) を指しているので、(D) が正解。

「意図問題」について

Part 3、4では、セリフに込められた話し手の意図を問う「意図問題」と呼ばれるタイプの設問があります。Part 3で2問、Part 4で3問の計5問出題されます (どこのセットで出題されるかは決まっていません)。意図問題は以下のようなカタチで問題用紙に記載されているので、設問文を見ればどれなのかはわかります。

- **What does the man mean when he says, "We have two weeks"?**
  (男性が「2週間あります」と言う際、何を意味していますか)

- **What does the speaker imply when she says, "We have two weeks"?**
  (話し手が「2週間あります」と言う際、彼女は何をほのめかしていますか)

- **Why does the woman say, "We have two weeks"?**
  (女性はなぜ「2週間あります」と言っていますか)

「2週間あります」というセリフは、文脈によってニュアンスが変わります。たとえば、「時間がない」とあせっている同僚に対し、「2週間あります (だから大丈夫)」という意味かもしれません。プロジェクトの期限がせまっていて、「2週間あります (それまでに終える必要がある)」と急ぎであることを伝えている可能性もあります。意図問題は、そのセリフにどういうニュアンスが込められているのかを理解して答えるタイプの問題です。

意図問題は難易度が高いので、「話の流れに合う答えを選ぶ」ことを意識しつつ、時間をかけすぎないことが重要です。答えがわからなければ、すぐに次の問題に気持ちを切り替えましょう。また、2問目が意図問題の場合、そこに時間を取られているうちに3問目の答えのヒントを聞き逃してしまうケースがあります。そうならないよう、2問目が意図問題の場合は後回しにして、先に3問目を解くのがオススメです。意図問題では、後に続くセリフが解答の手がかりになることもあります。直後のセリフもしっかり聞きましょう。

では、「意図問題」が入ったセットを解いてみましょう。「先読み」して設問の内容と、意図問題の対象となるセリフを頭に入れます。「こういうセリフが出てくるんだな」と頭に入れ、話の流れに合う答えを選ぶのがポイントです。このセットでは、意図問題が2問目なので、セリフだけ頭に入れておき、先に3問目を解くのがオススメです。直後のセリフも解答の手がかりになるので、しっかり聞きましょう。

例題3 🔊33

7. Who most likely is the woman? Ⓐ Ⓑ Ⓒ Ⓓ

(A) A hiring manager
(B) A newspaper reporter
(C) A potential customer
(D) A computer technician

8. Why does the woman say, "That sounds like what we have available"? Ⓐ Ⓑ Ⓒ Ⓓ

(A) She believes a product is still in stock.
(B) She is unsure about a few features.
(C) She is surprised about another service.
(D) She thinks that two jobs are similar.

9. What does the man say he will need? Ⓐ Ⓑ Ⓒ Ⓓ

(A) Contact information
(B) Details about products
(C) Some course materials
(D) A tour of the company

Questions 7 through 9 refer to the following conversation.

W: Thank you for coming in today for an interview, Mr. Williams. <u>Looking over your résumé, I saw that you have experience working in customer service.</u> Can you tell me about your previous position?

M: Sure. I worked at a call center for three years. My main responsibilities were answering customer inquiries and resolving complaints.

W: <u>That sounds like what we have available.</u> However, we expect our customer service representatives to also help customers troubleshoot technical issues.

M: To do that, <u>I'll need to know everything about your products, of course.</u> But I'm confident that I can handle the task.

W: I'm glad to hear that.

訳　問題7〜9は次の会話に関するものです。

女性：今日は面接にお越しいただき、ありがとうございます、ウィリアムズさん。あなたの履歴書を拝見し、カスタマーサービスで働いたご経験があると知りました。前職でのご経験について教えていただけますか？

男性：もちろんです。3年間コールセンターで働いていました。主な仕事はお客様のお問い合わせに答えたり、苦情を解決したりすることでした。

女性：当社のと同じようですね。ですが、当社はカスタマーサービス担当者に、お客様が技術的な問題を解決するお手伝いも期待しています。

男性：そのためには、もちろん私は御社の製品についてすべてを知る必要がありますが、業務を担う自信はあります。

女性：それが聞けて良かったです。

語注　□ **look over** ざっと見る　□ **résumé** 名 履歴書　□ **previous** 形 以前の　□ **responsibility** 名 職務　□ **inquiry** 名 問い合わせ　□ **resolve** 動 解決する　□ **complaint** 名 苦情　□ **representative** 名 担当者　□ **troubleshoot** 動 解決する　□ **issue** 名 問題　□ **confident** 形 自信がある　□ **handle** 動 扱う　□ **task** 名 任務、業務

7. 正解 (A)

Who most likely is the woman? 女性はおそらく何者ですか？

(A) A hiring manager　　　採用マネージャー
(B) A newspaper reporter　新聞記者
(C) A potential customer　　潜在顧客
(D) A computer technician　コンピュータ技師

解説　最初に女性が男性に対し、面接に来てくれたことへのお礼を述べ、面接を始めているので、女性は採用担当者だと推測できる。most likely（おそらく）と設問文にあれば、100%そうとは言い切れないが、最も可能性が高いと思われる答えを選ぼう。

8. 正解 (D)

Why does the woman say, "That sounds like what we have available"?
女性はなぜ「当社のと同じようですね」と言っていますか？

(A) She believes a product is still in stock.
　　彼女は製品の在庫がまだあると確信している。
(B) She is unsure about a few features.
　　彼女はいくつかの機能について自信がない。
(C) She is surprised about another service.
　　彼女は別のサービスについて驚いている。
(D) She thinks that two jobs are similar.
　　彼女は2つの仕事が似ていると思っている。

解説　男性が前職での仕事内容を説明したのに対し、「当社のと同じようですね」と女性が述べていることから、「仕事内容が似ている」というニュアンスを伝えたいのだと判断できる。このセリフの直後の However 以降で、仕事内容の違いについて述べられていることも解答のヒントになる。
語注　□ **available** 形 利用できる、入手できる　□ **feature** 名 機能、特徴

9. 正解 (B)

What does the man say he will need? 男性は何が必要だと言っていますか？

(A) Contact information　　連絡先情報
(B) Details about products　製品についての詳細
(C) Some course materials　コース教材
(D) A tour of the company　会社見学

カスタマーサービス担当者として、お客様の技術的な問題に対応するためには製品について詳しく知る必要がある、と男性が述べているので、(B)が正解。

「図表問題」について

　Part 3、4では、問題用紙に印刷された図表を見ながら答える「図表問題」と呼ばれるタイプの設問があります。Part 3で3問、Part 4で2問の計5問出題されます。出題されるのはそれぞれのパートの最後です。Part 3では、Q. 62–64、Q. 65–67、Q. 68–70のセットにそれぞれ1問ずつ、Part 4では、Q. 95–97、Q. 98–100のセットにそれぞれ1問ずつ入っています。

　図表問題は、以下のように、Look at the graphic.（図表を見てください）で始まるので、どの設問かは問題用紙を見ればわかります。

70. Look at the graphic. When will the woman be interviewed?
(A) On Monday
(B) On Tuesday
(C) On Wednesday
(D) On Thursday

　先読みの際は、まず、掲載されているのが何の図表なのかを把握しましょう。出題される図表は、スケジュール、間取り図、地図、メニュー、売り上げグラフ、商品カタログ、名刺などさまざまです。図表をチェックしたら、設問を先読みし、図表問題の内容も確認します。

　押さえていただきたいポイントとして、図表問題以外の2問は図表とは関係ありません。図表に気を取られると答えのヒントを聞き逃す可能性があるので、ほかの2問は聞く方に意識の重点を置きましょう。図表問題だけ図表を見ながら答えてください。

　では、「図表問題」が入ったセットを解いてみましょう。「先読み」して図表の内容をざっと把握し、3問の設問内容と、図表問題が何問目なのかを頭に入れましょう。図表問題以外の2問は聞く方に意識の重点を置き、ここでは図表問題が2問目なので、中盤は図表を見ながら答えましょう。

Evening Class Schedule (6:30–8:00 P.M.)	
Monday	Yoga
Tuesday	Aerobics
Wednesday	Pilates
Thursday	Kickboxing
Friday	Dance

10. Why is the woman calling?

(A) To ask for technical support
(B) To discuss a membership plan
(C) To cancel an appointment
(D) To report a missing item

11. Look at the graphic. Which class will the Ⓐ Ⓑ Ⓒ Ⓓ
woman attend?

(A) Aerobics
(B) Pilates
(C) Kickboxing
(D) Dance

12. What does the man recommend the woman do? Ⓐ Ⓑ Ⓒ Ⓓ

(A) Keep a receipt
(B) Bring a towel
(C) Take a break
(D) Submit a form

Questions 10 through 12 refer to the following conversation and schedule.

M: Hello, this is Ironflex Fitness.

W: Hi, I took a yoga class at your club this evening, and I think I left my water bottle there. It's stainless steel with a yellow cap.

M: Yes, we found one just like that. It's in our lost and found now.

W: Great. I'll be there on Thursday for the evening class, so I'll pick it up then. By the way, will I need to bring anything to that one?

M: We'll provide the gloves and other equipment, but it's a good idea to keep a hand towel close at hand since it gets so hot in that room.

W: All right. Thanks for the tip!

訳　問題10～12は次の会話とスケジュールに関するものです。

男性：こんにちは、アイアンフレックス・フィットネスです。

女性：こんにちは、今日の夕方、そちらのクラブでヨガのクラスを受けたのですが、水筒を忘れてしまったようです。ステンレス製で、黄色いキャップが付いています。

男性：はい、同じようなものを見つけました。今、忘れ物コーナーにあります。

女性：よかったです。木曜日の夜のクラスに参加しますので、そのときに受け取ります。ところで、そのクラスに何か持っていく必要はありますか？

男性：グローブなどはご用意しますが、あの部屋はとても暑くなるので、ハンドタオルを手元に置いておくといいですよ。

女性：わかりました。教えてくれてありがとう！

語注　□ **lost and found**　忘れ物コーナー、遺失物取扱所　□ **pick up**　受け取る　□ **provide**　動 提供する　□ **glove**　名 グローブ

10. 正解 (D)

Why is the woman calling?　女性はなぜ電話をしていますか？
(A) To ask for technical support　技術サポートを求めるため
(B) To discuss a membership plan　会員プランについて話し合うため
(C) To cancel an appointment　アポをキャンセルするため
(D) To report a missing item　紛失物を報告するため

解説　　女性が最初に、そちらのクラブに水筒を忘れたようだと述べているので、(D) が正解。TOEIC の世界の住民は忘れ物が多いので、ジムや劇場、ミュージアム等への忘れ物の問い合わせ電話は定番。

11. 正解 (C)

夜間クラススケジュール （午後6:30 〜 8:00）	
月曜日	ヨガ
火曜日	エアロビクス
水曜日	ピラティス
木曜日	キックボクシング
金曜日	ダンス

Look at the graphic. Which class will the woman attend?
　図表を見てください。どのクラスに女性は参加する予定ですか？
(A) Aerobics　エアロビクス
(B) Pilates　ピラティス
(C) Kickboxing　キックボクシング
(D) Dance　ダンス

解説　　「先読み」をして、図表が夜のクラススケジュールであること、及び、女性がどのクラスに参加するかがポイントだと頭に入れる。すると、中盤で女性が、木曜の夜のクラスに参加すると述べている。表を見ると木曜日にあるのはキックボクシングのクラスなので (C) が正解。

※図表問題は、必ず選択肢を先読みし、選択肢に出ていない側の情報に意識を集中するのが解答のコツ。たとえば、この問題では、選択肢が右列のクラス内容なので、左列の「曜日」が解答のヒントになる。

12.　正解 (B)

What does the man recommend the woman do?
男性は女性に何をするよう勧めていますか？

(A) Keep a receipt　レシートを保管する
(B) Bring a towel　タオルを持ってくる
(C) Take a break　休憩をとる
(D) Submit a form　フォームを提出する

解説　女性が参加予定のクラスへの持ち物を尋ねたのに対し、部屋が暑くなるのでハンドタオルを手元に置いておくことを男性が勧めている。したがって(B) が正解。

語注　□ **break** 名 休憩　□ **submit** 動 提出する

✖ Part 3 でよく出る設問

よく出る設問は、内容を頭に入れておき、先読みの時間を節約しましょう。

1 Where does the conversation take place?

☞ どこの会話 | この会話はどこで行われていますか

2 Where are the speakers?

☞ 二人どこ | 二人はどこにいますか

3 Where do the speakers most likely work?

☞ 二人の職場 | 二人はおそらくどこで働いていますか

4 Who most likely is the man?

☞ 男性誰 | 男性はおそらく何者ですか

5 Why is the woman calling?

☞ 女性なぜ電話 | 女性はなぜ電話していますか

6 What is the woman concerned about?

☞ 女性何心配 | 女性は何を心配していますか

7 What are the speakers discussing?

☞ 何の話 | 二人は何の話をしていますか

8 What is the problem?

☞ 何が問題 | 何が問題ですか

9 What does the woman suggest?

☞ 女性何提案 | 女性は何を提案していますか

10 What does the man say he will do?

☞ 男性何する | 男性は何をすると言っていますか

11 What does the woman ask the man to do?

☞ 女性何依頼 | 女性は男性に何をするよう頼んでいますか

12 What does the woman offer to do?

☞ 女性何申し出 | 女性は何をすることを申し出ていますか

13 What will the woman probably do next?

☞ 女性次何する | 女性はおそらく次に何をしますか

それでは、以下の3つのポイントを頭に入れて、実戦問題を続けて4セット
解いてみましょう。

> 1.「先読み」で設問や選択肢の内容を頭に入れる
> 2. 問題と解答の順番は基本的に同じ
> 3. 解答はマークシートに軽く印を付ける

（36）

1. What most likely is the man's job?　Ⓐ Ⓑ Ⓒ Ⓓ

(A) Fitness trainer
(B) Pharmacy owner
(C) Medical receptionist
(D) Science professor

2. What does the woman ask about?　Ⓐ Ⓑ Ⓒ Ⓓ

(A) Contact details
(B) Available times
(C) Subscription rates
(D) Opening hours

3. What does the man suggest the woman do?　Ⓐ Ⓑ Ⓒ Ⓓ

(A) Check a brochure
(B) Compare prices
(C) Take some samples
(D) Print out a form

4. Where is the conversation taking place?

(A) At a real estate agency
(B) At a construction site
(C) At a hardware store
(D) At a car repair shop

5. What does Cindy recommend the man do?

(A) Visit a retail store
(B) Read some instructions
(C) Check a Web site
(D) Find a new supplier

6. What does the man plan to do? Ⓐ Ⓑ Ⓒ Ⓓ

(A) Distribute some clothing
(B) Revise an inventory list
(C) Buy some equipment
(D) Take some measurements

7. What are the speakers mainly discussing? Ⓐ Ⓑ Ⓒ Ⓓ

(A) A musical instrument
(B) A marketing campaign
(C) A budget estimate
(D) A repair service

8. Why does the woman say, "I have a hectic schedule"? Ⓐ Ⓑ Ⓒ Ⓓ

(A) To request a change in work hours
(B) To ask for assistance with a project
(C) To decline an invitation
(D) To complain about a policy

9. What does the man say he will do? Ⓐ Ⓑ Ⓒ Ⓓ

(A) Sign up for an event
(B) Print out a document
(C) Look at merchandise
(D) Wait to show an item

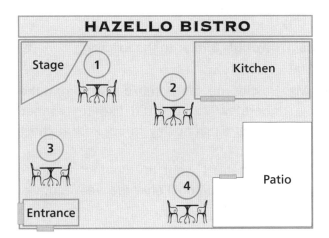

10. What problem does the woman mention? Ⓐ Ⓑ Ⓒ Ⓓ

    (A) A meal is cold.
    (B) A bill is incorrect.
    (C) She is in a hurry.
    (D) She is uncomfortable.

11. Look at the graphic. Where will the woman Ⓐ Ⓑ Ⓒ Ⓓ
    be seated?

    (A) At table 1
    (B) At table 2
    (C) At table 3
    (D) At table 4

12. What does the woman say about her friend? Ⓐ Ⓑ Ⓒ Ⓓ

    (A) He is not feeling well.
    (B) He prefers a vegetarian dish.
    (C) He runs a restaurant.
    (D) He is late for dinner.

Questions 1 through 3 refer to the following conversation.

M: Hello, Ms. Hawthorne. It's Dominic calling from the Croswell Clinic. I understand that you'd like to reschedule your appointment, but Dr. Kingsley is booked at the times you requested.

W: Well, it isn't urgent. I want my contact lens prescription changed, but I can wait until after the weekend. Do you have any openings then?

M: There's a ten o'clock slot on Monday.

W: I'll take it.

M: Great. Also, why don't you come early and look at our brochure on different lenses? It'll give you an idea about which types might suit you.

W: Thanks. I'll do that.

> **訳**　問題1〜3は次の会話に関するものです。
>
> 男性：こんにちは、ホーソーンさん。クロスウェル・クリニックのドミニクです。予約の変更をご希望とのことですが、キングズレー医師はご要望の時間には予約が入っています。
>
> 女性：そうですか、緊急ではないんです。コンタクトレンズの処方箋を変えてほしいのですが、週明けまで待てます。そこなら空きはありますか？
>
> 男性：月曜日の10時の枠がありますよ。
>
> 女性：そこで取ります。
>
> 男性：よかったです。それと、早めに来ていただいて、他のレンズのパンフレットをご覧になってはいかがですか？　どのタイプが自分に合うかわかると思いますよ。
>
> 女性：ありがとう。そうします。

語注　□ **reschedule** 動 予定を変更する　□ **book** 動 予約する
□ **urgent** 形 緊急の　□ **prescription** 名 処方箋　□ **slot** 名 枠
□ **why don't you** 〜してはどうですか　□ **brochure** 名 パンフレット
□ **suit** 動 合う

1. 正解 (C)

What most likely is the man's job?　男性の仕事はおそらく何ですか？
(A) Fitness trainer　　　フィットネス・トレーナー
(B) Pharmacy owner　　　薬局のオーナー
(C) Medical receptionist　医療の受付係
(D) Science professor　　科学の教授

解説　冒頭のセリフで、男性はクリニックの受付係だとわかる。よって、(C) が正解。Part 3/4では、こうしたクリニックからの予約の変更や確認の電話は定番。頭に入れておこう。

語注　□ **pharmacy** 名 薬局　□ **receptionist** 名 受付係　□ **professor** 名 教授

2. 正解 (B)

What does the woman ask about?　女性は何について尋ねていますか？
(A) Contact details　　　連絡先詳細
(B) Available times　　　空き時間
(C) Subscription rates　長期契約料
(D) Opening hours　　　営業時間

解説　中盤で女性が予約の空き状況を尋ねているので、(B) が正解。
語注　□ **available** 形 空いている　□ **subscription** 名 長期契約
□ **rate** 名 料金

3. 正解 (A)

What does the man suggest the woman do?
男性は女性に何をするよう勧めていますか？
(A) Check a brochure　　パンフレットをチェックする
(B) Compare prices　　　値段を比較する
(C) Take some samples　サンプルをもらう
(D) Print out a form　　用紙を印刷する

解説　最後に男性が、早めに来院してレンズのパンフレットを見ることを女性に勧めているので、(A) が正解。
語注　□ **compare** 動 比べる

Questions 4 through 6 refer to the following conversation with three speakers. 🇨🇦 🇦🇺 🇬🇧 (37)

W-1: Good morning, everyone. As the construction site manager, I want to remind you about the importance of wearing protective clothing on-site.

M: Excuse me. I'm new in town, and I just realized my goggles are cracked. Where can I pick up gear in this area?

W-1: That's a great question. Cindy, our safety coordinator, is familiar with the local suppliers. Cindy, what do you think?

W-2: There's a place that sells safety equipment just down the street. They offer a wide range of protective clothing at good prices, so I'd go there.

M: All right. I'll pick up a pair of goggles from them today.

訳 問題4～6は次の3人の会話に関するものです。

女性1：皆さん、おはようございます。建設現場の責任者として、現場で防護服を着用することの重要性を皆さんに再度お伝えしたいと思います。

男性 ：すみません、この町に来たばかりで、さっきゴーグルにひびが入っていることに気づきました。この辺りではどこで装具を買うことができますか？

女性1：いい質問ですね。安全コーディネーターのシンディが地元の業者に詳しいです。シンディ、どう思いますか？

女性2：通りのすぐ先に、安全装具を売っている店があります。いろいろな防護服を安く売っているので、私だったらそこに立ち寄りますね。

男性 ：わかりました。今日そこでゴーグルを買ってきます。

語注 □ **construction site** 建設現場 □ **remind** 動 念押しする
□ **importance** 名 重要性 □ **protective clothing** 防護服 □ **on-site** 副 現場で
□ **cracked** 形 ひびが入った □ **pick up** 買う □ **gear** 名 装備
□ **familiar** 形 よく知っている □ **local** 形 地元の □ **supplier** 名 供給業者
□ **wide range of** 広範囲の □ **I'd go there.** 私だったらそこに行くでしょう。

4. 正解 (B)

Where is the conversation taking place?　この会話はどこで行われていますか？
(A) At a real estate agency　不動産業者
(B) At a construction site　建設現場
(C) At a hardware store　ホームセンター
(D) At a car repair shop　車の修理店

解説　冒頭で女性が、建設現場の責任者だと自己紹介し、防護服着用の重要性を作業員に念押ししているので、(B) が正解。

5. 正解 (A)

What does Cindy recommend the man do?
シンディは男性に何をするよう勧めていますか？
(A) Visit a retail store　小売店を訪れる
(B) Read some instructions　指示書を読む
(C) Check a Web site　ウェブサイトをチェックする
(D) Find a new supplier　新しい供給業者を見つける

解説　ゴーグルをどこで購入すればよいか助言を求められたシンディが、品ぞろえが豊富で安価な近くの店で買うよう男性に勧めているので、(A) が正解。

語注　□ **retail** 名 小売り

6. 正解 (C)

What does the man plan to do?　男性は何をする予定ですか？
(A) Distribute some clothing　衣料品を配布する
(B) Revise an inventory list　在庫リストを修正する
(C) Buy some equipment　いくつか装具を買う
(D) Take some measurements　いくつか測定をする

解説　近くの店を紹介された男性が、今日そこでゴーグルを買うつもりだと述べているので、(C) が正解。

語注　□ **distribute** 動 配布する　□ **clothing** 名 衣料品　□ **revise** 動 修正する
□ **inventory** 名 在庫　□ **measurement** 名 寸法

Questions 7 through 9 refer to the following conversation.

W: Spencer, I heard you were selling an acoustic guitar. I'm interested in buying it. Is it still for sale?

M: Yes. Someone checked it out yesterday, but the price was too high for him. I'm asking $550 because it's a rare vintage model. Why don't you come by this evening and give it a try?

W: Oh, I have a hectic schedule. I'm free Saturday, though. If you haven't sold it by then, I'll come over.

M: OK, and I won't show the guitar to any other potential buyers until you've had a chance to see it.

訳　問題7～9は次の会話に関するものです。

女性：スペンサー、アコースティックギターを売っていると聞きました。買おうかと思っているのですが、まだ売っていますか？

男性：はい。昨日見てくれた人がいたのですが、彼には値段が高すぎるみたいです。希少なヴィンテージ・モデルなので、550ドルでお願いしたいんです。今日の夕方に来て試してみませんか？

女性：あ、予定が詰まってるんです。でも、土曜日は空いてます。それまでに売れていなかったら伺います。

男性：わかりました。あなたが見られるまで、他の購入希望者にはギターを見せないようにします。

語注　□ **rare** 形 レアな、希少な　□ **come by** 立ち寄る
□ **give it a try** それを試してみる　□ **hectic** 形 とても忙しい　□ **though** 副 だが
□ **come over** 伺う　□ **potential** 形 潜在的な

---

7. 正解 (A)

What are the speakers mainly discussing?　二人は主に何の話をしていますか？

(A) A musical instrument　楽器
(B) A marketing campaign　マーケティング・キャンペーン
(C) A budget estimate　予算の見積もり
(D) A repair service　修理サービス

解説　男性が所有しているギターの売買の話をしているので、(A) が正解。

語注 □ **estimate** 名 見積もり

8. 正解 (C)

Why does the woman say, "I have a hectic schedule"?
女性はなぜ「予定が詰まってるんです」と言っていますか?

(A) To request a change in work hours　　勤務時間の変更を求めるため
(B) To ask for assistance with a project　　プロジェクトの助けを求めるため
(C) To decline an invitation　　　　　　　招待を断るため
(D) To complain about a policy　　　　　　規定について文句を言うため

解説　ギターの現物を今日見に来てはどうかと勧める男性に対する女性の返答で、hectic は「とても忙しい」という意味。つまり、今日は忙しくて行けない、というニュアンスを伝えているので、(C) が正解。続く「でも、土曜日は空いてます」のセリフも話の流れをつかむヒントになる。

語注　□ **decline** 動 断る　□ **invitation** 名 招待　□ **complain** 動 文句を言う
□ **policy** 名 規定

9. 正解 (D)

What does the man say he will do?　男性は何をすると言っていますか?

(A) Sign up for an event　　イベントに申し込む
(B) Print out a document　　書類を印刷する
(C) Look at merchandise　　商品を見る
(D) Wait to show an item　　品物を見せるのを待つ

解説　土曜に女性が見に来るまでは他の購入希望者にギターは見せないと男性が述べているので、(D) が正解。

語注　□ **sign up for** 〜に申し込む　□ **merchandise** 名 商品

Questions 10 through 12 refer to the following conversation and floor plan.

M: Good evening. I'm Christopher, and I'll be your waiter. Are you ready to order, or would you like another minute to decide?

W: Actually, I'm a bit chilly here by the patio. Is there any way I could move to another spot?

M: Certainly. Let me just check our seating plan to see which tables are open. Hmm ... How about next to the stage on the other side of the room?

W: That'd be perfect. Thank you for your understanding, and I'll order after my friend gets here. He's running a little late.

M: OK. Please follow me to your new table.

訳 問題10~12は次の会話と間取り図に関するものです。

男性：こんばんは。ウェイターを務めますクリストファーです。ご注文はお決まりですか、それともお決めになるのにもう少しお時間が必要ですか？

女性：実は、ここはテラスのそばでちょっと寒いんです。他の場所に移動することはできますか？

男性：もちろんです。どのテーブルが空いているか、座席表を見てみますね。うーん…。部屋の反対側のステージの隣はいかがですか？

女性：それなら完ぺきです。ご配慮ありがとうございます。注文は友人が来てからにします。彼は少し遅れているんです。

男性：かしこまりました。新しいテーブルにご案内します。

語注 □ **chilly** 形 寒い □ **patio** 名 テラス

---

10. 正解 (D)

What problem does the woman mention?　どんな問題を女性は述べていますか？

(A) A meal is cold.　　　　食事が冷たい。
(B) A bill is incorrect.　　請求書が間違っている。
(C) She is in a hurry.　　彼女は急いでいる。
(D) She is uncomfortable.　彼女は居心地が悪い。

解説　女性がテラスの近くの席で少し寒いと述べているので、(D) が正解。chilly (寒い) は cold の類義語で、Part 7 の同義語問題での出題例もある。

11.　正解 (A)

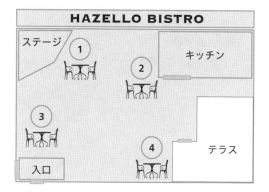

Look at the graphic.
Where will the woman be
seated?
　図表を見てください。どこに
　女性は座りますか？

(A) At table 1　1番テーブル
(B) At table 2　2番テーブル
(C) At table 3　3番テーブル
(D) At table 4　4番テーブル

解説　席の移動を申し出た女性に対し、ウェイターの男性が、ステージの隣の席を勧め、それに女性が同意している。ステージの隣にあるのは1番テーブルなので、(A) が正解。ここでは、4番から1番の席に女性が移動している。図表問題では、このように、「Xと思わせて実はYが正解」という「どんでん返し」が定番。頭に入れておこう。

12.　正解 (D)

What does the woman say about her friend?
　女性は友人について何と言っていますか？

(A) He is not feeling well.　　　　彼は調子が悪い。
(B) He prefers a vegetarian dish.　彼はベジタリアン料理が好みだ。
(C) He runs a restaurant.　　　　彼はレストランを経営している。
(D) He is late for dinner.　　　　彼はディナーに遅れている。

解説　女性が最後に、友人の男性の到着が遅れているので、注文を後にしてほしいとウェイターに伝えている。冒頭のウェイターのあいさつで今は夕食時だとわかるので、(D) が正解。

語注　□ **prefer** 動 〜の方を好む　□ **run** 動 経営する

金の勉強法

Part 3の勉強法として、音読がオススメです。以下の手順で音読しましょう。

> ■ 会話の内容をしっかり理解する
> ■ スラッシュ・リーディングで、英語の語順で理解する
> ■ テキストを見ながら、リッスン・アンド・リピートする
> ■ テキストを見ながら、同時読みする
> ■ テキストを見ながら、シャドーイングする
> ■ テキストを見ずに、シャドーイングする

■ 会話の内容をしっかり理解する

まず、和訳や語注を参考にして、会話の内容をしっかり理解します。

■ スラッシュ・リーディングで、英語の語順で理解する

リスニング力を上げるには、英語の語順で理解する力が必要です。その力を養うのに効果的なのが、スラッシュ・リーディングです。意味のカタマリごとに区切り、前から訳しましょう。日本語は不自然でも構いません。たとえば、例題の最初のセットの冒頭を例にとると、以下のような形です。

W: Excuse me. / I really like this shirt, / but it's a little too small
女性：すみません / とても気に入りました、このシャツが / でも少し小さすぎます
/ for me.
/ 私には。

Does your store sell / any bigger ones / in this color?
こちらのお店で売っていますか / もっと大きなのを / この色で。

■ テキストを見ながら、リッスン・アンド・リピートする

短く区切って音声を止めながら、リッスン・アンド・リピートで真似をして読んでみましょう。慣れてきたら少しずつ区切りを長くします。詰まらずに読めるようになったら、音声なしで、通しで音読してみましょう。スラスラ通しで音読できるようになると、リスニング300点レベルです。

④ テキストを見ながら、同時読みする

　スラスラ読めるようになったら、音声を聞きながら、テキストを見て同時読みしてみましょう。同時読みがうまくできるようになると、リスニング350点レベルです。

⑤ テキストを見ながら、シャドーイングする

　音声を聞きながら、1〜2語遅れて復唱するトレーニングです。英文を影 (shadow) のように追いかけることから、「シャドーイング」と呼ばれています。聞き終えてから読んだり、英文を目で追ったりするのではなく、耳に入ってきた英語を追いかけるようにそのまま発音しましょう。シャドーイングは、英語の発音やイントネーションの上達に効果があります。

⑥ テキストを見ずに、シャドーイングする

　仕上げに、テキストを見ないでシャドーイングしてみましょう。テキストを見ずにシャドーイングできれば、リスニング400点レベルです。リスニング満点レベルの高得点を狙う方は、テキストを見ずに100％シャドーイングができるレベルを目指しましょう。

　一般的に、1つのセットを最低30回程度は音読しないと効果が薄いとされています。同時読みができるレベルになると、Part 3 の13セットすべてを音読しても10分程度で終わります。毎朝10分音読すれば、一か月で30回です。通勤・通学の時間を利用すれば、もっと早く30回に到達します。通勤・通学の車内では、心の中で声を出す「サイレント音読」や「サイレント・シャドーイング」がオススメです。ぜひ、日々の英語学習に音読を取り入れてください。

コラム ● TOEICの世界（会話編）

Part 3で交わされる TOEIC の世界の典型的な会話はこんな感じです。

女性 「ビル、今日の会議の準備できてる？ 大事なプレゼンがあるんでしょ」

男性 「そうなんだけど、①プリンターが壊れてて、配布資料が印刷できないんだ。印刷しようとすると紙が詰まってしまうんだよ」

女性 「②ジェーンに電話して、彼女のフロアのプリンターで印刷してもらったらどうかしら」

男性 「③いい考えだね。そうするよ」

① Part 3では、プリンターの故障率はほぼ100％です。会議の直前に壊れるので、資料が印刷できない、というトラブルが起きます。故障の原因は、紙詰まりか紙切れ、インク切れです。

② それに対し、必ず解決策が示されます。「もうダメだ」「詰んだわ」などと、問題が未解決のまま会話が終わることはありません。解決策は、別のフロアで出力する、その資料を1部持っているのでそれを別のコピー機でコピーする、すでに紙切れに気づいて連絡したのでもうすぐ届く、といった内容です。

③ 相手の提案が当たり前の内容でも、「言われなくたってわかってるよ」「そんなのダメに決まってるわ」などと否定したり、受け流したりすることはありません。必ず、「いい考えだね。そうしてみるよ」と同意する流れになります。

このように、Part 3では、「問題発生」⇨「解決策を提案」⇨「解決」という流れが基本です。頭に入れておきましょう。

Part 4
説明文問題

「シーン」を
イメージ！

Part 4 (説明文問題) について

問題数	30問 (3問×10セット)	時間	約14分
目標正解数	600点：21問　　730点：24問		
内容	1人のトークを聞き、その内容に関する3つの設問に対し、(A)〜(D)の4つの選択肢の中から適切な答えを選びます。トークはそれぞれ40秒程度で、全部で10セットあります。問題用紙には設問と選択肢の英文のみが掲載されています。30問中、「意図問題」が3問 (場所は決まっていません)、「図表問題」が2問 (最後の2セットに1問ずつ) 出題されます。		

Part 4の基本

　Part 4のトークは、英語圏の社会人が一般的に耳にする内容です。Part 3同様、トークの場所はオフィスや店、ミュージアム、空港、ホテル、図書館など多岐にわたります。留守電も出題されます。冒頭の Questions 71 through 73 refer to the following XX. の XX の部分でトークの種類がわかります。XX に入る内容は主に以下の通りです。頭に入れておきましょう。

- **talk (トーク)**
  社内のお知らせや、研修やツアーの参加者への説明などです。

- **telephone message (電話メッセージ)**
  相手が留守電に残したメッセージです。

- **excerpt from a meeting (会議の抜粋)**
  会議中の誰かの発言です。

- **announcement (アナウンス)**
  空港や駅、図書館などで流れるアナウンスです。

- **broadcast（放送）**
  ラジオや TV の放送です。

- **speech（スピーチ）**
  受賞スピーチやパーティでのあいさつなどです。

- **tour information（ツアー情報）**
  ツアーガイドによる案内です。

- **advertisement（宣伝）**
  お店やサービス、イベント等の宣伝です。

- **recorded message（自動応答）**
  電話の自動応答メッセージです。

- **introduction（紹介）**
  ゲストや講演者などの紹介です。

Part 4の攻略法

Part 4攻略のポイントは、Part 3と同じ以下の3つです。

> - 「先読み」で設問や選択肢の内容を頭に入れる
> - 問題と解答の順番は基本的に同じ
> - 解答はマークシートに軽く印を付ける

　Part 4は、1人のトークなので、Part 3のように互いのやりとりや会話の流れをヒントにすることはできません。トークの最初で、「誰が」「誰に」「どこで」「何を」話しているのかという全体像をしっかりつかみ、シーンをイメージすることがとても重要です。

　それでは、例題を2セット続けて解いてみましょう。
　Part 3と解き方は同じです。設問を先読みしてから解きましょう。

1. What department does the speaker most likely work in?

(A) Maintenance
(B) Sales
(C) Design
(D) Accounting

2. What does the speaker say he is concerned about?

(A) The cost of a delivery
(B) A defective product
(C) The time of an event
(D) A staff shortage

3. What solution does the speaker propose?

(A) Sending a mix of employees
(B) Rescheduling an event
(C) Hiring an outside company
(D) Listing technical questions

4. What industry does the speaker work in?

(A) Interior design
(B) Tourism
(C) Real estate
(D) Agriculture

5. What does the speaker mean when she says,
"You all know what to do"?

(A) She expects a prompt response.
(B) The listeners can handle a situation.
(C) She wants to emphasize a deadline.
(D) A team will be working together.

6. What will the listeners probably do next?

(A) Take a photograph
(B) Watch a show
(C) Sign up for a tour
(D) Pick up a packet

Questions 1 through 3 refer to the following telephone message.

Sarah, it's Brendan. I think we should send fewer salespeople to the expo. We've been receiving lots of inquiries from businesses interested in our new VR software, and I'm worried our office won't have enough personnel to deal with the increased workload. Our expo booth will require ten people to manage it, but they don't all have to be in sales, right? We could send a mix of sales representatives and technical experts. That way, we'd also be able to handle our needs here. Let me know what you think. Thanks.

> **訳**　問題1～3は次の電話メッセージに関するものです。
> サラ、ブレンダンです。展示会に派遣する営業担当者の人数を減らすべきだと思います。当社の新しいVRソフトに関心のある企業からの問い合わせが多く、仕事量が増えたら事務所の人員が足りなくなるんじゃないかと心配です。展示会ブースの運営には10人の人員が必要ですが、全員が営業職である必要はありませんよね。営業担当者と技術の専門家を混ぜて派遣すればいいと思います。そうすれば、こちらでのニーズにも対応できます。ご意見をお聞かせください。よろしくお願いします。

> **語注**　□ **expo** 名 展示会　□ **inquiry** 名 問い合わせ　□ **VR** 仮想現実　□ **personnel** 名 スタッフ　□ **deal with** 〜に対処する　□ **workload** 名 仕事量　□ **manage** 動 運営管理する　□ **representative** 名 担当者　□ **technical** 形 技術的な　□ **expert** 名 専門家　□ **that way** そうすれば　□ **handle** 動 対処する

1.　正解 (B)

What department does the speaker most likely work in?
話し手はおそらくどの部署で働いていますか？
(A) Maintenance　保守点検
(B) Sales　営業
(C) Design　デザイン
(D) Accounting　経理

解説 Part 4は1人のトークなので、Part 3のように会話のやりとりを解答のヒントにできません。したがって、序盤で、「誰が」「誰に」「どこで」「何を」話しているのか、という全体像をつかむことが非常に重要です。ここでは、「男性が」「同僚の女性に」「留守電で」「展示会に派遣する営業担当者の人数を減らすことを」提案しています。営業部員の人員配置に関する提案をしているので、話し手は(B)の営業部で働いていると推測できます。

2. 正解 (D)

What does the speaker say he is concerned about?
　話し手は何が心配だと言っていますか？

(A) The cost of a delivery　配送費
(B) A defective product　　欠陥品
(C) The time of an event　イベントの時間
(D) A staff shortage　　　スタッフ不足

解説 新製品のソフトウェアへの問い合わせが多く、営業担当者が10名いなくなると、事務所の人員が足りなくなるのが心配だと話し手は述べているので、(D)が正解です。

語注 □ concerned 形 心配して　□ defective 形 欠陥のある
□ shortage 名 不足

3. 正解 (A)

What solution does the speaker propose?
　話し手はどんな解決策を提案していますか？

(A) Sending a mix of employees　混成社員を派遣すること
(B) Rescheduling an event　　　イベントの予定を変更すること
(C) Hiring an outside company　外部の会社を雇うこと
(D) Listing technical questions　技術的な質問を列挙すること

解説 話し手が後半で、10名全員営業職ではなく、営業担当者と技術の専門家を混ぜて派遣することを提案しているので、(A)が正解です。

語注 □ solution 名 解決策　□ propose 動 提案する
□ reschedule 動 予定を変更する　□ hire 動 雇う　□ list 動 リストにする

Questions 4 through 6 refer to the following talk.

I have an update about our property showing near Crandon Bay next week. When we showcase it to prospective buyers, renovation work will be taking place. It's crucial that we inform visitors about this in advance. We've dealt with this before. You all know what to do. The main thing is to stay away from any noisy work while you're giving tours of the place. Oh, and here are the information packets. Inside, you'll find a floor plan, property description, and more. You can pick one up now, and remember to bring it to the showing. Thank you.

訳 問題4～6は次のトークに関するものです。
来週のクランドン・ベイ近郊での物件案内について最新情報があります。この物件を購入希望者に紹介する際、改修工事中の予定です。このことを事前に訪問者に知らせることは非常に重要です。我々は以前にもこうした件に対処したことがあります。皆さんは何をすべきかご存知でしょう。重要な点として、物件を案内している間は、騒がしい作業には近づかないようにしてください。それから、これが資料一式です。中に間取り図や物件概要などが入っています。今すぐ受け取り、内覧の際には忘れずにお持ちください。よろしくお願いします。

語注 □ **update** 名 最新情報 □ **property** 名 物件、不動産 □ **showing** 名 紹介
□ **showcase** 動 披露する □ **prospective** 形 有望な、将来の □ **renovation** 名 改装
□ **crucial** 形 非常に重要な □ **inform** 動 知らせる □ **visitor** 名 訪問者
□ **in advance** 事前に □ **deal with** ～に対処する □ **stay away from** ～から離れる
□ **noisy** 形 うるさい □ **information packet** 資料一式 □ **description** 名 説明
□ **pick up** 受け取る

4. 正解 (C)

What industry does the speaker work in? どの業界で話し手は働いていますか？
(A) Interior design　インテリア・デザイン
(B) Tourism　　　　観光
(C) Real estate　　　不動産
(D) Agriculture　　　農業

解説 「不動産会社の社員が」「スタッフに」「オフィスで」「物件案内の際の注意事項を」伝えているトークです。冒頭のセリフで物件案内に関するトークだとわかるので、話し手が働いているのは、(C) の不動産業界です。

5. 正解 (B)

What does the speaker mean when she says, "You all know what to do"?
話し手が「皆さんは何をすべきかご存知でしょう」と言う際、何を意味していますか？

(A) She expects a prompt response.　　彼女は迅速な返答を期待している。
(B) The listeners can handle a situation.　聞き手は状況に対応できる。
(C) She wants to emphasize a deadline.　彼女は締め切りを強調したい。
(D) A team will be working together.　　チームで一緒に作業をすることになる。

解説 Part 4 では意図問題が3問出ます。解き方は Part 3 と同じです。先読みで意図問題の場所と該当するセリフを頭に入れ、話の流れに合う答えを選びましょう。ここでは、来週案内する物件が改装工事中の予定で、案内の際に注意が必要、ただし、スタッフは以前同様のケースに対応したことがある、という話の流れです。その流れから、この「皆さんは何をすべきかご存知でしょう」は、スタッフはその状況に問題なく対応できる、というニュアンスを伝えています。よって、(B) が正解です。

語注 □ **expect** 動 予期する　□ **prompt** 形 迅速な　□ **response** 名 返答
□ **handle** 動 対処する　□ **emphasize** 動 強調する　□ **deadline** 名 締め切り

6. 正解 (D)

What will the listeners probably do next?　聞き手はおそらく次に何をしますか？

(A) Take a photograph　写真を撮る
(B) Watch a show　　　ショーを見る
(C) Sign up for a tour　ツアーに申し込む
(D) Pick up a packet　　パックを受け取る

解説 トークの最後で、話し手はスタッフに対し、詳細な物件情報が入った information packet (資料一式) を今すぐ受け取り、物件を案内する際に持っていくよう求めています。聞き手であるスタッフは次にそれを受け取ることが予想されるので、(D) が正解です。

よく出る設問は、内容を頭に入れておき、先読みの時間を節約しましょう。

1 Where is the speaker?

☞ 話し手どこ | 話し手はどこにいますか

2 Where is the talk taking place?

☞ どこのトーク | このトークはどこで行われていますか

3 Where is the announcement being made?

☞ どこのアナウンス | このアナウンスはどこで行われていますか

4 Where does the speaker most likely work?

☞ 話し手の職場 | 話し手はおそらくどこで働いていますか

5 Who most likely is the speaker?

☞ 話し手誰 | 話し手はおそらく誰ですか

6 Who most likely are the listeners?

☞ 聞き手誰 | 聞き手はおそらく誰ですか

7 What is the speaker mainly discussing?

☞ 何の話 | 話し手は主に何について話していますか

8 What is being advertised?

☞ 何の宣伝 | 何が宣伝されていますか

9 What does the speaker say about X?

☞ X について何と言ってる | 話し手は X について何と言っていますか

10 What does the speaker emphasize about X?

☞ X の何強調 | 話し手は X について何を強調していますか

11 What does the speaker suggest?

☞ 何提案 | 話し手は何を提案していますか

12	What does the speaker ask the listener to do?
	☞ 話し手何依頼 　話し手は聞き手に何をするよう頼んでいますか
13	What will the speaker most likely do next?
	☞ 話し手次何する 　話し手はおそらく次に何をしますか
14	What will the listeners most likely do next?
	☞ 聞き手次何する 　聞き手はおそらく次に何をしますか

それでは、実戦問題を4セット続けて解いてみましょう。先読みで出題ポイントを頭に入れつつ、「誰が」「誰に」「どこで」「何を」話しているのか、という全体像をつかむことを意識してください。話しているシーンをイメージできれば、Part 4の正答率が上がります。

(◀43)

1. Where is the announcement being made? Ⓐ Ⓑ Ⓒ Ⓓ

(A) At a department store
(B) On a bus
(C) On an airplane
(D) In a train station

2. What does the speaker inform the listeners about? Ⓐ Ⓑ Ⓒ Ⓓ

(A) A mobile phone service
(B) A departure time error
(C) A missing camera
(D) A development project

3. What are some listeners encouraged to do? Ⓐ Ⓑ Ⓒ Ⓓ

(A) Purchase their tickets in advance
(B) Remember that a schedule may change
(C) Stop at a market for some snacks
(D) Participate in a beach cleanup

4. Where is the announcement being made?   Ⓐ Ⓑ Ⓒ Ⓓ

    (A) At a dry cleaner
    (B) At a fitness club
    (C) At a post office
    (D) At a hardware store

5. What does the speaker emphasize about the   Ⓐ Ⓑ Ⓒ Ⓓ
business?

    (A) Its extensive product offerings
    (B) Its convenient location
    (C) Its quick delivery service
    (D) Its extended opening hours

6. What can listeners sign up for?   Ⓐ Ⓑ Ⓒ Ⓓ

    (A) A mobile application
    (B) A loyalty program
    (C) A sporting event
    (D) A monthly newsletter

7. Where is the introduction taking place? ⒶⒷⒸⒹ

(A) At a cooking school
(B) At a grocery store
(C) At an art gallery
(D) At a magazine publisher

8. Why does the speaker say, "but that's just a ⒶⒷⒸⒹ
matter of time"?

(A) To provide reassurance
(B) To support a decision
(C) To indicate a deadline
(D) To make a correction

9. What does the speaker suggest that ⒶⒷⒸⒹ
Mr. Cooksley do?

(A) Attend an orientation
(B) Talk to his colleagues
(C) Read a guidebook
(D) Pick up his uniform

PREPARATION CHECKLIST
1. Clean your work area.
2. Organize your work area.
3. Check for safety hazards.
4. Dispose of all waste.

10. Who most likely are the listeners? Ⓐ Ⓑ Ⓒ Ⓓ

(A) Restaurant managers
(B) Factory workers
(C) Computer programmers
(D) Marketing experts

11. Look at the graphic. What does the woman Ⓐ Ⓑ Ⓒ Ⓓ
say is easy to forget?

(A) Item 1
(B) Item 2
(C) Item 3
(D) Item 4

12. What are the listeners instructed to do? Ⓐ Ⓑ Ⓒ Ⓓ

(A) Help some visitors
(B) Turn off some lights
(C) Fix some machines
(D) Call some customers

Questions 1 through 3 refer to the following announcement.

Welcome aboard! We'll be arriving in Newport Beach at around 11:30. About halfway, we'll make a brief stop at a service area, where the scenery is stunning. Don't step off the bus there without your camera! I also want to mention the coastal development project that's underway near Sailors Cove. At times, the highway will be closed because of it. Those of you considering a return trip with us should keep in mind that our timetable may change. Please check with our reservations staff to see if your trip might be affected.

訳　問題1〜3は次のアナウンスに関するものです。
ご乗車ありがとうございます！　11時30分頃、ニューポートビーチに到着予定です。途中、サービスエリアに立ち寄りますが、そこでは素晴らしい景色が広がっています。バスから降りる際はカメラをお忘れなく！　また、セーラーズ湾付近では、湾岸開発プロジェクトが進行中です。そのため、幹線道路が閉鎖されることもあります。私たちと一緒にお戻りをお考えの方は、予定表が変更になる可能性があることにご留意ください。皆さまの移動に影響があるかどうかは、予約担当のスタッフにご確認ください。

語注　□ **Welcome aboard.** ご乗車 (ご搭乗、ご乗船) ありがとうございます。
□ **halfway** 副 途中で　□ **make a brief stop** 短時間止まる、立ち寄る
□ **scenery** 名 風景　□ **stunning** 形 とても美しい　□ **step off** 外に出る
□ **coastal** 形 湾岸の　□ **underway** 形 進行中で　□ **cove** 名 湾、入り江
□ **at times** ときどき　□ **keep in mind** 〜を念頭に置く　□ **timetable** 名 予定表
□ **affect** 動 影響する

1. 　正解 (B)

Where is the announcement being made?
このアナウンスはどこで行われていますか？

(A) At a department store　デパート

(B) On a bus　　　　　　　バスの車内
(C) On an airplane　　　　飛行機の機内
(D) In a train station　　　鉄道の駅内

解説　ツアーガイドによるお知らせ。冒頭の Welcome aboard! は、車内と機内のどちらでも使われるので、その後も聞く必要がある。すると、「バスを降りる際はカメラをお忘れなく！」とガイドが述べているので、(B) が正解。

2.　正解 (D)

What does the speaker inform the listeners about?
　話し手は聞き手に何を知らせていますか？

(A) A mobile phone service　携帯電話サービス
(B) A departure time error　出発時刻の間違い
(C) A missing camera　　　紛失したカメラ
(D) A development project　開発プロジェクト

解説　中盤で、セーラーズ湾付近で湾岸開発プロジェクトが進行中だと述べているので、(D) が正解。
語注　□ **inform** 動 知らせる　□ **departure** 名 出発

3.　正解 (B)

What are some listeners encouraged to do?
　一部の聞き手は何をするよう勧められていますか？

(A) Purchase their tickets in advance　事前にチケットを購入する
(B) Remember that a schedule may change
　　予定が変わる可能性があることを覚えておく
(C) Stop at a market for some snacks　軽食を買いに市場に立ち寄る
(D) Participate in a beach cleanup　　ビーチ清掃に参加する

解説　後半で、帰りにもバスの利用を考えている場合には予定が変更になる可能性があることを念頭に置くよう確認しているので、(B) が正解。
語注　□ **encourage** 動 勧める　□ **purchase** 動 購入する
□ **in advance** 前もって　□ **participate** 動 参加する

Questions 4 through 6 refer to the following announcement.

Attention, shoppers. For a limited time only, Galexo Retail is running a special promotion you won't want to miss. Starting today, all items in our clearance section are marked down by 50 percent. This means you can take advantage of a huge discount on a diverse selection of items, including housewares, electrical supplies, and cleaning products. But that's not all! You can also enroll in our loyalty program and enjoy additional savings. As a member, you'll receive invitations to exclusive product launches, too. Head to our customer service desk to sign up. And happy shopping!

訳 問題4～6は次のアナウンスに関するものです。

お買い物中の皆様、ご注目ください。ガレクソ・リテールでは、期間限定で、見逃せない特別キャンペーンを実施中です。本日より、クリアランスコーナーの全アイテムが50パーセント値下げされます。つまり、家庭用品、電気製品、掃除用品など、幅広い種類の品物が大幅割引で手に入るのです。しかし、それだけではありません！常連客優遇プログラムにご登録いただくと、さらにお得にお買い物をお楽しみいただけます。会員になると、限定商品の発売にもご招待します。ご登録はカスタマーサービスデスクで承ります。それでは、楽しいショッピングを！

語注 □ **for a limited time** 期間限定で
□ **run a special promotion** 特別キャンペーンを行う □ **mark down** 値下げする
□ **take advantage of** ～を利用する □ **huge** 形 大幅な、巨大な
□ **diverse** 形 多種多様な □ **housewares** 名 家庭用品
□ **electrical supplies** 電気製品 □ **enroll in** ～に申し込む
□ **loyalty program** 常連客優遇プログラム □ **saving** 名 節約
□ **exclusive** 形 限定の □ **launch** 名 発売 □ **head** 動 向かう
□ **sign up** 申し込む

---

4. 正解 (D)

Where is the announcement being made?
このアナウンスはどこで行われていますか？

(A) At a dry cleaner　　クリーニング店
(B) At a fitness club　　フィットネスクラブ
(C) At a post office　　郵便局
(D) At a hardware store　　ホームセンター

5. 正解 (A)

What does the speaker emphasize about the business?
話し手はこのビジネスの何を強調していますか？

(A) Its extensive product offerings　幅広い製品の品ぞろえ
(B) Its convenient location　便利な立地
(C) Its quick delivery service　迅速な配送サービス
(D) Its extended opening hours　延長された営業時間

解説 中盤で話し手が、家庭用品、電気製品、掃除用品など、幅広い種類の品物が大幅割引で手に入ると述べているので、(A) が正解。

語注 □ **emphasize** 動 強調する　□ **extensive** 形 広範囲の
□ **product offerings** 品ぞろえ　□ **extended** 形 延長された、長期の

6. 正解 (B)

What can listeners sign up for?　聞き手は何に申し込むことができますか？

(A) A mobile application　携帯アプリ
(B) A loyalty program　常連客優遇プログラム
(C) A sporting event　スポーツイベント
(D) A monthly newsletter　月刊のニュースレター

解説 後半で話し手が、常連客優遇プログラムに申し込めばさらにお得だと述べているので、(B) が正解。

Questions 7 through 9 refer to the following introduction.

Listen up, everyone! <u>Before we start organizing the artworks for our next exhibition, I'd like to introduce a new member of our team.</u> After working as a volunteer at another gallery, Ethan Cooksley has joined us as a full-time employee. There's a lot he has to learn about creating visual and spatial layouts, <u>but that's just a matter of time.</u> Don't hesitate to ask questions or seek support when you need it, Ethen. Remember, we're here to provide guidance and help you settle in. Welcome to the team!

訳 問題7〜9は次の紹介に関するものです。
皆さん、よく聞いてください！ 次回の展示会に向けて芸術作品の整理を始める前に、我々のチームの新しいメンバーを紹介したいと思います。他の美術館でボランティアとして働いていたイーサン・クックスリーが、正社員として入社してくれました。視覚的、空間的なレイアウトの作り方など、まだまだ勉強しなければならないことが彼にはたくさんあります。ですが、それは時間の問題です。イーサン、必要なときは遠慮なく質問したり、サポートを求めたりするように。私たちは、あなたがチームに溶け込めるよう、サポートします。ようこそ、チームへ！

語注 □ **listen up** よく聞く □ **organize** 動 整理する □ **artwork** 名 芸術作品 □ **exhibition** 名 展示会 □ **spatial** 形 空間の □ **hesitate** 動 ためらう □ **seek** 動 求める □ **provide** 動 提供する □ **settle in** 溶け込む、慣れて落ち着く

7. 正解 (C) 🚄

Where is the introduction taking place? この紹介はどこで行われていますか？
(A) At a cooking school 料理学校
(B) At a grocery store 食料品店
(C) At an art gallery 美術館
(D) At a magazine publisher 雑誌の出版社

解説 冒頭で、次回の展示会に備えて芸術作品を整理し始める前に、と述べているので、(C) が正解。

8. 正解 (A)

Why does the speaker say, "but that's just a matter of time"?
　話し手はなぜ「ですが、それは時間の問題です」と言っていますか？

(A) To provide reassurance　安心させるため
(B) To support a decision　決定を支持するため
(C) To indicate a deadline　締め切りを示すため
(D) To make a correction　訂正を行うため

解説　新メンバーについて、学ぶべきことはたくさんあるけれども、「それは時間の問題だ」と述べている。つまり、慣れればそのうち仕事を覚えられるから大丈夫だ、という意味なので、(A) が正解。reassurance（安心感、安心させる言葉）は難易度が高いが、意図問題の選択肢で出るので覚えよう。To reassure the listener(s)（聞き手を安心させるため）の形でも出る。

語注　□ **correction** 名 訂正

9. 正解 (B)

What does the speaker suggest that Mr. Cooksley do?
　話し手はクックスリーさんに何をするよう勧めていますか？

(A) Attend an orientation　新人向け説明会に出席する
(B) Talk to his colleagues　同僚に話しかける
(C) Read a guidebook　ガイドブックを読む
(D) Pick up his uniform　制服を受け取る

解説　後半でクックスリーさんに対し、同僚に遠慮なく質問したり助けを求めたりするよう助言しているので、(B) が正解。

語注　□ **orientation** 名 新人向け説明会　□ **colleague** 名 同僚

Questions 10 through 12 refer to the following announcement and checklist.

Attention all factory supervisors. Our facility will be inspected tomorrow, and it's crucial that we present our operations in the best possible light. Today, you'll complete each item in the checklist you've received. Most importantly, make sure your work areas are clean and well organized. Next, all containers for hazardous chemicals should be stored properly. The final item is easy to forget but also important. Throw out the trash, please! Oh, and remember to cooperate with our visitors by providing any information or assistance that they request. Thank you for your attention.

> **訳** 問題10～12は次のアナウンスとチェックリストに関するものです。
> 工場の責任者の皆さん、ご注目ください。明日、私たちの工場が検査を受けます。この検査では、私たちの業務をできる限りよく見せることが重要です。今日は、皆さんが受け取ったチェックリストの各項目を完了させてください。最も重要なことは、作業エリアが清潔でよく整理されているようにすることです。次に、危険な化学物質の容器はすべて適切に保管する必要があります。最後の項目は忘れがちですが、これも重要です。ごみは捨ててください！ そして、来訪者が求める情報や支援を提供することで、協力することを忘れないでください。お聞きいただき、ありがとうございました。

> **語注** □ **supervisor** 名 責任者、上司 □ **facility** 名 施設
> □ **inspect** 動 検査する □ **crucial** 形 非常に重要な □ **present** 動 見せる
> □ **operation** 名 業務 □ **in the best possible light** できるだけよく
> □ **most importantly** 最も重要なこととして
> □ **well organized** よく整理されている □ **container** 名 容器
> □ **hazardous chemicals** 危険な化学物質 □ **store** 動 保管する
> □ **properly** 副 適切に □ **item** 名 項目 □ **throw out** 捨てる □ **trash** 名 ごみ
> □ **cooperate** 動 協力する

10. 正解 (B)

Who most likely are the listeners?　聞き手はおそらく誰ですか？

(A) Restaurant managers　レストランのマネージャー
(B) Factory workers　工場の従業員
(C) Computer programmers　コンピュータのプログラマー
(D) Marketing experts　マーケティングの専門家

解説　冒頭で、「工場の責任者の皆さん」と呼びかけているので、(B) が正解。実際の試験では、冒頭部分を聞き逃すと正解するのが難しい問題も出題されるので、最初からしっかり集中しよう。

11. 正解 (D)

PREPARATION CHECKLIST	準備チェックリスト
1.　Clean your work area.	1.　作業エリアを掃除する
2.　Organize your work area.	2.　作業エリアを整理する
3.　Check for safety hazards.	3.　安全上の問題がないか確認する
4.　Dispose of all waste.	4.　ごみを全部捨てる

Look at the graphic. What does the woman say is easy to forget?
　図表を見てください。女性は何を忘れがちだと言っていますか？

(A) Item 1　項目1
(B) Item 2　項目2
(C) Item 3　項目3
(D) Item 4　項目4

解説　後半で話し手が、「最後の項目は忘れがちですが、これも重要です。ごみは捨ててください」と呼びかけている。よって、(D) が正解。

語注　□ **organize** 動 整理する　□ **hazard** 名 危険　□ **dispose of** ～を捨てる　□ **waste** 名 廃棄物

12. 正解 (A)

What are the listeners instructed to do?
聞き手は何をするよう指示されていますか？

(A) Help some visitors　　来訪者を助ける
(B) Turn off some lights　　照明を消す
(C) Fix some machines　　機械を直す
(D) Call some customers　お客様に電話する

解説　「来訪者が求める情報や支援を提供することで、協力することを忘れないでください」と聞き手に求めているので、(A) が正解。

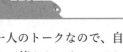

金の勉強法

　Part 4 の勉強法は、Part 3 と同じですが、一人のトークなので、自分のペースで音読しやすいのが特徴です。それを生かして皆さんにオススメしたい勉強法が、「暗唱」です。「暗唱」は簡単にはできません。ただ、地道に続けていると、「細かい部分が聞き取れるようになる」「長い英語を頭の中に保持できるようになる」「スピーキング力がつく」といった効果があります。もちろん、スコアアップ効果も絶大です。是非、以下の方法で取り組んでみてください。

１ お気に入りのトークを選ぶ

　自分が興味を持てそうな内容のトークを選びましょう。

２ トークの内容をしっかり理解する
３ スラッシュ・リーディングで、英語の語順で理解する
４ テキストを見ながら、リッスン・アンド・リピートする
５ テキストを見ながら、同時読みする
６ テキストを見ながら、シャドーイングする
７ テキストを見ずに、シャドーイングする

　２〜**７**のステップは、Part 3 の勉強法のページ (P.112〜113) でご紹介したのと同じです。

最低30回以上音読したら、いよいよ暗唱に挑戦します。

8 1文ずつリード・アンド・ルックアップする

Part 2の勉強法のページ（P.76）でご紹介したトレーニング方法です。テキストを1文ずつ読み、顔を上げて復唱してみましょう。1文が長ければ、途中で区切りながらで構いません。

9 暗唱に挑戦する

1文ずつ最後までリード・アンド・ルックアップができるようになったら、テキストを見ずに暗唱してみましょう。最初のうちは詰まりながらでも大丈夫です。1文できたら2文、それができたら3文というように、暗唱できる距離を少しずつ伸ばしていきます。途中でわからなくなってしまったら、テキストを見て確認してやり直しましょう。

10 暗唱を完成させる

最初から最後まで詰まらずに暗唱することを目指しましょう。その上で、その人物になり切って、セリフに感情を込めてみてください。そうすることで、ただのテキストが生きた英語になり、スピーキング力の向上にもつながります。

私が指導していた専門学校では、週に1セット Part 4を完ぺきに暗唱する習慣を約1年続け、リスニングで満点を取得した学生がいました。毎回暗唱が完ぺきなので、「なぜそんなにうまく暗唱ができるのか」と理由を尋ねた所、「1セットにつき、最低50回は音読しています」とのこと。100回音読して暗唱できるようになった Part 4のトークを、卒業後10年経っても覚えている学生もいました。まさに「継続は力なり」です。

コラム ● TOEICの世界（トーク編）

Part 4でよく出る定番のトークをいくつかご紹介します。

●空港でのアナウンス

フライトの遅れ、キャンセル、ゲートの変更等を知らせるアナウンスは定番です。遅れの理由は、悪天候が最も多く、機体の不具合、滑走路の混雑、乗り継ぎ便の遅れ、荷物の積み込みの遅延といった理由の場合もあります。不便をかけたお詫びとして、影響を受けた乗客全員に次回のフライトの割引クーポンが大盤振る舞いされることもよくあります。

●授賞式やパーティでのスピーチ

本人がスピーチをする場合と、その人物を紹介するパターンの両方が出ます。中でも定番なのが、退職する人物を紹介するスピーチです。「オリビア・ポーターさんの退職パーティにお集まりいただき、ありがとうございます。オリビアは25年間当社で主任技師として勤務してきました。彼女の貢献なくして当社はこれほど成長できなかったでしょう」といった形です。なお、スピーチの際、話し手が冗談を飛ばしたり、途中で涙したり、言葉に詰まったり、といったハプニングは絶対に起きず、拍手や口笛、声援も一切聞こえません。

●ツアーガイドのトーク

ミュージアムや工場、観光名所など、ツアーの場所はさまざまです。ガイドの説明の最後に、「ツアーの最後には、ギフトショップでお買い物ができます。ツアーの参加者は割引価格で購入できますよ」といった「お土産推し」の告知が入るのも定番です。

●トーク番組のゲストの紹介

ラジオ番組にゲストを迎えるトークも定番です。「今日ゲストにお迎えしたのは、歌手のトニー・ヤスムラさんです。ヤスムラさんは、昨年、全米ツアーを終え、先月ニューアルバムをリリースされました。番組の最後には、リスナーの皆さまからのご質問にもお答えします。では、ヤスムラさんのインタビューの前に、アルバムから一曲お聞きください」といった

形です。なお、曲紹介があっても、実際に楽曲が流れることは絶対にありません。

●医者からの電話

医者や歯医者の受付係からのアポの確認・変更依頼の留守電も定番です。

●閉店・閉館のアナウンス

お店やミュージアム、図書館などでの、「もうすぐ営業時間終了です」というアナウンスも定番です。閉店・閉館時刻はなぜか15分後が多いのもTOEIC の世界の特徴です。

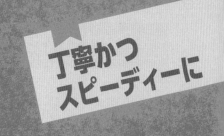

Part 5
短文穴埋め問題

頻出パターンを
攻略！

Part 5 (短文穴埋め問題) について

問題数	30問	目標解答時間	10分 (1問あたり約20秒)
目標正解数	600点：18問	730点：20問	
内容	平均15語程度の短い英文の中に空所があり、(A)〜(D)の4つの選択肢の中から適切な答えを選びます。意味的に正しい答えを選ぶタイプの問題と、文法的に正しい答えを選ぶタイプの問題がおおよそ半分ずつ入っています。		

Part 5の基本

Part 5の30問の出題内容は、毎回9割は同じです。
主な出題パターンと平均出題数は以下の通りです。

●Part 5問題タイプ別平均出題数 (30問中)

※数字は2023年に実施されたTOEIC公開テストの平均出題数です (TEX加藤個人調べ)。回により、それぞれの出題数に多少のばらつきはありますが、毎回この範囲から出題されます。

語彙	10問 ▶	意味の異なる単語が選択肢に並んでいて、適切な答えを選ぶタイプの問題です。
品詞	8問 ▶	同じつづりで始まる派生語が選択肢に並んでいて、適切な答えを選ぶタイプの問題です。
動詞	3問 ▶	同じ動詞の異なるカタチが選択肢に並んでいて、適切な答えを選ぶタイプの問題です。
前置詞 or 接続詞	4問 ▶	前置詞と接続詞が選択肢に並んでいて、適切な答えを選ぶタイプの問題です。
前置詞	2問 ▶	in / over / with といった前置詞が選択肢に並んでいて、適切な答えを選ぶタイプの問題です。

代名詞の格	1問 ▶	he / his / him / himself といった代名詞の異なる格が選択肢に並んでいて、適切な答えを選ぶタイプの問題です。
その他	2問 ▶	関係代名詞や、both A and B などのペア表現といった、その他のタイプの問題です。

　この範囲に絞って集中的に勉強すれば、効率よくスコアアップすることができます。

Part 5の攻略法

●最初に選択肢を見て出題ポイントをつかむ

　Part 5の出題内容は、毎回9割は同じパターンなので、選択肢を見て、出題ポイントを意識することがとても重要です。たとえば、以下の例題を見てください。

例題　　　　　　　　　　　　　　　　　　　　　　　　　(◀47)

Research is currently being conducted to determine if the construction plan is -------.

(A) feasibility
(B) feasibly
(C) feasible
(D) feasibilities

　この問題を解く際、問題文の頭から意味を考えながら読み進めると、解くのに時間がかかって効率がよくない上、高い語彙力がないと正解できません。以下で良くない例と良い例の解き方を比べてみます。

▶A子さん (良くない例)

　問題文を見ると、Research は調査で、currently って何だっけ。conducted とか determine って単語も意味がわからない。どうしよう。if のあとは、建設計画が、かな。文の前半の意味がさっぱりわからないけど、とりあえず選

145

択肢を見てみよう。うわ、全部見たことない単語だ。うーん、全然わからないから、私の名前と同じ (A) でいいや。

▶B子さん（良い例）

　選択肢を見ると、つづりの最初が同じで最後が違う単語が並んでるから、品詞問題だ。空所を見ると、直前に be 動詞の is があるから、主語とイコールになる形容詞が必要だ。語尾が -ble の単語が形容詞だから、(C) が正解だ。

　いかがですか。仮にこの二人の英語力が同じだったとして、解き方の違いで差が出てしまうことがおわかりいただけたでしょうか。A子さんは時間がかかった上に不正解、B子さんはスピーディーに正解できました。

　ハイレベルな上級者なら、A子さんのように問題文から意味を理解しつつ読み進めた方が、ケアレスミスが防げて確実性も増します。ですが、初中級者のうちは、B子さんのように、選択肢を見て出題ポイントをつかみ、それに合った解き方をするのがオススメです。

正解 (C)

訳　現在、この建設計画が実現可能かどうかを判断するための調査が行われている。

語注　□ **currently** 副 現在　□ **conduct** 動 行う　□ **determine** 動 判断する　□ **if** 接 ～かどうか　□ **feasibility** 名 実現可能性　□ **feasibly** 副 実現できるように　□ **feasible** 形 実現可能な

　最初に、Part 5 の文法問題で最も多く出題される「品詞問題」の解き方の基本を説明します。

品詞問題の基本

　空所に入る適切な品詞を選ぶ品詞問題は、Part 5の30問中7～9問程度出題されます。Part 5で出題される文法問題の約半数を占めるので、「品詞問題を制する者がPart 5を制す」といっても過言ではありません。

　品詞問題を解くために皆さんに押さえていただきたいのは、①名詞　②動詞③形容詞　④副詞の「基本4品詞」の働きです。この4つの品詞の基本的な働きさえ押さえれば、品詞問題のほとんどは解けます。

●基本4品詞とは

① 名詞

　その名の通り、何かの「名前」を表すのが名詞です。目に見える人やモノはもちろん、experience (経験) や dream (夢) のような目に見えないモノやコトでも名前が付いていれば名詞です。名詞は、日本語にしたときに、「経験は」「夢が」のように、「は」や「が」を付けることができます。

② 動詞

　learn (学ぶ)、read (読む)、think (思う) のような、「動」きや活「動」を表すのが動詞です。動詞の多くは、日本語にしたときに、manabu、yomu、omouのように、「ウ段」で終わります。

③ 形容詞

　名詞を詳しく説明するのが形容詞です。たとえば、「car (車)」という名詞に、「red (赤い)」「small (小さな)」「foreign (外国の)」といった単語を加えると、どんな車なのかが具体的にわかります。この red (赤い) や small (小さな)、foreign (外国の) のような、名詞を詳しく説明するコトバが形容詞です。形容詞の多くは、日本語にしたときに、「い」「な」「の」で終わります。また、文法用語で、ある品詞が他の品詞を詳しく説明することを「修飾する」といい(飾りのイメージです)、名詞を修飾するのが形容詞です。

④ 副詞

　名詞以外 (動詞、形容詞、副詞、文全体など) を修飾するのが副詞です。たとえば、move (動く) という動詞に slowly (ゆっくり) という副詞を加えると、move slowly (ゆっくり動く) となり、動き方を具体的に示せます。また、a very good teacher（とてもよい先生）という名詞のカタマリでは、very（とても）という副詞が形容詞の good（よい）を修飾し、どの程度よいのかを表しています。Tex works very hard.（テックスはとても一生懸命働く）という文なら、副詞の hard（一生懸命）が動詞の works（働く）を修飾し、very（とても）という副詞は hard（一生懸命）という副詞を修飾しています。このように、**名詞以外を修飾するのが副詞**です。 ※Tex（テックス）は私のニックネームで人名です。

●英語は語順が大事

　日本語では、「Tex は英語を教える」という文の語順（語句を並べる順番）を入れ替えて、「Tex は教える英語を」や「英語を Tex は教える」としても意味は通じます。これは、意味の理解を助ける助詞（てにをは）と呼ばれるコトバがあるからです。一方、英語に助詞はなく、「Tex は英語を教える」といいたければ、Tex teaches English. の語順でないといけません。これを、English teaches Tex. や Teaches English Tex. のように、語順を変えると意味が通じなくなってしまいます。「英語は語順が大事」と頭に入れてください。

　英語の語順には主に5パターンあり、それを SVOC という記号を使って示したのが、「基本5文型」です。基本4品詞の働きと、この5つの語順のルールさえしっかり理解すれば、品詞問題も攻略できます。SVOC って何だっけ、と思われる方もいるでしょうから、文型の話をする前に、まずそれぞれの内容を確認しましょう。

●基本4品詞とSVOC（M）

① S（主語）

　主語（S）とは、日本語にしたときに、「誰がどうした」の「誰が」にあたるその文の主人公のことです。たとえば、「Tex teaches English.」という文なら、「Tex」が主語です。基本4品詞のうち、主語になるのは名詞だけです。

$$\boxed{\text{S（主語）になる品詞 ⇒ 名詞}}$$

② V（述語動詞）

　述語動詞（V）とは、「誰がどうした」の「どうした」にあたる部分です。た

とえば、「Tex teaches English.」なら、teaches が述語動詞です。**基本4品詞のうち、述語動詞になるのは動詞だけ**です。

> ## V（述語動詞）になる品詞 ➡ 動詞

③ O（目的語）

目的語(O)とは、Tex has a car. (Tex は車を持っている) の car のように、「何を」にあたる名詞のことです。Tex has. (Tex は持っている) だけでは、「何を」持っているのかがわからず、文になりません。そこで、car という名詞を目的語として足すと、正しい文が完成します。

目的語 (O) は、動詞から動きを表す矢印 (⇨) が伸びていて、その矢印が向かう目的地・目的物のイメージです。たとえば、I love. (私は愛しています) だけだと、愛情が何に向けられているのかがわかりません。そこで、I love Japan. (私は日本を愛しています) のように、Japan という名詞を目的語として置くと、正しい文が完成します。

基本4品詞のうち、目的語になるのは名詞だけです。

> ## O（目的語）になる品詞 ➡ 名詞

※have や love のように、目的語が必要な動詞のことを「他動詞」といいます (他に目的語が必要な動詞です)。一方、Tex came. (Tex が来た) の動詞 came の後に目的語は不要です。なぜなら come (来る) という動作は自分だけでできるからです。こうした目的語が不要な動詞のことを「自動詞」といいます。

④ C（補語）

補語(C)とは、主に be 動詞の後に来て、主語とイコールになるコトバです。たとえば、Tex is kind. (Tex は親切です) の形容詞 kind (親切な) や Tex is a teacher. (Tex は先生です) の名詞 teacher が補語です。どちらも、「Tex = kind」「Tex = teacher」と、イコールの関係があります。**基本4品詞の中で補語になるのは形容詞と名詞ですが、形容詞が多い**ことも頭に入れましょう。たとえば、Tex is kind. は正しい文ですが、名詞を補語にした Tex is kindness. (Tex は親切さです) は誤りです。文法的には正しいのですが、主語の Tex と補語の kindness はイコールではなく、意味的に不適切です。空所に補語を選

ぶ品詞問題では、形容詞が正解になることが多いと頭に入れましょう。

C（補語）になる品詞 ➡ 形容詞（が多い）と名詞
---

⑤ M（修飾語）

Tex is a good teacher. (Tex はよい先生です) の形容詞 good (よい) や、Tex is really kind. (Tex は本当に親切です) の副詞 really (本当に) は、なくても、「Tex is a teacher.」「Tex is kind.」という文は成り立ちます。こうしたコトバは、文に必要な要素ではなく飾りなので、修飾語と呼ばれ、M という記号で表します。修飾語のうち、名詞を修飾するのが形容詞、名詞以外を修飾するのが副詞です。副詞は常に修飾語 (M) で、SVOC という文の要素にはならない、というのも重要なポイントです。

M（修飾語）になる品詞
➡ 形容詞（名詞を修飾）と副詞（名詞以外を修飾）

●基本5文型

ここまで基本4品詞と、それらの文中での働きを示すSVOC(M)を見てきました。

次はその並べ方です。英語の語順（SVOC の並べ方）は次の5パターンです。これを「基本5文型」といいます。

英語の基本5文型
① SV ② SVC ③ SVO ④ SVOO ⑤ SVOC
---

① 第1文型 SV

$$\underset{\text{S}}{\text{Tex}} \ \underset{\text{V}}{\text{came.}} \ \text{(Texが来た)}$$

この文は、主語と自動詞(目的語がいらない動詞)だけで文が成り立っています。このように、文の要素が「主語(S) ＋ 述語動詞(V)」だけの文が第1文型です。普通はこの後に、Tex came early. (Tex は早く来た) や Tex came to the office

early. (Tex はオフィスに早く来た) のように、副詞や「前置詞 + 名詞」のカタマリ
が続きます。こうした語句は修飾語 (M) で、文に必要な要素ではありませ
ん。これらの文も SV の第1文型です。

② 第2文型　**SVC**

Tex is kind. (Tex は親切です)
S　V　C

Tex became a teacher. (Tex は先生になった)
S　　V　　　C

　このように、「主語(S) + 述語動詞 (V) + 補語(C)」の順に文の要素を並べたの
が第2文型です。
　上の例文ではどちらも、「Tex = kind」「Tex = teacher」の関係がありま
す。be 動詞以外に、become (〜になる) や remain (〜のままでいる) といった動
詞もこのカタチになります。

③ 第3文型　**SVO**

Tex has a car. (Tex は車を持っている)
S　V　O

Tex loves TOEIC. (Tex は TOEIC を愛している)
S　loves　O

　このように、「主語 (S) + 述語動詞 (V) + 目的語(O)」の順に文の要素を並べ
たのが第3文型です。
　第2文型とは違い、第3文型では、主語と目的語はイコールではありませ
ん (「Tex ≠ car」「Tex ≠ TOEIC」)。

④ 第4文型　**SVOO**

Tex sent me a letter. (Tex は私に手紙を送った)
S　V　O　O

　この文では、他動詞 sent (send の過去形) の後に、me と letter という 2つ
の名詞が並んでいます。me は主語(S)の Tex とイコールではないので目的語

(O)、letter も me とイコールではないので目的語(O)です。このように、他動詞の後に目的語(O)を2つ、「〜に」「〜を」の順に並べたのが第4文型です。「与える」系の動詞の後に名詞が2つ並んでいたら、このカタチを意識しましょう。

⑤ 第5文型 **SVOC**

$$\underset{\text{S}}{\text{Tex}} \ \underset{\text{V}}{\text{found}} \ \underset{\text{O}}{\text{the book}} \ \underset{\text{C}}{\text{interesting}}.$$ (Tex はその本を面白いと思った)

この文では、動詞 found (find の過去形) の後に、book という名詞と、interesting (面白い) という形容詞が並んでいます。まず、book は主語(S)の Tex とイコールではないので、目的語(O)です。その後の形容詞 interesting (面白い) と book との間には、The book is interesting. というイコールの関係があります。つまり、この形容詞は補語(C)です。まとめると、この文は以下のように、2つの文型が合体したカタチと考えられます。

> Tex found the book. ＋ The book is interesting.
> 　第3文型 (SVO) 　　　　　 第2文型 (SVC)
>
> ＝ Tex found the book interesting.
> 　　　　第5文型 (SVOC)

このような SVOC のカタチを第5文型と呼びます。「3 ＋ 2 ＝ 5」のイメージです。名詞も補語(C)になるので、I named the cat Tama. (私はその猫をタマと名付けた) のように、補語(C)の位置に名詞が来る場合もあります。第4文型とは違い、第5文型のOとCの間には、「the cat = Tama」のようにイコールの関係があります。

● まとめ

英語の語順は、① **SV** ② **SVC** ③ **SVO** ④ **SVOO** ⑤ **SVOC** の5パターン。

> S （主語）になる品詞　　　⇒ 名詞
> V （述語動詞）になる品詞 ⇒ 動詞
> O （目的語）になる品詞　 ⇒ 名詞
> C （補語）になる品詞　　 ⇒ 形容詞（が多い）と名詞
> M （修飾語）になる品詞　 ⇒ 形容詞（名詞を修飾）と
> 　　　　　　　　　　　　　　 副詞（名詞以外を修飾）

　品詞問題を解くための基本4品詞の働きと、その並べ方の説明は以上です。ここまで学んだことは、TOEICの品詞問題を解くための大切な基本です。しっかり頭に入れましょう。

　それでは、ここから先は、品詞問題の実戦演習に入ります。

品詞問題　解き方の基本

　品詞問題の解き方の基本は、「SVOC が抜けていたら足す、抜けていなかったら飾る(M)」です。以下の問題を解きながら、この基本を確認しましょう。

① SVOC が抜けている ⇒ 必要な品詞を足す

▶ **S （主語）が抜けている ⇒ 名詞を足す**

Q. The ------- will start soon.

　　□ (A) demonstrate　（動 実演する）
　　□ (B) demonstration　（名 実演）

　主語 (S) が抜けているので、名詞の (B) が正解です。

▶ **V（述語動詞）が抜けている** ➡ **動詞を足す**

Q. Mr. Kato ------- the new software.

　　□ (A) developed　（動 開発した）
　　□ (B) development　（名 開発）

述語動詞 (V) が抜けているので、動詞の (A) が正解です。

▶ **O（目的語）が抜けている** ➡ **名詞を足す**

Q. Ms. Patel will give a -------.

　　□ (A) speak　（動 話す）
　　□ (B) speech　（名 スピーチ）

目的語 (O) が抜けているので、名詞の (B) が正解です。

▶ **C（補語）が抜けている** ➡ **形容詞か名詞を足す**

Q. Mr. Gupta is -------.

　　□ (A) busy　（形 忙しい）
　　□ (B) busily　（副 忙しく）

be 動詞 is の後に主語とイコールになる補語 (C) が抜けているので、形容詞の (A) が正解です。
副詞は SVOC にならず、常に修飾語 (M) です。

② **SVOC が抜けていない** ➡ **修飾語（M）が入る**

▶ **空所が名詞を修飾** ➡ **形容詞が入る**

Q. Ms. Johnson found a ------- job.

　　□ (A) new　（形 新しい）
　　□ (B) newly　（副 新しく）

Ms. Johnson が主語 (S)、found が述語動詞 (V)、job が目的語 (O) で、

空所がなくても、Ms. Johnson found a job. という SVO の文ができています。つまり、空所に入るのは修飾語 (M) です。直後の名詞 job (仕事) を修飾するのは形容詞なので、(A) が正解です。副詞の (B) は名詞以外を修飾し、名詞の直前に置けません。

▶ 空所が名詞以外を修飾 ➡ 副詞が入る

Q. I ------- traveled to London.

□ (A) recent （形 最近の）

□ (B) recently （副 最近）

空所がなくても、I traveled to London. (私はロンドンに旅行した) という文ができています。つまり、空所に入るのは修飾語 (M) です。空所後の動詞 traveled を修飾するのは副詞なので、(B) が正解です。形容詞の (A) は名詞を修飾します。「空所に修飾語が入る場合、名詞の直前なら形容詞、それ以外の場所なら副詞を選ぶ」のが品詞問題の鉄則です。

品詞の見分け方

空所に入る品詞がわかっても、選択肢のうち、どれがその品詞かがわからなければ、正解できません。品詞問題の選択肢には、難易度の高い単語が入っていることもありますが、語尾 (単語のつづりの最後の部分) で品詞を判別できます。以下の表をしっかり頭に入れ、単語の語尾を見て品詞を判別できるようにしましょう。

●主な名詞の語尾

□ xxx**sion**	▶	decision (決定)　extension (内線)　permission (許可)
□ xxx**tion**	▶	position (職)　presentation (プレゼンテーション) information (情報)
□ xxx**ty**	▶	security (セキュリティ)　opportunity (機会) responsibility (責任)
□ xxx**ness**	▶	business (会社)　fitness (健康)　awareness (意識)

□ xxx**ment**	▶	department（部）　management（経営）　retirement（退職）
□ xxx**sis**	▶	analysis（分析）　emphasis（強調）　basis（基盤）
□ xxx**cy**	▶	policy（方針）　emergency（緊急事態）　agency（代理店）
□ xxx**ance**	▶	performance（公演）　maintenance（保守点検） distance（距離）
□ xxx**ence**	▶	conference（会議）　experience（経験）　reference（参照）

●主な動詞の語尾

□ xxx**fy**	▶	identify（あきらかにする）　notify（知らせる） modify（変更する）
□ xxx**ize**	▶	realize（気づく）　organize（準備する）　specialize（専門にする）
□ xxx**en**	▶	widen（広げる）　broaden（広げる）　strengthen（強化する）
□ xxx**ate**	▶	appreciate（ありがたく思う）　create（創り出す） translate（翻訳する）

●主な形容詞の語尾

□ xxx**ous**	▶	delicious（おいしい）　serious（重大な）　previous（以前の）
□ xxx**ble**	▶	available（手に入る）　possible（可能な） reasonable（てごろな）
□ xxx**ful**	▶	successful（成功している）　careful（慎重な）　useful（役に立つ）
□ xxx**cal**	▶	local（地元の）　historical（歴史的な）　economical（経済的な）
□ xxx**cial**	▶	financial（財政の）　special（特別な）　official（公式の）
□ xxx**nal**	▶	international（国際的な）　additional（追加の） personal（個人的な）
□ xxx**sive**	▶	comprehensive（総合的な）　extensive（広範囲の） impressive（印象的な）
□ xxx**tive**	▶	attractive（魅力的な）　creative（創造的な） effective（効果的な）
□ xxx**tic**	▶	dramatic（劇的な）　enthusiastic（熱心な） realistic（現実的な）

●主な副詞の語尾

□ xxx **ly**　　　　▶　usually（普通は）　recently（最近）　frequently（ひんぱんに）

品詞の見分け方のコツ

　品詞問題を解く際、以下の2つのポイントはとても重要です。これを知っていると本番のテストでも必ず役に立ちますから、しっかり頭に入れておきましょう。

① 副詞から -ly を取ったら形容詞

recently　　　➡　　　recent
副詞　　　-ly を取る　　形容詞

② 単語から -ed や -ing を取ったら動詞の原形

learned / learning　　　➡　　　learn
　　　　　　-ed / -ing を取る　動詞の原形

　このルールを覚えておけば、仮に recent（最近の）という単語を知らなくても、他の選択肢に recently（最近）という副詞があれば、-ly を取った recent が形容詞だと判断できます。また、-ed や -ing は動詞の原形に付くので、取ったら動詞の原形です。たとえば、respond（返答する）の品詞がわからなくても、他の選択肢に responded や responding があれば、-ed や -ing を取った respond は動詞だとわかるのです。

以下の単語の品詞を語尾で見分けてみましょう。

1. definite**ly**　　**2.** continu**ous**　　**3.** success**ful**

4. govern**ment**　　**5.** considera**ble**　　**6.** real**ize**

7. securi**ty**　　**8.** identi**fy**　　**9.** expecta**tion**

10. additio**nal**

答え▶ 1. 副詞　2. 形容詞　3. 形容詞　4. 名詞　5. 形容詞
　　　 6. 動詞　7. 名詞　　8. 動詞　9. 名詞　10. 形容詞

以下の単語の品詞を語尾で見分けてみましょう。

11. significantly　　**12.** significant　　**13.** represented

14. represent　　**15.** policy　　**16.** policies

17. specify　　**18.** specifies　　**19.** responsibility

20. responsibilities

答え▶ 11. 副詞　12. 形容詞 (11から -ly を取ると形容詞)
　　　 13. 動詞 (過去形)　14. 動詞 (13から -ed を取ると動詞の原形)
　　　 15. 名詞　16. 名詞 (15の複数形)
　　　 17. 動詞　18. 動詞 (17に三単現の s が付いたカタチ)
　　　 19. 名詞　20. 名詞 (19の複数形)

では、品詞問題を解いてみましょう。まず、実際の問題より少し英文を短くした10問です。

「SVOC が抜けていたら足す、抜けていなかったら飾る (M)」の基本に従い、しっかり考えて解きましょう。

1. The ------- of a new president was announced yesterday.

    (A) appoint
    (B) appointed
    (C) appoints
    (D) appointment

2. Dr. Verma is always very ------- of his staff and peers.

    (A) respect
    (B) respectfully
    (C) respectful
    (D) respects

3. The president will sign a major ------- this month.

    (A) contract
    (B) contracts
    (C) contracted
    (D) contracting

4. Mr. Suzuki presented ------- business plans to the CEO.

    (A) reason
    (B) reasonably
    (C) reasonable
    (D) reasoning

5. The store is ------- located in downtown Piedmont.

(A) convenient
(B) conveniently
(C) convenience
(D) conveniences

6. Your complaint will be sent ------- to our customer service team.

(A) direction
(B) directed
(C) directs
(D) directly

7. Cool down your home or office with a ------- air conditioner.

(A) portably
(B) portable
(C) portability
(D) portables

8. The company has ------- expanded its customer base over the past five years.

(A) rapid
(B) rapidity
(C) rapidly
(D) more rapid

9. Although Mr. Nelson's ------- was necessary, he could not attend the meeting.

(A) presence
(B) presented
(C) presently
(D) presents

10. A grant was given to Newcastle City for the ------- of a historic building.

(A) restore
(B) restored
(C) restores
(D) restoration

例題　解答・解説

1. 正解 (D)　🚄　主語は名詞

解説　主語 (S) になる名詞が抜けているので、語尾が -ment の (D) appointment (指名、アポ) が正解。単語の語尾から -ed を取ったら動詞の原形なので、(B) appointed から -ed を取った (A) appoint は動詞「指名する」。(B) はその過去形・過去分詞で、(C) は三人称単数現在形。日本語では「アポイント」は名詞で使われるが、英語では動詞なのに注意。勘ではなく、しっかりつづりを見て答えを選ぼう。

訳　新しい社長の指名が昨日発表された。

2. 正解 (C)　🚄　補語は形容詞

解説　Dr. Verma が主語 (S)、is が述語動詞 (V) で、always と very は副詞で修飾語 (M)。空所には、be 動詞の後に来て主語とイコールになる補語 (C) が必要。補語になるのは形容詞なので、語尾が -ful の (C) respectful (尊重している) が正解。副詞の (B) respectfully (尊重して) から -ly を取った (C) を形容詞と判断することもできる。(A) respect は名詞「尊敬」か動詞「尊敬する」。(D) は名詞の複数形か動詞の三人称単数現在形。名詞も補語になるが、主語の「人」と「尊敬」はイコールにならず意味的に不適切。

訳　Verma 医師はいつもスタッフや同僚をとても尊重しています。

語注　□ **peer** 名 同僚

3. 正解 (A)　🚄　目的語は名詞

解説　The president が主語 (S)、will sign が述語動詞 (V) で、空所には目的語 (O) になる名詞が必要 (major は空所を修飾する形容詞)。単数形の目印となる冠詞の a があるので、(A) contract (契約) が正解。複数形の (B) contracts は a の後ろに置けない。(C) は動詞 contract (契約する) の過去形・過去分詞。(D) はその現在分詞・動名詞。

訳　社長は今月大きな契約を結ぶ予定だ。

4. 正解 (C)　名詞を修飾するのは形容詞

解説　Mr. Suzuki が主語 (S)、presented が述語動詞 (V)、business plans が目的語 (O)。すでに SVO の文ができているので、空所に入るのは修飾語 (M)。空所後の business plans という名詞を修飾するのは形容詞なので、語尾が -ble の (C) reasonable (妥当な) が正解。(A) reason は名詞「理由」。(B) reasonably は副詞「道理にかなって」。(D) reasoning は名詞「推論」。

訳　スズキさんは、妥当な事業計画を CEO に提示した。

語注　□ **present** 動 提示する　□ **CEO** 最高経営責任者

5. 正解 (B)　be 動詞と -ed の間は副詞

解説　The store が主語(S)、is が述語動詞 (V)、空所後の located が形容詞で補語 (C)。The store is located in 〜 . (その店は〜にある) という SVC の文がすでにできているので、空所に入るのは修飾語(M)。空所後の形容詞を修飾するのは副詞なので、語尾が -ly の (B) conveniently (便利に) が正解。(A) convenient は形容詞「便利な」。(C) convenience は名詞「便利さ」。(D) はその複数形。このタイプの問題は頻出するので、「be 動詞と -ed の間は -ly」と頭に入れよう。

訳　その店は、ピードモントの中心地の便利な場所にある。

語注　□ **located** 形 〜の場所にある　□ **downtown** 形 中心地の

6. 正解 (D)　空所が名詞以外を修飾していたら副詞

解説　Your complaint が主語(S)、will be sent が述語動詞(V)で、空所後の前置詞 to から先は修飾語 (M)。空所がなくても、Your complaint will be sent to 〜 . (あなたの苦情は〜に送られます) という文ができている。つまり、空所に入るのは修飾語 (M)。品詞問題では、空所が名詞を修飾していたら形容詞、それ以外を修飾していたら副詞を選ぶのが鉄則。ここでは、空所前後に名詞がないので、副詞の (D) directly (直接) が正解。「送られる⇦直接」と、後ろから述語動詞を修飾している。(A) direction は名詞「方向」。(B) は動詞 direct「〜に向ける」の過去形・過去分詞。(C) はその三人称単数現在形。

訳　あなたの苦情は、当社のカスタマーサービスチームに直接送られます。

語注　□ **complaint** 名 苦情

7.　正解 (B)　　冠詞と名詞の間は形容詞

解説　空所前が冠詞の a、後が名詞 air conditioner（前置詞 with の目的語）なので、空所には名詞を修飾する形容詞が必要。よって、語尾が -ble の (B) portable（ポータブルの、持ち運びできる）が正解。品詞問題では、冠詞と名詞の間の空所には形容詞を選ぶのが基本。(A) portably は副詞「持ち運べる状態で」。(C) portability は名詞「携帯性」。(D) portables は名詞 portable（携帯機器）の複数形。文全体は、主語が省略された命令文。

訳　ご自宅やオフィスをポータブルクーラーで冷やしましょう。

8.　正解 (C)　　has / have と -ed の間は副詞

解説　The company が主語(S)で、空所の前後が has expanded という現在完了形の述語動詞(V)。空所に入るのは動詞を修飾する副詞なので、(C) rapidly（急速に）が正解。現在完了形の述語動詞「has / have -ed」の間の空所に副詞を選ぶ問題は定番なので、「has / have -ed の間は -ly」と頭に入れよう。(A) rapid は形容詞「急速な」。(B) rapidity は名詞「すばやさ」。(D) は (A) の比較級。

訳　その会社は、過去5年間で、顧客ベースを急拡大した。

語注　□ **expand**　動 拡大する

9.　正解 (A)　　所有格の 's の後は名詞

解説　空所前の 's は、Part 5 では「～の」の意味の所有格で、その後には名詞が必要。したがって、語尾が -ence の (A) presence（出席）が正解。ここでは、Mr. Nelson's presence（ネルソンさんの出席）が主語(S)の働きをしている。(B) presented は動詞 present（提示する）の過去形・過去分詞。(C) presently は副詞「現在」。(D) presents は名詞「プレゼント」の複数形か、動詞の三人称単数現在形。述語動詞(V)が was なので、複数形は主語にならない。

訳　ネルソンさんの出席が必要だったが、彼はミーティングに出られなかった。

語注　□ **although**　接 ～だが　□ **necessary**　形 必要な　□ **attend**　動 出席する

10. 正解 (D) 目的語は名詞

解説 空所には、前置詞 for の目的語(O)になる名詞が必要なので、語尾が -tion の (D) restoration (修復) が正解。こうした冠詞 (the) と前置詞 (of) の間の空所には、名詞を選ぶのが品詞問題の鉄則。頭に入れよう。(A) restore は動詞「修復する」。(B) はその過去形・過去分詞。(C) は三人称単数現在形。

訳 歴史的建造物の修復のため、ニューカッスル市に助成金が支給された。

語注 □ **grant** 名 助成金　　□ **historic building** 歴史的建造物

では、実際の試験と同じレベルの品詞問題を10問解いてみましょう。解き方の基本は同じです。目標解答時間は3分です。

1. Beginning in January, visitors to the Sakura Museum of Art must make a ------- through a new digital system.

    (A) reservations
    (B) reserved
    (C) reserves
    (D) reservation

2. Having discovered a defect in its new hair curler, Ackton Electric is ------- recalling the product.

    (A) volunteer
    (B) volunteering
    (C) voluntarily
    (D) voluntary

3. Venprax reported only a ------- profit increase for the fourth quarter, indicating a slowdown in consumer spending.

    (A) margin
    (B) marginal
    (C) marginally
    (D) marginalize

4. The demand for renewable energy has risen ------- over the past five years due to environmental concerns.

    (A) sharp
    (B) sharpen
    (C) sharply
    (D) sharpened

5. In ------- for your generous contribution, your name will be added to a list of donors on our Web site.

(A) appreciate
(B) appreciative
(C) appreciated
(D) appreciation

6. Each teabag from the Greenleaf Company is ------- wrapped so the tea stays fresher for longer.

(A) individual
(B) individually
(C) individualist
(D) individuals

7. All of Axsai Industries' new paints have been formulated ------- for unfinished wood.

(A) specifically
(B) specific
(C) specify
(D) specifics

8. Thank you for your interest in an ------- opportunity with Torcell Chemical.

(A) employment
(B) employ
(C) employed
(D) employs

9. The welcome reception will be open to all conference ------- and free to attend.

(A) participate
(B) participation
(C) participants
(D) participates

10. Riding a bicycle can be an inexpensive ------- to driving to work.

(A) altered
(B) alternative
(C) alternatively
(D) alters

実戦問題　解答・解説

1. 正解 (D)

解説　　空所前の冠詞 a の後に単数形の名詞 (述語動詞 must make の目的語) が抜けているので、(D) reservation (予約) が正解。(A) reservations は名詞だが複数形なので、a の後には置けない。(B) reserved は動詞 reserve (予約する) の過去形・過去分詞。(C) reserves は動詞の三人称単数形か、名詞「備蓄」の複数形。

訳　　1月より、サクラ美術館の来館者は予約を新しいデジタル・システムで行うことになった。

2. 正解 (C)

解説　　空所の前後が、is recalling という現在進行形の述語動詞 (V)。間に入るのは動詞を修飾する副詞なので、(C) voluntarily (自主的に) が正解。こうした述語動詞の間の空所には必ず副詞が入る。頭に入れておこう。(A) volunteer は名詞「ボランティア」か、動詞「自主的に申し出る」。(B) は動詞の現在分詞・動名詞。(D) voluntary は形容詞「自主的な」。

訳　　アクトン・エレクトリック社は、同社の新型ヘアカーラーに欠陥があることを発見し、同製品を自主的に回収している。

語注　　□ **defect** 名 欠陥　□ **recall** 動 回収する

3. 正解 (B)

解説　　空所前が冠詞の a、後が名詞の profit increase なので、空所に入るのは名詞を修飾する形容詞。よって、語尾が -nal の形容詞 (B) marginal (わずかな) が正解。副詞の (C) marginally (わずかに) から -ly を取った (B) が形容詞だと、つづりで品詞を判断することもできる。(A) margin は名詞「差、利幅」。(D) marginalize は動詞「過小評価する」。

訳　　ヴェンプラックスの第4四半期決算はわずかな増益にとどまり、個人消費の減速を示した。

語注　　□ **profit** 名 利益　□ **increase** 名 増加　□ **quarter** 名 四半期　□ **indicate** 動 示す　□ **slowdown** 名 減速　□ **consumer spending** 個人消費

4. 正解 (C)

解説 空所前の述語動詞 has risen は、自動詞 rise（上がる）の現在完了形。自動詞を後ろから修飾するのは副詞なので、(C) sharply（急激に）が正解。(A) sharp は形容詞「急激な」。(B) sharpen は動詞「鋭くする」で、(D) はその過去形・過去分詞。自動詞の rise の直後の空所に副詞を選ぶ品詞問題は定期的に出題されるので、頭に入れておこう。

訳 環境への懸念から、再生可能エネルギーへの需要は過去5年間で急激に高まっている。

語注 □ **demand** 名 需要　□ **renewable energy** 再生可能エネルギー
□ **due to** 〜が理由で　□ **environmental concerns** 環境への懸念

5. 正解 (D)

解説 空所には、前置詞 in の目的語 (O) になる名詞が必要なので、(D) appreciation（感謝）が正解。こうした2つの前置詞の間の空所には必ず名詞が入る。頭に入れておこう。(A) appreciate は動詞「感謝する」。(B) appreciative は形容詞「感謝している」。(C) appreciated は動詞の過去形・過去分詞。

訳 寛大なご寄付に感謝し、あなたのお名前を当ウェブサイトの寄付者リストに追加させていただきます。

語注 □ **generous** 形 寛大な、気前の良い　□ **contribution** 名 寄付
□ **donor** 名 寄付者

6. 正解 (B)

解説 空所前後の「be 動詞 -ed」のカタチは、受動態の述語動詞 (V)。間に入るのは動詞を修飾する副詞なので、(B) individually（個別に）が正解。このパターンの品詞問題は頻出するので、「be 動詞と -ed の間は -ly」と頭に入れよう。(A) individual は形容詞「個別の」か、名詞「個人」。(C) individualist は名詞「個人主義者」。(D) は (A) の複数形。

訳 グリーンリーフ・カンパニーのティーバッグは1つ1つ個包装されているため、より新鮮な状態を長く保つことができる。

語注 □ **so** 接 なので

7. 正解 (A)

解説 S have been formulated for X (SはXのために調合されている) という受動態の文がすでに完成しているので、空所に入るのは修飾語 (M)。空所前後に名詞がないので、名詞以外を修飾する副詞の (A) specifically (特に) が正解。ここでは、空所後の前置詞 for 以降の副詞のカタマリを修飾している。空所に修飾語を選ぶ品詞問題では、直後が名詞なら形容詞、それ以外なら副詞を選ぶのが基本。(B) specific は形容詞「具体的な」。(C) specify は動詞「明示する」。(D) specifics は名詞「詳細」。

訳 アクサイ工業の新しい塗料はすべて、無塗装の木材専用に調合されています。

語注 □ **paint** 名 塗料 □ **formulate** 動 ～を調合する
□ **unfinished** 形 無塗装の

8. 正解 (A)

解説 冠詞と名詞の間が空所だが、名詞を修飾する形容詞が選択肢にない。また、形容詞として機能する過去分詞の (C) employed を空所に入れると、「雇われている機会」という受動の意味を表し意味が通じない。そこで、前の名詞が形容詞のように後の名詞を修飾する「名詞＋名詞」の形と考え、名詞の (A) employment (雇用) を空所に入れてみる。すると、employment opportunity (雇用機会) という、前置詞 in の目的語 (O) になる名詞のカタマリができて文意が通る。こうした「名詞＋名詞」のカタチが正解になる品詞問題もときどき出題される。頭に入れておこう。(B) employ は動詞「雇う」で、(D) はその三人称単数現在形。

訳 トーセル化学での雇用機会にご興味をお持ちいただき、ありがとうございます。

語注 □ **interest** 名 興味、関心 □ **opportunity** 名 機会

9. 正解 (C)

解説 S will be open to all conference ------- ～ . の形。この空所には、前置詞 to の目的語 (O) になる名詞が必要。また、welcome reception (歓迎会) が開かれる対象は「人」なので、複数形の (C) participants (参加者) が正解。(B) participation (参加) も名詞だが、意味が通じない。このように、名詞が正解に

なる品詞問題で、「人」「人以外」が選択肢に両方入っていたら、必ず意味を確認しよう。(A) participate は動詞「参加する」で、(D) はその三人称単数現在形。

訳　歓迎会は、会議の参加者全員が対象で、出席は無料です。

語注　□ **welcome reception**　歓迎会　□ **conference**　名 会議
□ **attend**　動 出席する

10.　正解 (B)

解説　空所部分は「an 形容詞 ------- to ～」の形で、空所には単数形の名詞（主語とイコールになる補語）が必要。選択肢のどれが名詞かわからなければ、語尾を見て消去法で解く。-ed の (A) altered は動詞 alter (変える) の過去形・過去分詞で、(D) は動詞の三人称単数現在形。-ly の (C) alternatively (代わりに) は副詞。よって、残る (B) alternative (代替手段) が名詞と判断できる。「代わりの」の意味の形容詞と名詞の両方で出るので注意しよう。-tive は形容詞に多い語尾だが、他に、representative (担当者) と initiative (取り組み) も、名詞として品詞問題で狙われる。頭に入れよう。

訳　自転車に乗ることは、職場までの車通勤の安価な代替手段になり得る。

語注　□ **inexpensive**　形 安価な

　品詞問題以外によく出る「動詞問題」「前置詞 or 接続詞問題」の解き方の基本も確認しましょう。

動詞問題の基本

　Part 5で、毎回3問程度出題されるのが、同じ動詞の異なるカタチが選択肢に並ぶ「動詞問題」です。品詞問題では、選択肢に、名詞・動詞・形容詞・副詞といった異なる品詞（派生語）が並んでいました。一方、動詞問題では、選択肢に同じ動詞の異なるカタチが並んでいます。動詞問題は、以下の3つのポイントを考えて解くのが基本です。

① 主述の一致
　「主」語と「述」語動詞、つまり、SV のカタチがきちんと合う答えを選ぶタイプの問題です。「述語動詞」と「準動詞（動名詞・分詞・不定詞）」の見分けや、「三単現の s」がポイントです。

② 態
　主語が何かを「する」のが能動態（普通の文）、「される」のが受動態です。どちらの態が適切かを見極めて、答えを選ぶタイプの問題です。

③ 時制
　問題文中の「時のキーワード」を手掛かりに、適切な時制を選ぶタイプの問題です。

それぞれのポイントを確認するため、例題を3問解いてみましょう。

1. The new CEO ------- a strong interest in fostering a culture of collaboration within the organization.

(A) has shown

(B) show

(C) showing

(D) have been showing

2. The book *Journey to Jupiter* ------- by Gary Rockwell, a renowned author of fantasy novels.

(A) wrote

(B) was written

(C) write

(D) is writing

3. Equanal Systems has become a global leader in the renewable energy industry since it ------- six years ago.

(A) has founded

(B) will found

(C) was founded

(D) is founded

例題　解答・解説

1. 正解 (A)

解説　選択肢に動詞 show (〜を示す) の異なるカタチが並ぶ動詞問題です。まず、文の SV を確認します。主語 (S) が The new CEO で、空所以外に述語動詞 (V) が見当たらないので、空所には動詞が必要です。(C) のように、動詞に ing が付いた形は、現在分詞・動名詞で、動詞ではありません。次に、主語は三人称単数形 (I と You 以外の1人または1つのこと) です。英語では、主語が三人称単数形の場合、現在形や現在完了形の動詞に「三単現の s」を付けるというルールがあります。残り3つの選択肢を見ると、(A)(D) が現在完了形、(B) が原形・現在形です。このうち、s が付いているのは (A) has shown だけなので、これが正解です。(B)(D) は s が付いていないので、主語とカタチが合いません。

訳　新 CEO は、組織内でコラボレーションの文化を促進することに強い関心を示している。

語注　□ **foster** 動 促進する　□ **organization** 名 組織、団体

2. 正解 (B)

解説　選択肢に動詞 write (書く) の異なるカタチが並ぶ動詞問題です。まず、文の SV を確認します。主語 (S) が The book で、空所以降に述語動詞 (V) が見当たらないので、空所には動詞が必要です。次に、主語と動詞の「する」「される」の関係を考えると、主語の The book は「書かれる」側です。つまり、「be 動詞 + 過去分詞」の受動態のカタチの動詞が空所に必要なので、(B) was written が正解です。過去形の (A)、原形・現在形の (C)、現在進行形の (D) は、いずれも「する」という意味を表す能動態 (普通の文) なので、意味が通じません。

訳　『木星への旅』は、ファンタジー小説の著名な作家であるゲイリー・ロックウェルによって書かれた。

語注　□ **renowned** 形 著名な　□ **author** 名 著者　□ **novel** 名 小説

3. 正解 (C)

解説 選択肢に動詞 found (〜を設立する) の異なるカタチが並ぶ動詞問題です。文全体は、SV since SV. のカタチで、接続詞の since (〜して以来) が2つの節 (SV) をつないでいます。後半の節 (SV) を見ると、主語 (S) の it はありますが、述語動詞 (V) がありません。選択肢はいずれも動詞ですが、空所後に、過去の時点を示す six years ago (6年前) があります。よって、過去形の (C) was founded が正解です。現在完了形の (A)、未来を表す形の (B)、現在形の (D) は、いずれも時制が合いません。動詞問題では、文中にあるこうした「時のキーワード」をヒントに適切な時制を選ぶタイプの問題も出題されます。

訳 エクアナル・システムズ. は、6年前に設立されて以来、再生可能エネルギー業界のグローバル・リーダーになった。

語注 □ renewable energy 再生可能エネルギー

前置詞 or 接続詞問題の基本

Part 5で、毎回4問程度出題されるのが、選択肢に、前置詞・接続詞・副詞が並んでいる「前置詞 or 接続詞」問題です。まず、以下の基本を押さえましょう。

● 前置詞──名詞と節 (SV) をつなぐ

　　前 名, SV. / SV 前 名.

● 接続詞──2つの節 (SV) をつなぐ

　　接 SV, SV. / SV 接 SV.

● 副詞──文の飾りで、つなぎの機能を持たない

このタイプの問題は、次の2つのステップで解くのが基本です。

① 文のカタチをチェックする

　　空所が名詞をつないでいたら前置詞、節 (SV) をつないでいたら接続詞、単なる飾りなら副詞を選びます。このタイプの問題では、副詞が正解になるこ

とは少ないので、空所後に続くのが名詞（のカタマリ）なら前置詞、節（SV）なら接続詞を選ぶのが基本です。

② 意味のつながりを考える

文法的に正しい品詞が選択肢に複数あれば、意味を考え、前後の文脈がうまくつながる答えを選びます。

以下の例題でポイントを確認しましょう。

例題

------- his achievements, Roger Haslam is widely considered one of the greatest inventors of all time.

(A) Until
(B) As a result
(C) Because of
(D) While

解き方の手順

① 選択肢をチェック

選択肢を見ると、それぞれの品詞は以下の通りです。

(A) Until	前置詞（〜までずっと）・接続詞（〜するまでずっと）
(B) As a result	副詞（結果として）
(C) Because of	前置詞（〜が理由で）
(D) While	接続詞（〜する間、〜する一方で）

選択肢に前置詞と接続詞が入っているので、「前置詞 or 接続詞」問題だと判断します。

② 文のカタチをチェック

次に、文のカタチを見ます。

空所後が、his achievements（彼の業績）という名詞で、カンマ以降が節 (SV) です。

------- his achievements, Roger Haslam is widely considered 〜.
　　　　　名詞　　　　　　　　S　　　　　　　　V

この空所に入り、名詞と節 (SV) をつなぐのは、前置詞です。したがって、選択肢中、(A)(C) が残ります。副詞の (B) As a result は、つなぎの機能を持たず、接続詞の (D) While は、名詞ではなく 2 つの節をつなぎます。

③ 意味のつながりをチェック

前置詞が 2 つ残ったので、意味のつながりを考えます。空所後の「彼の業績」は、カンマ以降の「ロジャー・ハスラムは、史上最も偉大な発明家の一人だと広く認められている」理由です。したがって、(C) Because of が正解です。(A) Until は意味が通じません。

正解 (C)

訳　その功績により、ロジャー・ハスラムは、史上最も偉大な発明家の一人だと広く認められている。

語注　□ **achievement** 名 業績、達成　□ **widely** 副 広く
□ **consider** 動 考える　□ **inventor** 名 発明家

「前置詞 or 接続詞」問題は、選択肢の語句の品詞や意味がわからないと解けません。TOEIC に出る主な前置詞、接続詞、接続副詞のリストを次ページ以降にまとめましたので、しっかり頭に入れましょう。

● よく出題される意味の似た前置詞と接続詞

前置詞	意味	接続詞	意味
□ during	～の間	□ while	～する間、 ～する一方で
□ because of □ due to □ owing to	～が理由で	□ because □ since □ as	～なので
□ despite □ in spite of □ notwithstanding	～にもかかわらず	□ although □ though □ even though	～だが

● 前置詞と接続詞の両方で使われる単語

単語	前置詞	接続詞
□ before	～の前に	～する前に
□ after	～の後に	～した後に
□ until	～までずっと	～するまでずっと
□ as	～として	～なので、～するとき、 ～するにつれて
□ since	～以来	～なので、～して以来

●押さえておきたい主な接続詞

□ when	～するとき
□ while	～する間、～する一方で
□ if	もし～なら、～かどうか
□ as	～なので、～するとき、～するにつれて
□ unless	～しない限り
□ because	～なので
□ as soon as	～するとすぐに
□ once	～するとすぐに
□ although	～だが
□ though	～だが
□ even though	～だが
□ whether	～であろうと、～かどうか
□ whenever	～するときはいつでも
□ whereas	～であるのに対して
□ even if	たとえ～でも
□ in case	～した場合に備えて
□ as long as	～する限り
□ now that	今は～なので
□ so that	～するために、～できるように
□ provided that	～するという条件で
□ given that	～を考慮すると
□ in the event that	～した場合

●押さえておきたい主な接続副詞

□ **therefore**	したがって
□ **however**	しかしながら
□ **nevertheless**	それでもなお
□ **moreover**	その上
□ **furthermore**	さらに
□ **in addition**	加えて
□ **thus**	結果として
□ **as a result**	結果として
□ **meanwhile**	その間
□ **in contrast**	対照的に
□ **in fact**	実際
□ **otherwise**	さもなければ
□ **instead**	その代わり
□ **rather**	むしろ

Part 5 の実戦問題を10問解いてみましょう（本番同様、さまざまなタイプの問題が入っています）。目標解答時間は4分です。

1. The Heritage Museum boasts an ------- selection of paintings from renowned artists around the world.

(A) impress
(B) impression
(C) impressive
(D) impressed

2. The hiring process begins by ------- an online application form on our Web site.

(A) completing
(B) complete
(C) completed
(D) completes

3. Since Mr. Gleeson is out of the office, any concerns about the project should be directed to ------- assistant.

(A) he
(B) his
(C) him
(D) himself

4. The developers found some problems with the product, ------- none were serious enough to delay its launch.

(A) although
(B) therefore
(C) besides
(D) despite

5. The selection of the winning design is based on ------- factors, including creativity and functionality.

(A) adjacent
(B) complimentary
(C) ready
(D) numerous

6. ------- the mayor grants permission to shoot downtown, filming will start immediately.

(A) Later
(B) Soon
(C) Afterward
(D) Once

7. Fire extinguishers and emergency exits are located ------- throughout the factory.

(A) strategy
(B) strategically
(C) strategic
(D) strategies

8. Mr. Griffin worked in both the public sector ------- the private sector before joining our company.

(A) and
(B) or
(C) also
(D) nor

9. According to the travel agency, customers ------- of tour cancellations at least 24 hours in advance.

(A) notified
(B) have notified
(C) will be notified
(D) notifying

10. Your credit card will ------- be charged for a one-year subscription to our magazine.

(A) formerly
(B) automatically
(C) currently
(D) patiently

1.　正解 (C)　　　品詞

解説　品詞問題では、「冠詞 ------- 名詞」の空所には、名詞を修飾する形容詞が入るので、語尾が -ive の (C) impressive (素晴らしい、印象的な) が正解。(D) も形容詞として機能するが、「(人が) 感心している」という意味なので、直後の selection (セレクション) を修飾できない。(A) は動詞「印象付ける」。(B) は名詞「印象」。

訳　ヘリテージ・ミュージアムは、世界中の著名な芸術家の絵画の素晴らしいセレクションを誇っている。

語注　□ **boast** 動 誇る　□ **selection** 名 種類　□ **renowned** 形 著名な

2.　正解 (A)　　　動詞

解説　選択肢に動詞 complete (完了する) の異なるカタチが並ぶ動詞問題。空所後の名詞 an online application form (オンラインの応募フォーム) を目的語にとりつつ、前置詞 by の目的語となる名詞のカタマリを作るのは、動名詞の (A) completing。動詞問題では、前置詞の目的語には動名詞を選ぶのが基本。頭に入れよう。(B) は動詞の原形・現在形。または形容詞「完全な」。(C) は動詞の過去形・過去分詞。(D) は三人称単数現在形。

訳　採用プロセスは、当社ウェブサイトのオンライン応募フォームに記入することから始まります。

語注　□ **hiring process** 採用プロセス、選考過程　□ **application** 名 応募

3.　正解 (B)　　　代名詞の格

解説　選択肢に人称代名詞の異なるカタチ (格) が並んでいる。このタイプの問題では、「主語が抜けていたら主格、名詞の前が空所なら所有格、目的語が抜けていたら目的格、文の要素がそろっていたら再帰代名詞を選ぶ」のが基本。ここでは、空所後に名詞 assistant があるので、所有格の (B) his (彼の) が正解。(A) は主格、(C) は目的格、(D) は再帰代名詞。

訳　グリーソンさんが事務所に不在なので、プロジェクトに関する心配事は彼のアシスタントに伝えてください。

語注　□ **since** 接 〜なので　□ **concern** 名 心配事　□ **direct** 動 向ける

4. 正解 (A) 🚅 前置詞 or 接続詞

解説 「前置詞 or 接続詞問題」なので、文のカタチを確認。空所の前後がどちらも節 (SV) なので、節をつなげる接続詞が空所に必要。選択肢中、接続詞は (A) although (〜だが) のみなので、これが正解。(B) は副詞「したがって」。(C) は前置詞「〜に加えて」または副詞「その上」。(D) は前置詞「〜にもかかわらず」。

訳 開発者は製品にいくつかの問題を発見したが、発売を遅らせるほど深刻なものはなかった。

語注 □ **developer** 名 開発者 □ **serious** 形 深刻な □ **delay** 動 遅らせる □ **launch** 名 発売

5. 正解 (D) 🚅 語彙

解説 選択肢に意味の異なる形容詞が並ぶ語彙問題。空所後の名詞 factors (要素) を修飾して意味が通じるのは、(D) numerous (多くの)。(A) adjacent は「隣接した」、(B) complimentary は「無料の」、(C) ready は「準備ができて」という意味。特に (B) は、free の言い換えで Part 7 で頻出する重要語。

訳 受賞デザインの選考は、創造性や機能性など多くの要素に基づいて行われる。

語注 □ **selection** 名 選考 □ **based on** 〜に基づく □ **factor** 名 要素、要因 □ **including** 前 〜を含む □ **creativity** 名 創造性 □ **functionality** 名 機能性

6. 正解 (D) 🚅 前置詞 or 接続詞

解説 「前置詞 or 接続詞問題」なので、文のカタチを確認。空所後が the mayor (S) grants (V) という節 (SV)、カンマ後も節なので、空所に入るのは 2 つの節をつなぐ接続詞。選択肢中、接続詞として機能するのは (D) Once (〜するとすぐに) のみなので、これが正解。once はこの接続詞の用法が Part 5 で頻出する。(A) は形容詞または副詞の比較級。(B)「もうすぐ」と (C)「後で」は副詞。

訳 市長がダウンタウンでの撮影を許可すれば、撮影はただちに開始される。

語注 □ **mayor** 名 市長、町長 □ **grant** 動 与える □ **permission** 名 許可 □ **shoot** 動 撮影する □ **downtown** 副 中心街で □ **filming** 名 撮影 □ **immediately** 副 ただちに

7. 正解 (B) 品詞

解説 空所がなくても、S are located throughout the factory. という文ができているので、空所に入るのは修飾語 (M)。空所の前後に名詞がないので、名詞以外を修飾する副詞の (B) strategically (戦略的に) が正解。述語動詞 are located を後ろから修飾している。こうした受動態の述語動詞 (V) の直後は、品詞問題で副詞が正解になる定位置の一つ。頭に入れよう。(A) は名詞「戦略」。(C) は形容詞「戦略的な」。(D) は名詞の複数形。

訳 消火器と非常口が、工場の至る所に戦略的に配置されている。

語注 □ **fire extinguisher** 消火器 □ **emergency exit** 非常口
□ **locate** 動 ～を配置する □ **throughout** 前 ～の至る所に

8. 正解 (A) ペア表現

解説 最近は出題頻度が減ったが、年数回出題される「ペア表現」の問題。空所前の both とペアになるのは、(A) and で、both X and Y (X も Y も) の形。他に、either X or Y (X か Y か) と、neither X nor Y (X も Y も～ない) の表現も頭に入れ、試験に出たら確実に正解しよう。

訳 グリフィンさんは、公共部門と民間部門の両方で働いた後、当社に入社した。

語注 □ **public sector** 公共部門 □ **private sector** 民間部門

9. 正解 (C) 動詞

解説 選択肢に notify (～に知らせる) の異なるカタチが並ぶ動詞問題。主語 (S) である customers (客) の述語動詞 (V) が空所に必要。客はツアーが中止になったことを「知らされる」側なので、受動態の (C) will be notified が正解。(A) (B) は能動態。(D) は現在分詞・動名詞。「態」がポイントの問題では、空所後に目的語の名詞があれば能動態、なければ受動態を選ぶのが鉄則。ここでは、空所後が前置詞 of で、目的語の名詞がないことも受動態を選ぶヒントになる。

訳 旅行会社によると、ツアーのキャンセルは24時間前までに顧客に通知される。

語注 □ **according to** ～によると □ **travel agency** 旅行代理店
□ **at least** 遅くとも、最低 □ **in advance** 事前に

10. 　正解 (B) 🚄　語彙

解説　選択肢に意味の異なる副詞が並ぶ語彙問題。空所前後の「請求される予定だ」という動詞を修飾して意味が通るのは、(B) automatically (自動的に)。(A) formerly (かつて) と (C) currently (現在) は、どちらも未来を表す形では用いられない。(D) patiently (我慢づよく) は意味が通じない。

訳　お客様のクレジットカードには、本誌1年分の購読料が自動的に請求されます。

語注　□ **charge** 動 請求する　□ **subscription** 名 購読

🚄 金の勉強法

　Part 5の正解率を上げるには、「文法力」と「語彙力」を高める必要があります。参考書と本書をうまく併用して、両方の力を伸ばしましょう。

1 文法

　高校基礎レベルの英文法があやふやな方は、『TOEIC L&R テスト 文法問題 はじめの400問』(アスク出版) に取り組みましょう。TOEICで出題される文法項目に絞り、効率的に基礎固めができます。基本的な文法事項が理解できている方は、本書と同じ特急シリーズの『1駅1題 TOEIC L&R TEST 文法特急』や『TOEIC L&R TEST 出る問特急 金の文法』、『TOEIC L&R テスト 文法問題 でる1000問』(アスク出版) といった問題集に取り組みましょう。

2 語彙

　高校基礎レベルの単語に自信がない方は、まず本書の「TOEIC 超重要単語200」を覚えた上で、『TOEIC L&R TEST 出る単特急 銀のフレーズ』に取り組みましょう。そのレベルの単語に自信がある方には、『TOEIC L&R TEST 出る単特急 金のフレーズ』がオススメです。フレーズではなく例文で単語を覚えたい方には、基礎レベルなら、『990点連発講師が教える　TOEIC L&R テスト 頻出英単語』(すばる舎)、600点以上のレベルなら、『TOEIC L&R TEST 出る単特急 金のセンテンス』がオススメです。

3 本書の活用法

問題を解いて答え合わせをするだけでなく、必ず以下の方法で勉強しましょう。

---

1. 問題を解いたら、解説を読み、正解・不正解の理由を理解する
2. 語注を活用し、問題文と選択肢の単語の意味を理解する
3. 問題文の文構造を確認し、英文の意味を理解する
4. 付属の音声を活用し、テキストを見ながらリッスン・アンド・リピートで問題文を音読する
5. スラスラ読めるまで音読を繰り返す

問題を何度か解いて全問正解できるようになったら、それ以上解き直す必要はありません。「問題の正解・不正解の理由が自分で解説できる」「問題文の英文が黙読ですらすら理解できる」「テキストを見ないで音声を聞いて問題文の意味が理解できる」ことを目標にして、本書を英語力 UP のための教材として活用しましょう。

TOEIC対策 オススメの参考書

TOEIC 対策でオススメの参考書は以下の通りです（自著が多くて恐縮ですが）。自分のレベルに合った参考書を選び、余裕があればぜひ取り組んでみてください。

●単語

▶『TOEIC L&R TEST 出る単特急 金のフレーズ』
（TEX 加藤著・朝日新聞出版）

▶『TOEIC L&R TEST 出る単特急 銀のフレーズ』
（TEX 加藤著・朝日新聞出版）

▶『990 点連発講師が教える TOEIC L&R テスト 頻出英単語』
（森田鉄也著・すばる舎）

▶『TOEIC L&R TEST 出る単特急 金のセンテンス』
（TEX 加藤著・朝日新聞出版）

●文法

▶『1駅1題 TOEIC L&R TEST 文法特急』
　（花田徹也著・朝日新聞出版）

▶『TOEIC L&R TEST 出る問特急 金の文法』
　（TEX 加藤著・朝日新聞出版）

▶『TOEIC L&R テスト 文法問題 でる1000問』
　（TEX 加藤著・アスク出版）

▶『TOEIC L&R テスト 文法問題 はじめの400問』
　（TEX 加藤著・アスク出版）

▶『TOEIC L&R テスト 英文法 ゼロからスコアが稼げるドリル』
　（高橋恭子著・アルク）

●長文読解

▶『TOEIC L&R TEST 読解特急』シリーズ（神崎正哉他著・朝日新聞出版）

●リスニング総合

▶『公式 TOEIC Listening & Reading プラクティス リスニング編』
　（国際ビジネスコミュニケーション協会）

▶『TOEIC L&R TEST サラリーマン特急 新形式リスニング』
　（八島晶著・朝日新聞出版）

▶『TOEIC L&R TEST 音読特急 速聴力をつける』
　（駒井亜紀子著・朝日新聞出版）

●リーディング総合

▶『TOEIC テスト新形式精選模試リーディング』
　（加藤優他著・ジャパンタイムズ）

●模試

▶『公式 TOEIC Listening & Reading』シリーズ※
　（国際ビジネスコミュニケーション協会）

▶『TOEIC L&R テスト精選模試【総合】』
　（加藤優他著・ジャパンタイムズ）

▶『TOEIC L&R テスト 究極の模試600問+』
　（ヒロ前田著・アルク）

※公式問題集には、発売日の新しい順に取り組みましょう。タイトルの末尾の数字が最も
　大きいのが最新版です（2024年1月時点では「10」が最新）。

毎度おなじみの飛行機の遅れやコピー機の故障については、リスニングセクションでご紹介しました。ここではそれ以外の「TOEIC の世界にありがちなこと」をご紹介します。

●配送ミス

　TOEIC の世界では、注文した品物が普通に届くことはありません。配送遅れ、在庫切れ、誤配、数や種類のミス、ダメージ等、ありとあらゆるトラブルが多発します。ですが、住民は決して怒らず、ミスした側も明るく対応します。お詫びとしてクーポンが乱発されることもよくあります。

●配管の故障

　TOEIC の世界では、配管の故障が頻発するので、ゲームキャラクターのマリオのような plumber（配管工）が大活躍します。

●パーティ

　TOEIC の世界では、パーティがよく開かれます。ですが、男女の出会いが目的ではありません。ほとんどは、チャリティか、退職や誕生日のお祝いのパーティです。カンパニーピクニックも人気で、平日に電話を留守電にして全社で出かける会社も存在します。

●環境保護活動

　TOEIC の世界では、環境にやさしい企業や人しか存在しません。企業の取り組みとして、再生可能エネルギーの利用や、紙を減らす努力が行われています。電気自動車も人気です。社員の取り組みとして、家が近い社員が車に相乗りして通勤する活動も一般的です。

●歯医者

　TOEIC の世界では、歯医者の予約は仕事より優先されます。「今日の午後の会議出られますか」「歯医者なんです」といった会話が普通に成立し、「何言ってるんだ。予約を変更しろ」などと怒られることは決してありません。歯医者側の都合による予約変更の電話もよくかかってきます。

●華麗な転身

　TOEIC の世界では、転職は必ず成功します。まったく畑違いの分野で大成功を収める人も珍しくありません。ツアーの遠征先で食べたチーズの味に感動し、修行してチーズ職人に転身して自分の店を開いた音楽家も登場しました。

●うっかりミス

　TOEIC の世界では、相手の社名を間違って契約書を作ったり、社員の名前を間違って社員証を作ったり、予約の日時も人数も間違ってホテルが予約を取ったり、とんでもないミスが頻発します。ただし、悪意のある人は存在しないので、すべてうっかりミスです。怒られることもありません。

Part 6
長文穴埋め問題

「あきらめる勇気」を
持つ!

Part 6 (長文穴埋め問題) について

問題数	16問 (4問×4セット)	目標解答時間	10分 (1問あたり約40秒)
目標正解数	600点：8問　　730点：10問		
内容	長文の中に空所が4か所あり、それぞれの設問に対し、(A)〜(D)の4つの選択肢の中から適切な答えを選びます。文書は4つ出題され、メール、記事、お知らせなど、内容はさまざまです。		

Part 6の基本

　Part 6は、Part 5と同じ穴埋め形式ですが、大きく異なる点があります。それは、空所の入った一文だけを読んでも解けない問題が入っていることです。たとえば、以下のような問題です。

> The conference ------- at the Carol Hotel on Hawthorn Street.
>
> (A) was held
> (B) hold
> (C) will be held
> (D) will hold

　conference (会議) は「開催される」側なので、受動態の (A)(C) が正解候補です。ところが、時制問題を解くカギとなる「時のキーワード」が見当たりません。この文だけ読んでも解けないので、前後の文を読み、会議の開催時期が過去なら (A)、未来なら (C) を選ぶ必要があります。Part 5同様、空所の入った一文だけを読めば解ける問題も出題されますが、こうした前後の文脈を理解して答える必要がある問題の方が多く出題されます。

> 空所の入った一文を読めば解答できるタイプ
> ➡ 品詞、前置詞、関係詞など

> 前後の文脈を理解して答える必要があるタイプ
> ➡ 語彙、時制、接続副詞、指示語など

　もう一点、Part 6の特徴として、空所に入る適切な文を選択肢から選ぶ「文挿入問題」が、4セットそれぞれに1問ずつ入っています（各セットの何問目に出るかは決まっていません）。文脈をしっかり理解して答える必要があり、比較的難易度が高いといえます。

Part 6の攻略法

　最も重要なポイントは、「時間管理」です。4セット10分を目安にしましょう。私が指導していた専門学校でも、Part 5は快調なペースで解答していたのに、Part 6で急にペースが落ち、結果的にPart 7に十分な時間が残せない学生をよく見かけました。以下のステップで解き、時間を使い過ぎないよう意識しましょう。

●Part 6解答の流れ

1. 文頭から1問目の空所までを、意味を考えながら読み進める。

2. 1問目の選択肢をチェックし、その一文や、それまでの文脈で答えられれば解答。答えがわからない場合は保留にして先に進む。

3. 2〜4問目も同様に解答。保留にした問題は、答えがわかった時点で戻って解答する。文書を一通り読んでも答えがわからない問題があれば、考え込まず、思い切って答えを選び先に進む。

　特に、空所に入る適切な文を選択肢から選ぶ「文挿入問題」は難易度が高いので、時間をかけすぎないようにしましょう。一通り選択肢と本文をチェックして、答えがわからなくても悩まず、どれかを選んで先に進みましょう。このパートで必要なのは「あきらめる勇気」です。

それでは、例題を1セット解いてみましょう。目標解答時間は3分です。

Questions 1–4 refer to the following article.

Transwift Railways News

Transwift Railways announced yesterday that it ------- **1.** services on its Topaz Line, which have been suspended due to severe weather conditions. "We wish to notify ------- **2.** esteemed customers that we've been working to restore parts of the track between Wilmington and Norfolk that were affected by the heavy rains," said a spokesperson for the rail company. "Topaz Line ------- **3.** will be back on track tomorrow morning." While apologizing for any inconvenience caused, the company also announced that there will be a temporary change in the Topaz Line schedule. ------- **4.** . However, Transwift Railways aims to increase operations as soon as possible to meet passenger demand.

---

1. (A) resumed
   (B) has been resuming
   (C) will resume
   (D) resuming

2. (A) our
   (B) their
   (C) his
   (D) her

3. (A) trains
   (B) buses
   (C) planes
   (D) ferries

4. (A) We are seeking ways to improve the infrastructure.
   (B) Initially, there will be a reduced number of trips.
   (C) Rail services will no longer be provided on the line.
   (D) Passengers are advised to check their flight status.

例題　解答・解説

訳　問題1〜4は次の記事に関するものです。

トランスウィフト鉄道ニュース

トランスウィフト鉄道は、昨日、悪天候のため運休していた同社のトパーズ線の運行を再開する予定だと発表した。「我々は、大雨の影響を受けたウィルミントンとノーフォークの間の線路の一部を復旧するために作業中であることを当社の大切なお客様にお知らせします」と鉄道会社の広報担当者は述べた。「トパーズ線の電車は、明日の午前中には復旧する予定です」。不便をかけたことをお詫びすると共に、トパーズ線のスケジュールに一時的な変更があることも発表された。当初は、運行本数を減らす予定だ。しかし、トランスウィフト鉄道は、乗客の需要に応えるため、できるだけ早く運行本数を増やすことを目指している。

語注　□ **railway** 名 鉄道　□ **service** 名 運行　□ **suspend** 動 一時停止する
□ **due to** 〜が理由で　□ **severe** 形 (天気が) 厳しい　□ **notify** 動 知らせる
□ **esteemed** 形 大切な　□ **restore** 動 復旧させる　□ **track** 名 線路
□ **affect** 動 影響する　□ **spokesperson** 名 広報担当者　□ **rail company** 鉄道会社
□ **back on track** 復旧する　□ **apologize** 動 お詫びする
□ **inconvenience** 名 不便　□ **cause** 動 引き起こす　□ **temporary** 形 一時的な
□ **however** 副 しかしながら　□ **aim to do** 〜することを目指す
□ **operation** 名 運行　□ **meet passenger demand** 乗客の需要を満たす

1.　正解 (C)

(A) resumed
(B) has been resuming
(C) will resume
(D) resuming

解説　選択肢を見ると、resume (再開する) の異なる時制が並ぶ動詞問題です。Part 6の時制問題は、その一文だけを読んでも解けません。ここでも、トランスウィフト鉄道がトパーズ線の運行をすでに再開したのか、再開する予定なのかは、この時点ではわかりません。「発表が昨日だから、すでに再開したのだろう」と判断して (A) を選んではいけません。保留にして読み進めます。

2. 正解 (A)

(A) our
(B) their
(C) his
(D) her

解説　選択肢がいずれも所有格で、文法的には空所に入るので、文脈を考えます。鉄道会社の広報担当者からの、「自社の」お客様に対するお知らせなので、「当社の大切なお客様」です。したがって、(A) が正解です。こうした文脈に合う指示語を選ぶ問題も Part 6 では出題されます。

3. 正解 (A)

(A) trains　**名** 電車
(B) buses　**名** バス
(C) planes　**名** 飛行機
(D) ferries　**名** フェリー

解説　前後の文脈から正解を判断するタイプの語彙問題です。記事冒頭の Transwift Railways (トランスウィフト鉄道) という社名や、rail company (鉄道会社) という語句から、大雨の影響を受けたのは鉄道だとわかります。よって、(A) が正解です。こうした空所の入った一文では答えがわからないタイプの語彙問題も Part 6 では出題されます。

　また、この Topaz Line trains will be back on track tomorrow morning. (トパーズ線の電車は、明日の午前中には復旧する予定です) の情報で、運行再開は明日の午前中だとわかります。よって、問1の正解は (C) だと、この時点でわかります。Part 6 の時制問題では、早合点せず、前後の文脈をしっかり理解して答えを選びましょう。

4. 正解 (B)

(A) We are seeking ways to improve the infrastructure.
(B) Initially, there will be a reduced number of trips.
(C) Rail services will no longer be provided on the line.
(D) Passengers are advised to check their flight status.

(A) 当社はインフラの改善策を模索しています。
(B) 当初は、運行本数を減らす予定だ。
(C) 同路線では鉄道の運行はもう行われなくなる。
(D) 乗客の皆さまはフライトの状況を確認されることをお勧めします。

語注 □ **seek** 動 探し求める □ **improve** 動 改善する
□ **infrastructure** 名 インフラ、基盤 □ **initially** 副 当初は □ **reduce** 動 減らす
□ **no longer** もう〜ない □ **provide** 動 提供する □ **passenger** 名 乗客
□ **be advised to do** 〜することを勧められる □ **status** 名 状況

解説 1セットに1問入っている文挿入問題です。前後の文脈で答えを考え
ます。「スケジュールに一時的な変更がある。-------. しかし、できるだけ早く
運行本数を増やすことを目指す」の空所に入れてうまく前後の話の流れがつな
がるのは、(B)「当初は、運行本数を減らす予定だ」です。空所後の However 以
降の文も解答のヒントになります。路線が廃止されると述べている (C) や、電
車と関係のないフライトについての (D) は明らかに本文の内容と合いません。
文書の内容をしっかりつかみ、こうした選択肢はすばやく正解候補から消去し
ましょう。この問題のように、空所後の一文が解答のヒントになることもよく
あります。必ず直後の一文にも目を通しましょう。

それでは、Part 6の実戦問題を2セット続けて解いてみましょう。目標解答時間は6分です。

Questions 5–8 refer to the following notice.

Attention All Staff

Mark your calendars for April 21. ------- **5.** . Businesses from across Evercrest City will be coming together to make a positive impact on our local environment. ------- **6.** of all ages and backgrounds will also be participating. Additionally, a recycling collection point will be set up by the river. For a list of ------- **7.** items, please visit the city's Web site at evercrestcity.gov.

The event will kick off at 8:30 A.M. beside the Hartland Bridge on Route 9, and make sure to come prepared. ------- **8.** , bring your own gloves and any necessary tools such as trash grabbers. We hope to see you on Saturday!

---

5. (A) After the contest, we will announce the winners.
(B) This is the day of the annual riverside cleanup.
(C) Transportation to the convention will be provided.
(D) We hope you enjoy the live music performances.

6. (A) Residential
(B) Residents
(C) Resided
(D) Residences

7. (A) acceptable
(B) accessible
(C) assorted
(D) automated

8. (A) Otherwise
(B) However
(C) In this way
(D) For example

Ganex Corporation Earns Recognition as a Leading Workplace in Aldoria City

Ganex Corporation has been recognized as a leading workplace in Aldoria City this year. ------- **9.** . Additionally, its strong leadership and dedicated workforce have played key roles in this success. By remaining committed to everything ------- **10.** work-life balance to fostering professional growth, Ganex has consistently achieved a high level of employee satisfaction over the years. The accolade reinforces its standing as an industry frontrunner and will inspire other organizations ------- **11.** the well-being of their own employees. ------- **12.** , the accomplishment not only sets a positive example but also contributes to Aldoria City's corporate community overall.

9. (A) Investment in research and development has yielded breakthrough solutions.
(B) The company's creation of a positive work environment led to the achievement.
(C) Consequently, reductions in carbon emissions will require a whole new strategy.
(D) Known for its lively festivals, the city attracts many visitors from around the world.

10. (A) inside
(B) from
(C) within
(D) about

11. (A) prioritize
(B) prioritized
(C) have prioritized
(D) to prioritize

12. (A) Moreover
(B) Nevertheless
(C) Even so
(D) On the contrary

訳 問題5〜8は次の通知に関するものです。

スタッフの皆さんへ

カレンダーの4月21日をチェックしてください。この日は、毎年恒例の川辺の清掃の日です。エバークレスト市の各企業が、地域の環境に良い影響を与えるために集まる予定です。あらゆる年代・経歴の住民も参加します。また、川沿いにはリサイクル回収所も設置される予定です。回収可能な物のリストは、市のウェブサイト evercrestcity.gov をご覧ください。

イベントは午前8時半に9号線のハートランド橋脇から始まりますので、必ず準備をしてお越しください。たとえば、ご自身の手袋や、ごみ拾い用のトングなどの必要な道具をご持参ください。土曜日にお会いできるのを楽しみにしています！

語注 □ **mark** 動 印を付ける □ **impact** 名 影響 □ **background** 名 経歴、背景 □ **participate** 動 参加する □ **additionally** 副 加えて □ **collection** 名 回収 □ **kick off** 始まる □ **beside** 前 〜のそばで、〜の脇で □ **prepared** 形 準備ができて □ **glove** 名 手袋 □ **trash grabber** ごみ拾い用のトング

5. 正解 (B)

(A) After the contest, we will announce the winners.
(B) This is the day of the annual riverside cleanup.
(C) Transportation to the convention will be provided.
(D) We hope you enjoy the live music performances.

(A) コンテスト終了後、入賞者を発表します。
(B) この日は毎年恒例の川辺の清掃の日です。
(C) 会議までの交通手段は提供されます。
(D) 音楽の生演奏をお楽しみください。

解説 前後の文脈がうまくつながるのは (B)。冒頭の4月21日を指す This is the day (この日は) が解答の決め手。地域の年に一度の清掃イベントの告知で、コンテストや専門的な会議、生演奏の話ではないので、他の選択肢は明らかに本文の内容と合わない。

語注 □ **annual** 形 年に一度の □ **cleanup** 名 清掃 □ **transportation** 名 交通手段 □ **convention** 名 （専門的な）会議 □ **provide** 動 提供する

6. 正解 (B)

(A) Residential 　形 居住の
(B) Residents 　名 住民
(C) Resided 　動 住んだ (reside の過去形)
(D) Residences 　名 住居

解説　品詞問題。主語になるのは名詞なので、(B)(D) が正解候補。掃除に参加するのはあらゆる年代の「住民」なので、(B) が正解。Part 6 にもこうした品詞問題は毎回出題されるので、確実に正解を狙おう。

7. 正解 (A)

(A) acceptable 　形 回収可能な、受け入れ可能な
(B) accessible 　形 アクセスできる
(C) assorted 　形 詰め合わせの
(D) automated 　形 自動化された、自動の

解説　前後の文脈に合う答えを選ぶ語彙問題。直前の文に、「リサイクル回収所が設置される」とあるので、「回収可能な物のリストは市のウェブサイトをご覧ください」とすれば文脈と合う。よって、(A) が正解。acceptable は「受け入れ可能な、受け付けられる」という意味で、ここでは「回収所で受け入れ可能な」という意味。

8. 正解 (D)

(A) Otherwise 　副 さもなければ
(B) However 　副 しかしながら
(C) In this way 　副 このようにして
(D) For example 　副 たとえば

解説　Part 6 では、こうした前後の文脈をうまくつなげる接続語を選ぶタイプの問題も定番。前文で、準備をしてから参加するよう指示があり、空所後にその具体例が示されている。よって、(D) が正解。

訳 問題9〜12は次の記事に関するものです。

ガネックス社、アルドリア市の優良職場として認定を受ける

ガネックス社が、今年度、アルドリア市の優良職場に認定された。会社が積極的に職場環境を整えたことが、この成果につながった。また、この成功には、強力なリーダーシップと献身的な従業員が重要な役割を果たした。ガネックスは、ワークライフバランスから職業人としての成長の促進まで、すべてに尽力することで、長年にわたって一貫して高いレベルの従業員満足度を獲得してきた。この受賞は、業界のトップランナーとしての同社の地位をより強固なものにし、他の組織にも従業員の幸福を優先するよう促すことになるだろう。その上、今回の受賞は、良い手本を示すだけでなく、アルドリア市の企業社会全体にも貢献するものである。

語注 □ **earn** 動 獲得する　□ **recognition** 名 認定　□ **leading** 形 トップの
□ **additionally** 副 加えて　□ **dedicated** 形 献身的な　□ **workforce** 名 全従業員
□ **play key roles** 重要な役割を果たす　□ **committed** 形 尽力している
□ **foster** 動 促進する　□ **consistently** 副 一貫して　□ **achieve** 動 達成する
□ **satisfaction** 名 満足　□ **accolade** 名 栄誉、称賛　□ **reinforce** 動 強化する
□ **standing** 名 地位　□ **frontrunner** 名 トップランナー　□ **inspire** 動 刺激を与える
□ **well-being** 名 幸福　□ **accomplishment** 名 達成、業績
□ **set a positive example** 良い手本を示す　□ **contribute** 動 貢献する
□ **overall** 副 全体に

---

9. 正解 (B)

(A) Investment in research and development has yielded breakthrough solutions.
(B) The company's creation of a positive work environment led to the achievement.
(C) Consequently, reductions in carbon emissions will require a whole new strategy.
(D) Known for its lively festivals, the city attracts many visitors from around the world.

(A) 研究開発への投資が、画期的な解決策を生み出した。
(B) 会社が積極的に職場環境を整えたことが、この成果につながった。
(C) その結果、二酸化炭素の排出量を減らすには、まったく新しい戦略が必要になる。
(D) 活気ある祭りで知られるこの市は、世界中から多くの観光客を引き付けている。

解説 冒頭で、ガネックス社が、「今年度、アルドリア市の優良職場に認定された」とある。空所に (B) を入れると、「the achievement (この成果) = 受賞」となり、うまく前後の文脈がつながる。画期的な研究開発に対しての受賞ではないので、(A) は文脈と合わない。

10. 正解 (B)

(A) inside
(B) from
(C) within
(D) about

解説 空所が入った一文を読めば解けるタイプの前置詞問題。空所に (B) を入れれば、空所後の前置詞 to とセットになり、everything from X to Y (X から Y まであらゆること) の表現が完成する。前置詞 from は to とセットで、from Monday to Friday (月曜から金曜まで) や from 9 A.M. to 5 P.M. (午前9時から午後5時まで) といった形で頻出する。

11. 正解 (D)

(A) prioritize
(B) prioritized
(C) have prioritized
(D) to prioritize

解説 選択肢に動詞 prioritize (優先する) の異なるカタチが並ぶ動詞問題。空所の入った文は、S reinforces X and will inspire Y. と、接続詞 and が2つの

述語動詞をつなぐカタチ。すでに述語動詞があるので、空所に入るのは不定詞の (D)。inspire X to do で「X が〜するよう促す」という意味。他の3つの選択肢はいずれも述語動詞になるカタチなので、空所には入れられない。

12. 正解 (A)

(A) Moreover　　　　　副 その上
(B) Nevertheless　　　副 それでもなお
(C) Even so　　　　　副 たとえそうだとしても
(D) On the contrary　副 それどころか

解説　　前後の文脈がうまくつながる接続副詞を選ぶタイプの問題。空所の前文が、「今回の受賞は他社の良いお手本である」、空所後が「企業社会全体にも良い影響を与える」という内容で、受賞がもたらすプラスの影響が追加で説明されている。よって、(A) が正解。他の選択肢はいずれも、「プラス ⇨ マイナス」のように、話の流れを逆につなぐ役割をする。

前後の文脈がうまくつながる接続副詞を選ぶタイプの問題は、それぞれの意味がわからないと解けません。主なものは、頭に入れておきましょう。

● 理由や結果を表す

語句	意味	語句	意味
□ as a result □ consequently □ thus	結果として	□ therefore	したがって

● 話の流れを変える

語句	意味	語句	意味
□ conversely	逆に	□ nevertheless	それでもなお
□ however	しかしながら	□ on the contrary	それどころか
□ in contrast	対照的に		

● 情報を追加する

語句	意味	語句	意味
□ additionally □ in addition	加えて	□ besides □ furthermore □ moreover	さらに、 その上

● 具体例を示す

語句	意味	語句	意味
□ in particular □ particularly	特に	□ for example □ for instance	たとえば
□ specifically	具体的には、特に	□ that is (to say)	つまり
□ in fact	実際		

● その他

語句	意味	語句	意味
□ alternatively	もしくは	□ instead	その代わり
□ in the meantime □ meanwhile	それまでの間、 その間	□ otherwise	さもなければ

金の勉強法

　Part 6では、音声を活用した勉強法が特にオススメです。以下の方法で取り組んでみましょう。

> 1. 問題を解いたら、解説を読み、正解・不正解の理由を理解する
> 2. 語注を活用し、問題文と選択肢の単語の意味を理解する
> 3. 問題文の文構造を確認し、英文の意味を理解する
> 4. Part 3/4のように、スラッシュ・リーディングで英文を前から訳す
> 5. 付属の音声に合わせて、テキストを見ながら同時読みで音読する
> 6. スラスラ同時読みできるまで繰り返す
> 7. テキストを見ないで音声を聞いて英文の内容が理解できるまで、繰り返し聞く

　こうして音声を活用して勉強することで、リスニング力やリーディング・スピードの向上にも効果があります。是非、普段の学習に取り入れてみてください。

● 人間関係の悩み

　TOEIC の世界には、悪人は存在しません。職場にも、嫌な上司や反抗的な部下、感じの悪い同僚は存在せず、パワハラやセクハラ、いじめもありません。懲戒解雇、降格、左遷、減俸、叱責、愚痴、悪口もなく、平和そのものです。遅刻やあり得ないミスをしても怒られません。ホワイトな職場ばかりで病む要素がなく、メンタルをやられる人は存在しません。働きたくても仕事が見つからず、困る人もいません。恋の悩みや男女関係のトラブルもありません。人間関係の悩みが存在しない世界です。

● 戦争、犯罪、事故、災害

　TOEIC の世界では、詐欺などの犯罪への注意喚起や、安全上のルールを守るよう呼びかけは行われますが、実際に事件や事故は起こりません。駐車禁止の場所に車を停めてレッカー移動された人がいる程度です。警察は存在しますが、人命にかかわる事件や事故は発生しないので、主な仕事は交通整理です。道路はよく閉鎖されますが、工事や倒木、パレードなどが理由で、交通事故は起こりません。国は存在しますが、対立関係や緊張関係はなく、世界平和が維持されています。地震や山火事、洪水、干ばつといった天災も起こりません。

● 宗教、政党、酒、タバコ、ギャンブル

　TOEIC の世界では、住民全員が無宗教で無党派層です。市議会のメンバーはときどき登場しますが、全員無所属の議員です。議会での暴言や、パワハラやセクハラで炎上する議員はもちろん存在しません。アルコール飲料が存在せず、レストランのメニューもソフトドリンクのみです。やたらとパーティは開かれますが、飲み会はありません。タバコが存在しないので、喫煙・禁煙エリアもありません。パチンコや競輪、競馬、麻雀、カジノといったギャンブルも存在しません。二日酔いや自己破産とは無縁の世界です。

●炎上、重病、葬式

　TOEIC の世界でも、SNS は人気ですが、暴言を吐いたり差別発言をしたりする人は存在しないので、炎上は起こりません。病院や薬局は存在しますが、重病の人は存在しません。医者に行っても、命にかかわるような病気を宣告されることはなく、せいぜい風邪や運動不足を指摘される程度です。また、住民は不死なので、葬式も行われず、葬儀屋やお墓も存在しません。

Part 7

読解問題

ペース配分を
意識！

Part 7（読解問題）について

問題数	**54問** ●1文書問題　29問（全10文書：2問×4、3問×3、4問×3） ●2文書問題　10問（5問×2） ●3文書問題　15問（5問×3）
目標解答時間	**55分（1問あたり約1分）**
目標正解数	600点：30問　　　730点：36問
内容	Part 7は長文読解問題です。それぞれの文書に関する設問に対し、(A)〜(D)の4つの選択肢の中から適切な答えを選びます。TOEICの長文読解問題は、とにかく読む量が多いのが特徴です。900点レベルの受験者でも、制限時間内に全問解答するのは容易ではありません。初中級者の場合、問題の取捨選択や時間配分もスコアアップには重要です。

Part 7の基本

　Part 7で出題される文書は、英語圏の社会人が一般的に目にする内容です。文書の種類は、メールや内部連絡、商品やサービスの広告、テキストメッセージ、記事、プレスリリース、ビジネスレターなど多岐にわたります。小説やエッセイを読んで答える問題や、ビジネスの専門知識がないと答えられない問題は出ません。本文の上に書かれている、Questions 147–148 refer to the following XX. のXXの部分で文書の種類がわかります。XXに入る主な内容は以下の通りです。一通り確認しておきましょう。

●Part 7で出題される主な文書の種類

□ **e-mail**　メール　　　　　　　　□ **notice**　通知

□ **memo**　内部連絡　　　　　　　　□ **advertisement**　広告

□ **letter**　手紙（ビジネスレター）　　□ **announcement**　発表

□ text-message chain　テキストメッセージのやりとり
□ online chat discussion　オンラインチャットの話し合い
□ press release　プレスリリース　　□ review　レビュー
□ article　記事　　　　　　　　　　□ instructions　説明書
□ Web page　ウェブ・ページ　　　　□ invoice　請求書
□ brochure　パンフレット　　　　　□ meeting minutes　議事録
□ form　用紙　　　　　　　　　　　□ agenda　議題表
□ invitation　招待状

　注意が必要なのは、memo（内部連絡）です。これは「メモ書き」ではなく、会社等の「内部連絡」です。文書タイプが memo だった場合、同じ組織内の連絡事項だな、と意識しましょう。

Part 7の攻略法

　最も重要なポイントは、「時間配分」です。P.17にも掲載した以下の表を見てください。

TOEIC リーディングの予想スコア（495点中）

解いた問題の正解率	解き終わらなかった問題数（100問中）				
	40問	30問	20問	10問	0問
9割	300	340	380	415	450
8割	260	300	330	370	395
7割	230	255	280	310	335
6割	195	220	235	255	270
5割	160	180	190	210	220

　制限時間内に最後まで解き終わったとしても、正答率が5割だと、リーディングの予想スコアは220点です。一方、30問解き残したとしても、それまでの70問の正答率が8割なら、リーディングで300点に達します。**問題の配点はすべて同じ**なので、難しい問題に時間をかけすぎないよう意識しつつ、自分のペースで、時間内に解けるところまで解くのがオススメです。時間内に終わらせようとあせってオーバーペースにならないよう注意しましょう。一般的に難易

度が高いとされる長めの記事問題や、最初の数行を読んでも内容がまったくつかめない文書は、思い切って捨てるのも一つの戦略です。なお、解き終わらなかった部分を白紙にすると、その部分はゼロ点になってしまいます。勘で正解しても減点されません。A/B/C/D が正解になる確率はほぼ同じなので、「最後の30問は全部 B」等、同じ記号にマークしましょう。

● Part 7 の解き方

解き方は大きく分けて2つあります。

解き方1　設問から読む（初中級者向け）
① 文書タイプを確認
② 1問目の設問を読む（選択肢は読まない※）
③ 本文を冒頭から読み、該当箇所が見つかったら選択肢と照合して解答
④ 2問目の設問を読む（選択肢は読まない※）
⑤ 本文の続きを読み、該当箇所が見つかったら選択肢と照合して解答
⑥ 3問目以降も同じ

※本文の内容と合わない答えを選ぶ「NOT 問題」だけは選択肢も読む。

解き方2　本文から読む（上級者向け）
① 文書タイプを確認
② 本文を最初から最後まで通しで全部読む
③ 1問目の設問文と選択肢を読み、文書上の情報と照合して解答
④ 2問目以降も同じ

最初のうちは、**解き方1** がオススメです。**解き方2** の方が確実性は増しますが、この方法で制限時間内に解き終わるには、リスニングの音声のスピードで英文を読む力が求められます。短めの文書は **解き方2**、長めの文書は **解き方1** のように、使い分けても構いません。問題演習をしながら、自分に合った解き方を見つけてください。

Part 7 頻出設問10タイプ

Part 7では、さまざまな問題が出題されますが、以下の10タイプは特に頻出です。

1. What is the purpose of X?　Xの目的は何ですか

文書の目的は、第1段落や序盤で示されるのが基本です。ただし、何かを相手に依頼する文書等では、文書の後半や最後に目的が示されることもあります。

2. What is indicated about X?　Xについて何が示されていますか

このタイプの設問では、答えにつながる情報が文書上ではっきり示されている場合と、文書上の情報から推測する必要がある場合とがあります。

3. What is suggested about X?　Xについて何が示唆されていますか

文書上の情報から答えを推測して解くタイプの問題です。この suggest は、「示唆する、ほのめかす」という意味です。「提案する」という意味ではないので注意しましょう。

4. What is implied about X?　Xについて何がほのめかされていますか

これも、文書上の情報から答えを推測するタイプの問題です。

5. What is NOT ～ ?　～ないのは何ですか

設問中に大文字でNOTとあれば、「NOT問題」です。「文書の内容と合わない」「文書上に書かれていない」答えを選ぶタイプの問題です。選択肢の内容をそれぞれ本文と照合する必要があるため、解くのに比較的時間がかかります。

6. For whom is the X most likely intended?　このXはおそらく誰向けですか

広告やお知らせ等が、誰に向けられたモノなのかを推測して答えるタイプの問題です。

7. Where would the X most likely appear?

このXはおそらくどこに出ていますか

お知らせや情報がどこに出ているかを推測して答えるタイプの問題です。

8. The word "…" in paragraph X, line Y, is closest in meaning to

第X段落Y行目の"…"に最も意味の近い語は

毎回数問出る「同義語問題」です。注意点として、必ず本文の意味に合う答えを選びましょう。単語だけを見て答えを選んではいけません。

9. In which of the positions marked [1], [2], [3], and [4] does the following sentence best belong?

[1]、[2]、[3]、[4] のうち、次の文が入る最も適切な箇所はどこですか

毎回2問出題される「位置選択問題」です。該当する文が入る最も適切な箇所を答えます。文書全体の内容を理解して答える必要があるので、解くのに比較的時間がかかります。

10. At XX A.M. (P.M.), what does Mr./Ms. Y mean when he/she writes, "…"?

午前 (午後) XX に、Y さんが「…」と書いているのはどういう意味ですか

Part 7では、チャット形式の文書が毎回2セット出題されます。1つは2人のチャット (2問)、もう1つは通常3人以上 (まれに2人) のチャット (4問) です。それぞれに、こうした「意図問題」が1問ずつ入っています。Part 3/4の意図問題同様、文脈に合う答えを選ぶのがポイントです。

では、実際に例題を解いて練習しましょう。

Questions 1–2 refer to the following notice.

NOTICE

This is to inform you about an update to our garbage disposal policy. Beginning on May 12, all residents will use the designated trash bins located on the west side of the building. This means that trash will no longer be collected near the back entrance. Additionally, make sure to separate recyclable materials and place them in their respective bins for proper disposal.

Our updated policy aims to create a more pleasant living environment for you and our community. Should you have any questions, please contact the building management.

1. Where would the notice most likely appear?

(A) At a customer service center
(B) At an apartment building
(C) At a department store
(D) At a manufacturing company

2. According to the notice, why should someone contact the building management?

(A) To register for a class
(B) To volunteer for an event
(C) To provide an estimate
(D) To inquire about a policy

例題1　解答・解説

訳　問題1〜2は次の通知に関するものです。

お知らせ

新たなごみ出しの規定についてお知らせいたします。5月12日より、すべての居住者は、建物西側にある指定のごみ箱を使用することになります。これにより、裏口のそばからごみは収集されなくなります。また、リサイクル可能なものは必ず分別し、それぞれのごみ箱に入れて適切に処分してください。

この新しい規定は、皆様と地域社会のために、より快適な生活環境を作ることを目的としています。ご不明な点がございましたら、建物の管理者までご連絡ください。

1.　この通知はおそらくどこに出ていますか？
(A) カスタマーサービスセンター
(B) アパート
(C) デパート
(D) 製造会社

2.　通知によると、建物の管理者に連絡しなければならないのは、どういう場合ですか？
(A) クラスに申し込む
(B) イベントでボランティアをする
(C) 見積もりを出す
(D) 規定について問い合わせる

語注

【通知】□ **inform** 動 知らせる　□ **update** 名 更新情報　□ **garbage** 名 ごみ
□ **disposal** 名 処分　□ **policy** 名 規定　□ **resident** 名 住民
□ **designated** 形 指定の　□ **trash bin** ごみ箱　□ **located** 形 〜にある
□ **trash** 名 ごみ　□ **no longer** もう〜ない　□ **collect** 動 収集する
□ **back entrance** 裏口　□ **additionally** 副 加えて、また
□ **make sure to do** 必ず〜する　□ **separate** 動 分ける
□ **recyclable** 形 リサイクル可能な　□ **place** 動 置く　□ **respective** 形 それぞれの
□ **bin** 名 入れ物、容器　□ **proper** 形 適切な　□ **updated** 形 最新の、新たな
□ **aim to do** 〜することを目指す　□ **pleasant** 形 快適な
□ **should** 助 万が一、もし　□ **contact** 動 連絡する　□ **management** 名 管理

【設問・選択肢】□ **appear** 動 現れる、掲載される　□ **manufacturing** 名 製造
□ **register** 動 登録する　□ **volunteer** 動 自主的に申し出る　□ **provide** 動 提供する
□ **estimate** 名 見積もり　□ **inquire** 動 問い合わせる、尋ねる

ポイント

実際の試験では、こうした2問の文書が全部で4つ出題されます。比較的取り組みやすいので、最優先で解きましょう。ただし、難問が入っている場合もあるので、本文と選択肢を一通り確認しても答えがわからなければ、考え込まずに先に進みましょう。

●解答の流れ

① 文書タイプの確認

まず、文書タイプの確認です。following の後を見ると、この文書は notice (通知、お知らせ) です。

② 1問目を頭に入れる

次に、1問目を頭に入れます。「この通知はおそらくどこに出ていますか」とあります。この時点で選択肢を読む必要はありません。設問中に most likely (おそらく) とあるので、最も正解の可能性が高いと判断できる答えを選びましょう。

③ 本文を読んで解答

1. 正解 (B)

「通知が出ている場所」を意識しながら本文を冒頭から読みます。難しい単語があっても止まらないようにしましょう。すると、2文目に、all residents (すべての居住者) という語句が見つかります。この文書が居住者に向けたお知らせだとわかるので、問1の答えは (B)「アパート」です。

④ 2問目を頭に入れる

続いて、2問目に目を通します。「建物の管理者に連絡しなければならないのは、どういう場合ですか」とあります。

⑤ 本文の続きを読んで解答

2. 正解 (D)

設問中の building management (建物の管理者) というキーワードで、本文の続きをすばやく検索します。すると、最終文に、「ご不明な点がございましたら、建物の管理者までご連絡ください」とあります。つまり、建物の管理者に連絡するのは、この新しい規定に関して質問がある場合です。よって、問2の答えは (D)「規定について問い合わせる」です。

Questions 3–4 refer to the following text-message chain.

Kim Ellis [9:44 A.M.]
Hey Paul! Have you seen the new promotional poster?

Paul Yuan [9:45 A.M.]
Not yet. How did the design team do?

Kim Ellis [9:46 A.M.]
It's bright and eye-catching, with lots of colors and bold text.

Paul Yuan [9:47 A.M.]
Exactly what we wanted. We're going to need at least forty copies for the product launch.

Kim Ellis [9:48 A.M.]
I'll get on that. But first, you should take a look at the design and make sure everything is OK.

Paul Yuan [9:49 A.M.]
Right. I'll swing by your office within the hour.

Kim Ellis [9:50 A.M.]
Great. Talk to you soon.

---

3. At 9:48 A.M., what does Ms. Ellis mean when she writes, "I'll get on that"?

(A) She will join a project team.

(B) She will start a task soon.

(C) She will connect to the Internet.

(D) She will take an elevator.

4. What does Mr. Yuan indicate he will do?

(A) Review a design

(B) Send some paperwork

(C) Postpone a meeting

(D) Change some colors

訳　問題3〜4は次のテキストメッセージのやりとりに関するものです。

キム・エリス　　　　　［午前9時44分］
やあ、ポール！ 新しい宣伝ポスター見た？

ポール・ユアン　　　　［午前9時45分］
まだだよ。デザインチームはどうやったの？

キム・エリス　　　　　［午前9時46分］
たくさんの色と太い文字で、明るくて目を引くわ。

ポール・ユアン　　　　［午前9時47分］
まさに我々が望んでいたものだね。製品の発売には少なくとも40枚必要だよ。

キム・エリス　　　　　［午前9時48分］
<u>取り掛かるわ</u>。でもまず、デザインを見て、問題ないか確認してね。

ポール・ユアン　　　　［午前9時49分］
了解。1時間以内にそっちのオフィスに寄るよ。

キム・エリス　　　　　［午前9時50分］
よかった。では後で。

3. 午前9時48分に、エリスさんが「取り掛かるわ」と書いているのはどういう意味ですか？
   (A) 彼女はプロジェクトチームに参加する。
   (B) 彼女はすぐに作業を始める。
   (C) 彼女はネットに接続する。
   (D) 彼女はエレベーターを使う。

4. ユアンさんは何をすることを示唆していますか？
   (A) デザインに目を通す
   (B) 書類を送る
   (C) ミーティングを延期する
   (D) 色を変える

語注

【テキストメッセージ】□ **promotional** 形 宣伝用の　□ **eye-catching** 形 目を引く
□ **bold** 形 太字の　□ **exactly** 副 まさに　□ **at least** 少なくとも、最低
□ **launch** 名 発売、開始　□ **swing by** 立ち寄る

【設問・選択肢】□ **review** 動 目を通す　□ **paperwork** 名 書類
□ **postpone** 動 延期する

ポイント

　実際の試験では、こうした2人のチャットが1つ（2問）、通常3人以上（まれに2人）のチャットが1つ（4問）出題されます。解き方は他の文書と同じですが、リスニングの Part 3/4 のような「意図問題」が1問出ます。「意図問題」は、該当する文だけを読んでも答えはわかりません。必ず話の流れに合う答えを選びましょう。

3. 正解 (B)

　意図問題です。9時48分の、エリスさんの "I'll get on that." がどういう意味なのかを答える問題です。get on には、「取り掛かる」「乗り込む」「着用する」などさまざまな意味があります。また、指示代名詞の that が指す内容もこの一文ではわかりません。セリフを頭に入れつつ、文脈を意識しながら、冒頭から読み進めます。このチャットは、製品の宣伝用ポスターの話で、9時47分にユアンさんが、製品の発売には少なくとも40枚必要だ、と述べています。エリスさんの "I'll get on that." は、それに対する返答です。つまり、「それ（ポスターの準備）に取り掛かる」という意味なので、それを言い換えた (B)「彼女はすぐに作業を始める」が正解です。

4. 正解 (A)

　ユアンさんの次の行動を推測して答える問題です。9時48分にエリスさんが、「でもまず、デザインを見て、問題ないか確認してね」と求めたのに対し、9時49分にユアンさんが、「了解。1時間以内にそっちのオフィスに寄るよ」と返答しています。つまり、彼はこの後、エリスさんのオフィスに立ち寄り、ポスターのデザインを確認すると推測できます。よって、(A)「デザインに目を通す」が正解です。

Questions 5–7 refer to the following e-mail.

E-Mail Message	
To:	All Staff
From:	Mike Harrison
Subject:	Employee Appreciation Day
Date:	November 19

As president, I would like to express my deep appreciation for your hard work and dedication this year. Your commitment and contributions are what drives our company's success.

In celebration of your efforts, Navatum Systems management will be holding an Employee Appreciation Day on December 15. To show our gratitude, we have planned a series of special activities. These will include team-building exercises and fun-filled challenges, and we hope to create a very memorable experience.

In addition, lunch will be on us. We have arranged for a delightful catered buffet to be served right here in our offices. The dishes will include various cuisines and options to suit different dietary preferences. This will also be an opportunity for everyone to come together and enjoy some time with fellow coworkers.

Please mark the date on your calendar and stay tuned for more details as Employee Appreciation Day approaches. I look forward to celebrating with you and getting up on stage to express my heartfelt thanks to everyone.

Best regards,

Mike Harrison
Navatum Systems

5. Why was the e-mail sent?

(A) To remind staff of a deadline
(B) To solicit ideas from employees
(C) To announce an upcoming event
(D) To explain a new company policy

6. Who is Mike Harrison?

(A) A systems technician
(B) A business journalist
(C) A professional chef
(D) A company executive

7. What is NOT mentioned as a feature of the event?

(A) A video presentation
(B) Team-building activities
(C) Complimentary dishes
(D) A thank-you speech

訳 問題5～7は次のメールに関するものです。

宛先： 全スタッフ
送信者：マイク・ハリソン
件名： 社員感謝デー
日付： 11月19日

社長として、今年一年の皆さんの努力と献身に深く感謝いたします。皆様の尽力と貢献が、当社の成功の原動力です。

ナバトゥム・システムズの経営陣は、皆様の努力を称え、12月15日に社員感謝デーを開催いたします。日頃の感謝の気持ちを込めて、特別なアクティビティを企画しました。チーム作りの活動や、楽しいチャレンジなど、思い出に残るような経験にしたいと思っています。

また、昼食もこちらでご用意いたします。私たちは、このオフィス内での楽しいケータリング・ビュッフェを手配しました。さまざまな料理が用意され、食事のお好みに合わせて選ぶことができます。また、このビュッフェは、社員が一堂に会し、同僚との時間を楽しむ機会にもなるでしょう。

社員感謝デーが近づくにつれ、詳細が明らかになりますので、カレンダーの日付に印を付けて、楽しみにお待ちください。皆さんと一緒にお祝いし、ステージに上がって皆さんに心からの感謝の気持ちを伝えられることを楽しみにしています。

敬具

マイク・ハリソン
ナバトゥム・システムズ

5. なぜメールは送られましたか？
   (A) スタッフに締め切りを念押しするため
   (B) 社員からアイデアを募るため
   (C) 今度のイベントを告知するため
   (D) 会社の新しい規定を説明するため

6. マイク・ハリソンさんは何者ですか？
   (A) システム技術者
   (B) ビジネスジャーナリスト
   (C) プロのシェフ
   (D) 会社の重役

7. このイベントの特徴として述べられていないことは何ですか？
   (A) 動画の上映
   (B) チーム作りの活動
   (C) 無料の料理
   (D) 感謝のスピーチ

語注

【メール】　□ **appreciation** 名 感謝　□ **express** 動 表す　□ **dedication** 名 献身
□ **commitment** 名 尽力　□ **contribution** 名 貢献　□ **drive** 動 けん引する
□ **in celebration of** 〜を称えて　□ **management** 名 経営陣　□ **gratitude** 名 感謝
□ **fun-filled** 形 楽しい　□ **memorable** 形 思い出に残る　□ **be on** 〜がごちそうする
□ **delightful** 形 楽しい、うれしい　□ **catered buffet** ケータリング・ビュッフェ
□ **serve** 動 出す　□ **include** 動 含む　□ **various** 形 さまざまな　□ **cuisine** 名 料理
□ **suit** 動 合う　□ **dietary** 形 食事の　□ **preference** 名 好み、希望
□ **opportunity** 名 機会　□ **fellow** 形 仲間の　□ **coworker** 名 同僚
□ **mark** 動 印を付ける　□ **stay tuned for** 〜をお楽しみに　□ **detail** 名 詳細
□ **look forward to** 〜を楽しみにする　□ **heartfelt** 形 心からの
【設問・選択肢】　□ **remind** 動 念押しする　□ **deadline** 名 締め切り
□ **solicit** 動 募る　□ **upcoming** 形 今度の　□ **feature** 名 特徴
□ **complimentary** 形 無料の

 ポイント

　実際の試験では、こうした3問の文書が3つ出題されます。出題される文書の
タイプはさまざまですが、メールは比較的取り組みやすいので、優先して解く
ことをオススメします。メールを読む際は、必ずヘッダー部分に目を通し、「誰
から」「誰への」「何のための」メールなのかを確認しましょう。

5.　正解 (C)

　メールの目的を答える問題です。What is the purpose of the e-mail? (メー
ルの目的は何ですか) といった形でも出題されます。ヘッダー部分を見ると、マイ
ク・ハリソンさんからの全スタッフ宛のメールです。Subject (件名) が「社員感
謝デー」なので、そのお知らせではないかと推測できます。「件名」は目的を答
える問題の重要な手がかりです。件名がない場合もありますが、あれば必ず確
認しましょう。念のため、メールを頭から読み進めると、第2段落冒頭で、「ナ
バトゥム・システムズの経営陣は、皆様の努力を称え、12月15日に社員感謝
デーを開催いたします」とあります。よって、この問題の答えは、(C)「今度の
イベントを告知するため」です。

6.　正解 (D)

　このメールの送信者であるマイク・ハリソンさんが何者か、を答える問題で

す。メールの冒頭で、ハリソンさんは、「社長として、今年一年の皆さんの努力と献身に深く感謝いたします」と述べています。つまり、この人物はこの会社の社長です。それを言い換えた (D)「会社の重役」が正解です。Part 7では、こうした「president (社長) ⇨ company executive (会社の重役)」のように、本文中の具体的な表現が、選択肢ではざっくりした形に言い換えられることがよくあります。「Part 7では、ざっくりした言い換えに注意」と頭に入れましょう。

7.　正解 (A)

　イベントの特徴として述べられて「いない」答えを選ぶ「NOT 問題」です。このタイプの問題は、選択肢の内容を一つ一つ本文と照合する必要があるので、比較的解くのに時間がかかります。まず、(A) は、本文中に記載がありません。時間に余裕がなければ、この時点ですばやく (A) にマークしましょう。時間に余裕があれば、他の選択肢の内容を本文と照合します。(B) は、第2段落後半の team-building exercises (チーム作りの活動)、(C) は、第3段落冒頭の lunch will be on us (昼食はこちらでご用意いたします) がそれぞれ該当します。選択肢中の complimentary (無料の) は Part 7重要語です。(D) については、最終文で、ステージで社員への感謝の言葉を述べる、と書かれています。

Questions 8–11 refer to the following article.

Boosting Brand Awareness for Business Success

In today's competitive marketplace, brand awareness is crucial. Building a strong brand presence not only attracts new customers but also fosters loyalty among existing ones. Here are four strategies you can employ to enhance brand awareness at your business. — [1] —.

First, utilize social media platforms. With targeted advertising and interesting content, you can reach more people and get them excited about your brand. — [2] —. This is also a good way to interact with customers, allowing you to form stronger connections with them.

Second, work with influencers who can help you to communicate your brand values. Partnering with them to promote your service or products can expose your brand to their dedicated followers.

Third, actively participate in community events and sponsor local initiatives. Such involvement will show your brand's commitment to making a positive impact. — [3] —. The overall perception of your business will influence their purchasing decisions.

Finally, invest in search engine optimization strategies to improve your brand's online visibility. — [4] —. This will result in higher rankings in search engine results, so your brand will be easily discoverable by potential customers.

8. What is the main purpose of the article?

    (A) To discuss an advertisement

    (B) To promote a product

    (C) To give advice

    (D) To profile a businessperson

9. The word "employ" in paragraph 1, line 4, is closest in meaning to

    (A) use

    (B) hire

    (C) spend

    (D) pay

10. What strategy is NOT mentioned in the article?

    (A) Use of social media platforms

    (B) Collaboration with influencers

    (C) Search engine optimization

    (D) Traditional print advertising

11. In which of the positions marked [1], [2], [3], and [4] does the following sentence best belong?

"It will also build a favorable reputation in the community."

    (A) [1]

    (B) [2]

    (C) [3]

    (D) [4]

訳　問題8～11は次の記事に関するものです。

ビジネスの成功のためにブランド認知度を高める

競争の激しい今日の市場において、ブランド認知度はきわめて重要である。強いブランド認知を築くことは、新規顧客を引き付けるだけでなく、既存顧客のロイヤリティを高めることにもつながる。ここでは、ビジネスでブランド認知度を高めるために使える4つの戦略を紹介する。— [1] — .

まず、SNSを活用しよう。ターゲットを絞った広告と興味深いコンテンツで、より多くの人々にリーチし、あなたのブランドについて興味を持ってもらえる。— [2] — .これはまた、顧客と交流する良い方法であり、より強いつながりを形成することができる。

2番目に、ブランドの価値を伝えるのに役立つインフルエンサーと協力しよう。彼らと提携して自社のサービスや製品を宣伝することで、彼らの熱心なフォロワーに自社ブランドを知ってもらえる。

3番目に、地域のイベントに積極的に参加し、地域の取り組みを支援しよう。こうした関わりは、良い影響を与えるという自社ブランドの努力を示すことになる。— [3] — .あなたのビジネスに対する全体的な認識は、彼らの購買決定に影響を与えることになる。

最後に、検索エンジン最適化戦略に投資し、自社ブランドのオンライン上の知名度を向上させよう。— [4] — .その結果、検索エンジンの検索結果で上位に表示されるようになり、自社ブランドが潜在顧客に発見されやすくなる。

8. 記事の主な目的は何ですか？
   (A) 広告について論じること
   (B) 製品を宣伝すること
   (C) アドバイスをすること
   (D) ビジネスパーソンを紹介すること

9. 第1段落4行目の "employ" に最も意味の近い語は
   (A) 用いる
   (B) 雇う
   (C) 費やす
   (D) 支払う

10. この記事で述べられていない戦略は何ですか？
    (A) SNS の利用
    (B) インフルエンサーとのコラボ
    (C) 検索エンジンの最適化
    (D) 従来の印刷広告

11. [1]、[2]、[3]、[4] のうち、次の文が入る最も適切な箇所はどこですか？

    「それはまた、地域社会で好意的な評判を築くだろう。」

    (A) [1]　(B) [2]　(C) [3]　(D) [4]

【記事】　□ **boost** 動 高める　□ **brand awareness** ブランド認知度
□ **competitive** 形 競争が激しい　□ **crucial** 形 きわめて重要な
□ **presence** 名 存在感　□ **attract** 動 引き付ける　□ **foster** 動 促進する
□ **loyalty** 名 忠誠心　□ **existing** 形 既存の　□ **strategy** 名 戦略
□ **enhance** 動 高める　□ **utilize** 動 活用する　□ **interact** 動 交流する
□ **allow X to do** Xが～するのを可能にする　□ **form** 動 形成する
□ **partner with** ～と提携する　□ **promote** 動 宣伝する　□ **expose** 動 さらす
□ **dedicated** 形 熱心な　□ **actively** 副 積極的に　□ **participate** 動 参加する
□ **local** 形 地元の　□ **initiative** 名 取り組み　□ **involvement** 名 関わり
□ **commitment** 名 尽力　□ **impact** 名 影響　□ **overall** 形 全体的な
□ **perception** 名 認知　□ **influence** 動 影響する
□ **purchasing decision** 購買決定　□ **invest** 動 投資する
□ **optimization** 名 最適化　□ **improve** 動 改善する　□ **visibility** 名 知名度、認知
□ **result in** ～という結果になる　□ **discoverable** 形 発見可能な
□ **potential customer** 潜在顧客

【設問・選択肢】　□ **profile** 動 プロフィールを紹介する　□ **traditional** 形 従来の
□ **favorable** 形 好意的な　□ **reputation** 名 評判

ポイント

　実際の試験では、こうした4問の文書が3セット出題されます（そのうちの1つはチャットです）。こうした長めの記事は、読む量が多く解くのに時間がかかるので、苦手なら後回しにしても構いません。その分の時間を、文書量が少なめで解きやすそうな問題に回しましょう。ただし、その場合も、問9のような同義語問題は、該当する箇所の英文を読むだけで解答できるので、飛ばさないようにしましょう。

8.　正解 (C)

　記事の主な目的を答える問題です。文書の目的は、第1段落や序盤で示されることがよくあります。ここでも、第1段落を読むと、ブランド認知度を高めるための4つの戦略を紹介した記事だとわかります。よって、それを言い換えた (C)「アドバイスをすること」が正解です。

9. 正解 (A)

　Part 7で毎回数問出題される「同義語問題」です。本文中の該当する単語と、最も近い意味の答えを選びます。同義語問題を解く際に重要なのは、「必ず本文の意味に合う答えを選ぶ」ことです。たとえば、この問題の employ には、「(人を) 雇う」という意味がありますが、本文を読まずに (B) hire (雇う) を選んではいけません。本文を見ると、空所部分は、four strategies (that) you can employ と、目的格の関係代名詞が省略された形です。先行詞の four strategies を employ の目的語の位置に戻すと、you can employ four strategies となります。つまり、「あなたは4つの戦略を employ できる」という意味です。この employ は、「(方法やスキルなどを) 用いる」という意味なので、(A) use (用いる、使う) が正解です。人が目的語ではないので、(B) だと本文の意味と合いません。同義語問題では、複数の異なる意味を持つ単語が出題されます。そのうちのどの意味で使われているかを必ず確認しましょう。

10. 正解 (D)

　本文中で述べられていない戦略を答える「NOT 問題」です。(A)「SNS の利用」は第2段落、(B)「インフルエンサーとのコラボ」は第3段落、(C)「検索エンジンの最適化」は最終段落でそれぞれ述べられています。(D)「従来の印刷広告」に関する記述はないので、これが正解です。

11. 正解 (C)

　Part 7で毎回2問出題される「位置選択問題」です。該当する文を挿入する箇所として、最も適切な答えを選びます。ここでは、挿入文が、「それはまた、地域社会で好意的な評判を築くだろう」です。地域社会との結びつきについて述べているのは第4段落です。同段落に含まれている3番の位置にこの文を入れると、It (それ) が段落冒頭の「地域のイベントに積極的に参加し、地域の取り組みを支援すること」を指し、文意が通ります。よって、(C) が正解です。直前の文でこの戦略の利点が1つ示されているので、新たな利点を加える挿入文中の also (また) も解答のヒントになります。「位置選択問題」は、文書全体の話の流れをつかんで解答する必要があるので、比較的解くのに時間がかかります。挿入する文の内容を確認し、4か所をざっと眺めても答えがわからなければ、考え込まずに、どれか一つ選んで次に進みましょう。

2文書問題について

Part 7では、2文書問題が2セット出題されます。問題数は各5問（計10問）です。1文書問題との違いとして、2つの文書上の情報を関連付けて解く「クロス問題」が1問（または2問）入っています（何問目に出るかは決まっていません）。1文書問題と同じ2つの解き方に加えて、ここでは3つ目の解き方をご紹介します。

2文書問題の解き方

① 2つの文書タイプを確認
② 1つ目の文書を全部読む
③ 2つ目の文書の冒頭を読み、「上下関係」をつかむ
④ 1問目を読み、本文の該当箇所と選択肢を照合して解答
⑤ 以下同じ。答えがわからなければ、2つ目の文書の続きを読む

2文書問題では、この解き方がオススメです。もちろん、文書の長さや残り時間に応じて解き方を変えても構いません。問題演習を通じて、自分に合った解き方を見つけましょう。

Questions 12–16 refer to the following notice and e-mail.

Dear Residents:

We are considering implementing a new and more secure system at Terrace Heights and seek your input on the matter.

The system we are looking at features keyless entry technology, which would allow you entry to the main floor through any of its access points and also to your own apartment. All you would have to do is enter an assigned code into a keypad. We feel this would enhance safety and convenience for residents.

The property managers realize that such a change can have an impact on your daily routine, and understanding your opinions and preferences is important to us. We therefore kindly request that you take a moment to tell us what you think about the proposed system.

Please visit the building management office on the second floor or send us an e-mail (management@terraceheights.com) to share your views with us by July 20. Your cooperation will help us ensure that the future of Terrace Heights aligns with everyone's needs.

Marsha Quinn
Building Management
Terrace Heights

To: management@terraceheights.com
From: Andrew Bailey <abailey@somail.com>
Date: July 17
Subject: Terrace Heights access

To Whom It May Concern:

My name is Andrew Bailey, and I rent an apartment on the second floor of Terrace Heights. I want to share my thoughts regarding your proposal for a new system and thank you for seeking my input.

Since metal keys and electronic key cards can become lost, these are not ideal. And while some buildings now have fingerprint readers, I know this technology can be expensive to implement. Plus, I'm not sure if these are always reliable. In terms of convenience and cost, I feel that what you have proposed would be the best course of action. It would also streamline access for us and provide an added layer of security.

Additionally, I think you should provide some guidance on how the system would be implemented and any related adjustments we might need to make. For instance, clear instructions and support leading up to such a change would alleviate any concerns tenants have.

Thanks again for involving me in your decision-making process, and I look forward to hearing your decision.

Best regards,

Andrew Bailey

12. What is the main purpose of the notice?

(A) To recommend a service
(B) To report a problem
(C) To ask for feedback
(D) To publicize an event

13. What is suggested about Terrace Heights?

(A) Its main floor has multiple entrances.
(B) It provides on-site parking for residents.
(C) It features several communal spaces.
(D) It is conveniently located near a station.

14. What is indicated about Mr. Bailey?

(A) He plans to move to a new apartment soon.
(B) He lives on the same floor as the management office.
(C) He lost his electronic key card in July.
(D) He moved to Terrace Heights over ten years ago.

15. What does Mr. Bailey mention he is unsure about?

(A) The preferences of other tenants
(B) The address of a building
(C) The cost of a proposed method
(D) The reliability of a technology

16. What does Mr. Bailey request?

(A) A laundry facility
(B) Clear instructions
(C) A short survey
(D) Storage space

例題5 解答・解説

訳 問題12〜16は次の通知とメールに関するものです。

住民の皆様へ:

テラスハイツでは、より安全な新しいシステムの導入を検討しており、皆様のご意見をお聞かせください。

私共が検討しているシステムは、キーレスエントリー技術を採用しており、どの入り口からでもメインフロアに入ることができ、またご自身の部屋にも入ることができます。キーパッドに指定されたコードを入力するだけです。これにより、居住者の安全性と利便性が向上すると考えております。

不動産管理者は、このような変更は皆様の日常生活に影響を及ぼす可能性があることを認識しており、皆様のご意見とご希望を理解することは私共にとって重要です。つきましては、このシステム案についてのご意見をお聞かせくださいますようお願い申し上げます。

7月20日までに2階のビル管理事務所にお越しいただくか、メール (management@terrace heights.com) にてご意見をお聞かせください。皆様のご協力で、テラスハイツの将来が皆様のご希望に沿うものとなります。

マーシャ・クイン
ビル管理
テラスハイツ

宛先: management@terraceheights.com
送信者:アンドルー・ベイリー <abailey@somail.com>
日付: 7月17日
件名: テラスハイツへのアクセス

ご担当者様

テラスハイツ2階に部屋を借りているアンドルー・ベイリーと申します。ご提案された新システムについて、私の考えをお伝えしたいと思います。意見する機会を頂きありがとうございます。

メタルキーや電子カードキーは紛失する可能性があり、理想的ではありません。また、現在では指紋認証を導入している建物もありますが、この技術を導入するには費用がかかることも承知しています。さらに、これらが常に信頼できるかどうかもわかりません。利便性とコストという点では、そちらが提案されているものが最善の策だと感じています。また、私たちにとっても入室の手間が省け、セキュリティが一層強化されます。

それと、このシステムをどのように導入し、私たちがどのような調整を行う必要があるのか、ガイダンスを提供すべきだと思います。たとえば、この変更を行うまでの明確な指示とサポートがあれば、入居者が抱く懸念は軽減されるでしょう。

意思決定プロセスに私を参加させて頂き、ありがとうございます。決定の知らせを楽しみにしています。

よろしくお願いします。

アンドルー・ベイリー

12. 通知の主な目的は何ですか？
    (A) サービスを勧めること
    (B) 問題を報告すること
    (C) 意見を求めること
    (D) イベントを告知すること

13. テラスハイツについて何が示唆されていますか？
    (A) メインフロアに複数の入り口がある。
    (B) 居住者のために敷地内に駐車場を提供している。
    (C) いくつかの共用スペースがある。
    (D) 駅から近い便利な場所にある。

14. ベイリーさんについて何が示されていますか？
    (A) 彼は近いうちに新しいアパートに引っ越す予定である。
    (B) 彼は管理事務所と同じ階に住んでいる。
    (C) 彼は7月に電子キーカードを紛失した。
    (D) 彼は10年以上前にテラスハイツに引っ越してきた。

15. ベイリーさんは何がよくわからないと述べていますか？
    (A) 他の入居者の好み
    (B) 建物の住所
    (C) 提案された方法のコスト
    (D) ある技術の信頼性

16. ベイリーさんは何を求めていますか？
    (A) 洗濯施設
    (B) 明確な指示
    (C) 簡単な調査
    (D) 保管スペース

【通知】 □ **resident** 名 居住者、住民　□ **implement** 動 導入する、実施する
□ **seek** 動 探し求める　□ **input** 名 意見　□ **matter** 名 事柄
□ **feature** 動 目玉にする　□ **allow X Y** XにYを認める　□ **entry** 名 入ること
□ **assigned** 形 指定された　□ **enhance** 動 高める　□ **property** 名 不動産
□ **realize** 動 認識する　□ **impact** 名 影響　□ **daily routine** 日常生活
□ **preference** 名 好み、希望　□ **therefore** 副 したがって　□ **kindly** 副 どうか
□ **propose** 動 提案する　□ **management** 名 管理　□ **view** 名 意見
□ **ensure** 動 確かにする　□ **align with** 〜と協調する

【メール】 □ **To Whom It May Concern** ご担当者様　□ **rent** 動 賃貸借する
□ **regarding** 前 〜に関する　□ **proposal** 名 提案　□ **since** 接 〜なので
□ **ideal** 形 理想的な　□ **fingerprint reader** 指紋読み取り機
□ **reliable** 形 信頼できる　□ **in terms of** 〜の点で　□ **convenience** 名 利便性
□ **course of action** 行動指針　□ **streamline** 動 合理化する　□ **layer** 名 層
□ **related** 形 関連した　□ **adjustment** 名 調整　□ **for instance** たとえば
□ **instruction** 名 指示　□ **lead up to** 〜に至るまでの　□ **alleviate** 動 緩和する
□ **concern** 名 懸念　□ **tenant** 名 入居者　□ **involve** 動 巻き込む
□ **decision-making** 形 意思決定の　□ **look forward to** 〜を楽しみにする

【設問・選択肢】 □ **publicize** 動 告知する　□ **multiple** 形 複数の
□ **on-site** 形 その場の　□ **communal** 形 共同の　□ **reliability** 名 信頼性
□ **laundry** 名 洗濯　□ **facility** 名 施設　□ **survey** 名 （アンケート）調査
□ **storage** 名 保管、貯蔵

●解答の流れ

　上の文書は、アパートの管理人から入居者に向けた新システム導入の通知、下の文書はそれに対する入居者の意見です。2文書問題では、こうした「上下関係」をつかんでから、設問に移るのが基本です。

12.　正解 (C)

　通知の主な目的を答える問題です。冒頭で、「テラスハイツでは、より安全な新しいシステムの導入を検討しており、皆様のご意見をお聞かせください」とあります。よって、この文書の目的は (C)「意見を求めること」です。

13.　正解 (A)

　アパートについて推測できることを答える問題です。「What is suggested

about X?」は、「推測問題」だと意識しましょう。第2段落最初の文で、「entry to the main floor through any of its access points (どの入り口からでもメインフロアに入れる)」とあります。つまり、このアパートのメインフロアには複数の入り口があると推測できるので、(A)「メインフロアに複数の入り口がある」が正解です。選択肢中の multiple (複数の) は「2以上」を表す Part 7 重要語です。

14.　正解 (B)

　2つの文書上の情報を関連付けて解く「クロス問題」です。「クロス問題」を解く際には、「2文書共通のキーワード」がヒントになることがよくあります。ここではそれが、the second floor (2階) です。まず、通知の最終段落に、the building management office on the second floor (2階のビル管理事務所) とあります。次に、メールの冒頭でベイリーさんが I rent an apartment on the second floor (私は2階に部屋を借りています) と述べています。つまり、ベイリーさんは管理事務所と同じフロアに部屋を借りているとわかります。よって、(B)「彼は管理事務所と同じ階に住んでいる」が正解です。「2文書問題では、2文書の共通語はクロス問題のヒント」と頭に入れましょう。

15.　正解 (D)

　メールの第2段落で、ベイリーさんは指紋認証について、I'm not sure if these are always reliable. (これらが常に信頼できるかどうかわかりません) と述べています。よって、(D)「ある技術の信頼性」が正解です。

16.　正解 (B)

　メールの第3段落の最後で、ベイリーさんは、「たとえば、この変更を行うまでの明確な指示とサポートがあれば、入居者が抱く懸念は軽減されるでしょう」と述べ、新システムについての説明を求めています。よって、(B)「明確な指示」が正解です。

3文書問題について

　Part 7では、3文書問題が3セット出題されます。問題数は各5問（計15問）です。2つの文書上の情報を関連付けて解く「クロス問題」が2問入っています。2問のクロス問題が出る文書の組み合わせは、「1-2 / 2-3」「1-2 / 1-3」「1-3 / 2-3」のいずれかです。同じ文書の組み合わせで2問クロス問題が出題されることはありません。5問の内訳は、3つの文書それぞれから1問ずつ、クロス問題2問が最も多いパターンです。3文書問題のオススメの解き方は以下の通りです。

3文書問題の解き方

　① 3つの文書タイプを確認
　② 1つ目の文書を全部読む
　③ 2つ目と3つ目の文書の冒頭を読み、3つの文書の「三角関係」をつかむ
　④ 1問目を読み、本文の該当箇所と選択肢を照合して解答
　⑤ 以下同じ。答えがわからなければ、2つ目・3つ目の文書の続きを読む

　初中級者の場合、実際の試験では、3文書問題、もしくはそこに到達する前に時間切れになる可能性大です。注意点として、必ずしも3文書問題が難しいとは限りません。3文書のうち2つが表や短めの文書で比較的解きやすい場合もあります。試験終了時刻の遅くとも10分前には一度時計を確認してください。その上で、問題用紙に最後までさっと目を通し、最も文書量が少ない問題を優先して解きましょう。

Questions 17–21 refer to the following Web page, online form, and e-mail.

---

https://www.kiskadee.org/parkrules

Always Follow the Rules
At Kiskadee National Park, it is important to follow the rules to protect the natural environment and for your own safety.

Rule 1: Always stay on the designated trails or within the boundaries of our campgrounds.
Rule 2: Visitors must take all of their own trash out of the park, including organic waste.
Rule 3: Wildlife should be observed from a safe distance, and visitors must never feed the animals.
Rule 4: Campfires are permitted only in designated areas and must be completely extinguished with water.

In addition, please respect any signage and do not fish in the park's rivers. We also ask that you keep noise levels to a minimum to preserve the tranquility of Kiskadee and out of consideration for the other guests.

---

https://www.kiskadee.org/reservations

CAMPING RESERVATION FORM

Our reservation system is in place to manage the number of people camping in Kiskadee National Park. Particularly during peak seasons, it is advisable to make reservations ahead of time to secure a spot at one of our campsites.

Representative: Tony Palmer
Address: 719 Harborview Street, Aberdeen, Washington 98520
Phone: 555-0165
E-mail: tonypalmer@zcloud.com

Select the campsite you wish to stay at:
☐ Whispering Pines　　☐ Riverside Retreat　　☑ Oakwood Grove　　☐ Serenity Valley

Dates of stay: August 1 and 2
Number of campers: 8

Once we have reviewed this form, we will contact you within 24 hours to confirm the availability of your preferred campsite.

(Back)　　(Submit)

To: Kiskadee Park Office
From: Tony Palmer
Date: August 3
Subject: Camping trip

Dear Kiskadee Staff:

On behalf of my group, I am writing to tell you what an amazing experience we had during our recent trip to Kiskadee. Although we were initially disappointed that Oakwood Grove was fully booked, the breathtaking beauty from the valley site made our stay there truly memorable.

In addition, we deeply regret that we failed to observe one of your important rules. When we walked to Etawan River, we believed we were on one of the paths that visitors can follow. We sincerely apologize for the misunderstanding.

Thank you for an incredible camping experience. We look forward to visiting again someday.

Warm regards,

Tony Palmer

17. According to the Web page, what can visitors do in the park?

(A) Leave garbage in bins
(B) Give the animals food
(C) Make a campfire
(D) Fish in a river

18. What does the online form encourage people to do?

(A) Make reservations in advance
(B) Submit a copy of a camping permit
(C) Store belongings in a secure room
(D) Purchase a map of the national park

19. In the e-mail, the word "observe" in paragraph 2, line 1, is closest in meaning to

(A) notice
(B) obey
(C) watch
(D) comment

20. Where did Mr. Palmer's group most likely stay?

(A) Whispering Pines
(B) Riverside Retreat
(C) Oakwood Grove
(D) Serenity Valley

21. Which rule does Mr. Palmer refer to in the e-mail?

(A) Rule 1
(B) Rule 2
(C) Rule 3
(D) Rule 4

例題6　解答・解説

訳　問題17〜21は次のウェブ・ページ、オンライン・フォーム、メールに関するものです。

---

https://www.kiskadee.org/parkrules

常にルールを守りましょう。
キスカディ国立公園では、自然環境の保護とご自身の安全のために、ルールを守ることが大切です。

ルール1：指定された山道やキャンプ場の境界線の外に出ないでください。
ルール2：来場者は、有機ごみも含め、ご自身のごみはすべてお持ち帰りください。
ルール3：野生動物は安全な距離から観察し、絶対に動物に餌を与えないでください。
ルール4：キャンプファイヤーは指定された場所でのみ行い、水で完全に消火してください。

また、いかなる標識の指示にも従い、公園内の川では釣りをしないでください。キスカディの静けさを保つため、また他のお客様への配慮のため、騒音は最小限にとどめていただけますよう重ねてお願いいたします。

---

https://www.kiskadee.org/reservations

キャンプ予約フォーム

当予約システムは、キスカディ国立公園でキャンプをする人の数を管理するために設けられています。特にピークシーズンには、キャンプ場の場所を確保するため、前もって予約されることをお勧めします。

代表者：トニー・パーマー
住所：ハーバービュー通り719番地 アバディーン ワシントン州 98520
電話番号：555-0165
メール：tonypalmer@zcloud.com

ご希望のキャンプ場をお選びください：
☐ウィスパリング・パインズ　☐リバーサイド・リトリート　☑オークウッド・グローブ　☐セレニティ・ヴァレー

滞在日：8月1日・2日
キャンプ人数：8名

このフォームを確認後、24時間以内にご希望のキャンプ場の空き状況をご連絡いたします。

戻る　　　**提出**

宛先： キスカディ公園事務所
送信者：トニー・パーマー
日付： 8月3日
件名： キャンプ旅行

キスカディ・スタッフの皆様

私のグループを代表して、先日のキスカディへの旅行で私たちがどんなに素晴らしい体験をしたかをお伝えしたくてメールしています。オークウッド・グローブが予約でいっぱいだったことに当初はがっかりしましたが、渓谷からの息をのむような美しさは、私たちの滞在を本当に思い出深いものにしてくれました。

加えて、そちらの重要なルールの一つを守れなかったことを深く反省しています。エタワン川まで歩いた際、私たちは観光客が通れる道の一つを歩いたつもりでした。理解不足を心よりお詫び申し上げます。

素晴らしいキャンプ体験をありがとうございました。またいつか訪れる日を楽しみにしています。

敬具

トニー・パーマー

17. ウェブ・ページによると、来園者は公園
内で何ができますか？
(A) ごみ箱にごみを捨てる
(B) 動物に食べ物を与える
(C) キャンプファイヤーをする
(D) 川で釣りをする

18. このオンライン・フォームは人々に何を
するよう奨励していますか？
(A) 事前に予約する
(B) キャンプ許可証のコピーを提出する
(C) 持ち物を安全な部屋に保管する
(D) 国立公園の地図を購入する

19. メール第2段落1行目の "observe" に最
も意味の近い語は
(A) 気づく
(B) 従う
(C) 見る
(D) コメントする

20. パーマーさんのグループはおそらくど
こに滞在しましたか？
(A) ウィスパリング・パインズ
(B) リバーサイド・リトリート
(C) オークウッド・グローブ
(D) セレニティ・ヴァレー

21. パーマーさんがメールの中で言及して
いる規則はどれですか？
(A) ルール1
(B) ルール2
(C) ルール3
(D) ルール4

語注

【ウェブ・ページ】 □ **follow** 動 従う □ **designated** 形 指定された □ **trail** 名 山道
□ **boundary** 名 境界線 □ **campground** 名 キャンプ場 □ **trash** 名 ゴミ
□ **including** 前 ～を含む □ **organic** 形 有機の □ **wildlife** 名 野生動物
□ **observe** 動 観察する □ **distance** 名 距離 □ **feed** 動 餌を与える
□ **permit** 動 許可する □ **extinguish** 動 消す □ **respect** 動 尊重する
□ **signage** 名 標識、看板 □ **minimum** 名 最低限 □ **preserve** 動 保護する
□ **tranquility** 名 静けさ □ **out of consideration for** ～に配慮して

【オンライン・フォーム】 □ **reservation** 名 予約 □ **in place** 所定の位置に
□ **manage** 動 管理する □ **advisable** 形 望ましい □ **ahead of time** 事前に
□ **secure** 動 確保する □ **spot** 名 場所 □ **campsite** 名 キャンプ場
□ **representative** 名 代表者 □ **once** 接 ～したらすぐに □ **review** 動 目を通す
□ **contact** 動 連絡する □ **confirm** 動 確認する □ **availability** 名 空き状況
□ **preferred** 形 希望の、優先の □ **submit** 動 提出する

【メール】 □ **on behalf of** ～を代表して □ **amazing** 形 素晴らしい
□ **recent** 形 最近の □ **although** 接 ～だが □ **initially** 副 最初は
□ **disappointed** 形 失望して □ **fully booked** 予約でいっぱいだ
□ **breathtaking** 形 息をのむような □ **valley** 名 渓谷 □ **truly** 副 本当に
□ **memorable** 形 思い出に残る □ **deeply** 副 深く □ **regret** 動 後悔する
□ **fail to do** ～しそこなう □ **observe** 動 従う □ **path** 名 道
□ **sincerely** 副 心から □ **apologize** 動 お詫びする □ **misunderstanding** 名 誤解
□ **incredible** 形 信じられない □ **look forward to** ～を楽しみにする

【設問・選択肢】 □ **according to** ～によると □ **garbage** 名 ごみ
□ **bin** 名 ごみ箱、容器 □ **encourage** 動 奨励する、勧める □ **in advance** 事前に
□ **permit** 名 許可証 □ **store** 動 保管する □ **belongings** 名 所持品
□ **purchase** 動 購入する □ **refer to** ～に言及する

● 解答の流れ

　1つ目の文書は、国立公園の利用のルールを示したウェブ・ページ、2つ目の文書は、その公園内のキャンプ場の予約フォーム、3つ目の文書は、キャンプ場の利用者の感想メールです。3文書問題では、こうした3つの文書の「三角関係」をつかんでから設問に移るのが基本です。

17.　　正解 (C)

　この問題のように、According to X (Xによると) とあれば、その X に該当する文書 (ここではウェブ・ページ) だけを読んで解答しましょう。ルール4で、「キャ

ンプファイヤーは指定された場所でのみ行い〜」とあります。つまり、来園者は指定場所でキャンプファイヤーが可能なので、(C)「キャンプファイヤーをする」が正解です。他の選択肢の行為は許可されていません。

18. 正解 (A)

オンライン・フォームの2〜3行目に、「特にピークシーズンには、キャンプ場の場所を確保するため、前もって予約されることをお勧めします」とあります。よって、来園者が奨励されているのは、(A)「事前に予約する」ことです。本文の ahead of time (事前に) が、選択肢では、同じ意味の in advance に言い換えられています。

19. 正解 (B)

同義語問題です。observe には、さまざまな意味がありますが、本文の該当箇所を読むと、「(ルールに) 従う」という意味で使われています。よって、(B) obey (従う) が正解です。「気づく」「観察する」の意味でも出ますが、ここではその意味ではありません。同義語問題は必ず本文の文脈に合う答えを選びましょう。

20. 正解 (D)

2つ目と3つ目の文書上の情報を関連付けて解く「クロス問題」です。メール第1段落で、パーマーさんは、「オークウッド・グローブが予約でいっぱいだったことに当初はがっかりしましたが、渓谷 (valley) からの息をのむような美しさは、私たちの滞在を本当に思い出深いものにしてくれました」と述べています。つまり、希望したオークウッド・グローブの予約が取れず、valley (渓谷) を訪れたとわかるので、(D) Serenity Valley が正解です。2つ目の文書だけを読み、(C) を選んではいけません。

21. 正解 (A)

1つ目と3つ目の文書上の情報を関連付けて解く「クロス問題」です。メール第2段落で、パーマーさんは、「そちらの重要なルールの一つを守れなかったことを深く反省しています。エタワン川まで歩いた際、私たちは観光客が通れる道の一つを歩いたつもりでした」と述べています。つまり、決められた道を外れてしまったことになり、ウェブ・ページ上のルール1に違反したことになります。よって、(A)「ルール1」が正解です。

それでは、Part 7の実戦問題を5セット続けて解いてみましょう。目標解答時間は25分です。

Questions 1–2 refer to the following notice.

Attention Customers

We regret to inform you that Inkwells in downtown Kingston will be closing its doors on February 28 as a result of the sale of the building. However, you can still enjoy our diverse selection of books and redeem your coupons at any of our other four locations. We sincerely thank you for your continued support and look forward to welcoming you at our remaining branches.

---

1. What is mentioned about Inkwells?

   (A) It has started selling books online.
   (B) It will be holding an exclusive sale.
   (C) One of its stores will go out of business.
   (D) One of its stores is relocating to another building.

2. What is true about the coupons?

   (A) They can be used at other Inkwells stores.
   (B) They can only be used for online purchases.
   (C) They are only valid for a limited time.
   (D) They cannot be redeemed on weekends.

Questions 3–5 refer to the following letter.

February 8

Dr. Charlene Taylor
PXY Enterprises
60 Jalan Tun Razak
54200 Kuala Lumpur

Dear Ms. Taylor:

I recently had the opportunity to read your paper on vertical farming, and I was impressed by your insights on optimizing plant growth. — [1] —. As a member of the organizing committee for the Agri-Tech Conference, I was wondering if you might be interested in giving the keynote speech at the event, which will take place on July 16 and 17 in Hanover, Germany.

The conference will provide a platform for industry leaders, researchers, and innovators to exchange ideas and explore the latest developments in farming practices. — [2] —. Its theme will be innovation in farming, which aligns perfectly with the focus of your paper. If you were to deliver the speech, we are certain it would be an excellent start to the event.

We are prepared to offer a remuneration of $2,000 for the keynote address. Additionally, should you require accommodation during your stay, our team would make the necessary arrangements to meet your preferences. — [3] —.

Your participation would be an honor for us, and we sincerely hope you will consider our invitation. — [4] —. Please reach out to me if you have any questions or require more information. We look forward to hearing from you.

Warm regards,

Richard Bryson
Organizing Committee
Agri-Tech Conference

3. In what industry does Ms. Taylor probably work?

(A) Publishing
(B) Agriculture
(C) Transportation
(D) Healthcare

4. What is NOT indicated about the conference?

(A) It will take place over a two-day period.
(B) It will allow for opportunities to share ideas.
(C) It will focus on innovation in farming.
(D) It will feature two keynote speakers.

5. In which of the positions marked [1], [2], [3], and [4] does the following sentence best belong?

"All associated costs as well as travel expenses would also be covered."

(A) [1]
(B) [2]
(C) [3]
(D) [4]

Questions 6–9 refer to the following online chat discussion.

Ava Mitchell   [9:31 A.M.]
The next item on this morning's agenda is the payroll system. Starting next month, all employees' salaries will be deposited into a Rivesto Bank account.

Brad Simmons   [9:32 A.M.]
That's news to me. I haven't set up an account with them.

Ava Mitchell   [9:33 A.M.]
Not to worry, Brad. Rivesto has a branch nearby, and staff can do that during working hours. A memo on this will go out tomorrow as well as an account information form that all of us will fill out and submit next week.

Yuki Tanaka   [9:34 A.M.]
Oh, no! Not only am I in the same boat as Brad, but I'll also be away on vacation for the next ten days.

Ava Mitchell   [9:35 A.M.]
In that case, get in touch with payroll and ask for Alex Hughes. He can help you sort it out before you leave today.

Yuki Tanaka   [9:36 A.M.]
Thanks, Ava. I'll do that after this meeting.

Brad Simmons   [9:37 A.M.]
May I ask why the company won't be paying our salaries into Viatrust Bank accounts anymore?

Ava Mitchell   [9:38 A.M.]
The main reason is that Rivesto charges lower transaction fees, so we'll spend less on processing payments.

6. What does Ms. Mitchell inform the other writers about?

(A) A salary increase
(B) A policy change
(C) A feedback form
(D) A staffing shortage

7. At 9:34 A.M., why does Ms. Tanaka write, "Oh, no"?

(A) She left an airline ticket at home.
(B) She made an accounting error.
(C) She forgot to distribute a document.
(D) She believes she will miss a deadline.

8. What will Ms. Tanaka do after the meeting?

(A) Send out the meeting minutes
(B) Request a different departure time
(C) Sort some files by name and date
(D) Contact the payroll department

9. Why will the salaries be paid into Rivesto Bank accounts?

(A) To reduce expenses
(B) To streamline a process
(C) To simplify tax reporting
(D) To comply with a regulation

Questions 10–14 refer to the following letter and coupon.

Stargrove Plaza
9653 Fayetteville Street
Raleigh, NC 27601

Dear Valued Customer:

We hope you enjoyed your recent visit to Stargrove Plaza. Your patronage means a lot to us, and since we value your feedback, we are inviting you to participate in our online survey.

Your opinion will help us to provide you and others with an even better shopping experience. If you could spare a few minutes to complete the survey, we will issue a 10 percent discount coupon as a token of our gratitude. To access the survey, simply visit our Web site at stargroveplaza.com and find the relevant link on the homepage. Please be sure to complete it by the end of August.

The coupon can be redeemed at any business in our shopping center. When using it in-store, kindly present it at the checkout counter. For online orders, you need only enter the unique coupon number before making your purchase.

Thank you for choosing Stargrove Plaza. We look forward to your feedback and to serving you again in the future.

Sincerely,

Stargrove Plaza

Stargrove Plaza

ISSUED TO: Sophia Cooper
COUPON NUMBER: 98765432
PROMOTIONAL CODE: STARGROVE2043

This coupon is valid until November 30 for one-time use only at Stargrove Plaza stores. The discount is applicable on the total purchase amount before taxes. It is not valid in conjunction with any other offers, discounts, or promotions.

Thank you for completing our survey and for being a valued Stargrove Plaza customer!

10. What is the purpose of the letter?

(A) To explain a new business policy

(B) To solicit customer feedback

(C) To respond to a customer inquiry

(D) To correct a misunderstanding

11. According to the letter, what can be found on Stargrove Plaza's Web site?

(A) A link to a survey

(B) A coupon code

(C) A list of store locations

(D) A store return policy

12. What is implied about Ms. Cooper?

(A) She prefers shopping in the evening.

(B) She completed a survey by August 31.

(C) She is a member of a loyalty program.

(D) She filed a complaint with Stargrove Plaza.

13. What restriction is placed on the coupon?

(A) It can only be used on weekdays.

(B) It can only be used at food stores.

(C) It cannot be used before November 30.

(D) It cannot be used with another coupon.

14. What information on the coupon is Ms. Cooper required to enter to use it online?

(A) Stargrove Plaza

(B) Sophia Cooper

(C) 98765432

(D) STARGROVE2043

Questions 15–19 refer to the following brochure, e-mail, and policy statement.

See the vibrant underwater world surrounding Kalmona Island while snorkeling alongside tropical fish on our guided adventures. No experience required.

➤ **Short Excursion:** Join our two-hour snorkeling tour around the stunning Yellow Reef for $40 per person.

➤ **Long Excursion:** Explore the diverse marine life of two beautiful locations, the Crystal Caves and the Galicia Shipwreck, on this four-hour tour for $80 per person (includes a boxed lunch).

➤ **Mask and Snorkel Rental:** Rent a high-quality mask and snorkel set for $10 per person.

➤ **Camera Rental:** Capture your memories with a waterproof camera ($25 per excursion).

➤ **Snorkeling Lesson:** For beginners, join a 90-minute group lesson on Trastola Beach with an experienced instructor ($40 per person). Group discounts are available.

To: Coral Adventures
From: Maria Sutton
Date: March 5
Subject: Additional charge

Dear Coral Adventures,

My friend and I had a wonderful time snorkeling with your guide around Yellow Reef. We only wished that we could have joined her on February 26 for the longer tour. Unfortunately, we had to leave the island that day because of an urgent matter at our place of work.

The reason I'm writing is that we have both noticed an additional charge from your business on our credit card billing statements. Neither of us can figure out why you have charged us an additional forty dollars each, and I would appreciate some clarification. Could you please provide me with a breakdown of the charges?

I look forward to your response.

Best regards,

Maria Sutton

Coral Adventures Policy Statement

We will provide everyone with a flotation device for a worry-free experience. However, basic swimming skills are required. Make sure to inform us of any medical conditions when you make your booking. In the event of inclement weather, our flexible cancellation policy allows for rescheduling or a full refund. Please note that each cancellation made on the same day as the scheduled excursion will incur a charge of half the total price for that tour. We therefore kindly request that you make any cancellations prior to the day in order to avoid this charge. Your understanding and cooperation are greatly appreciated as we strive to offer fantastic adventures in the aquatic environment around Kalmona Island.

15. According to the brochure, what do the two excursions have in common?

(A) The duration of both trips is the same.

(B) A meal is provided by the guide.

(C) Participants do not need snorkeling experience.

(D) Participants are charged the same amount.

16. What is the purpose of the e-mail?

(A) To confirm a schedule

(B) To ask about an expense

(C) To complain about a service

(D) To change a reservation

17. What does Ms. Sutton suggest?

(A) She spent two hours snorkeling with a guide.

(B) She received a discount on a lesson.

(C) A guide did not provide some instructions.

(D) A boat departure was later than scheduled.

18. In the e-mail, the word "breakdown" in paragraph 2, line 4, is closest in meaning to

(A) system error

(B) labor allocation

(C) detailed list

(D) mechanical failure

19. What is probably true about Ms. Sutton?

(A) Her workplace is close to Trastola Beach.

(B) The weather was bad during her vacation.

(C) She started a coral reef preservation project.

(D) She canceled a reservation on February 26.

訳　　問題1～2は次の通知に関するものです。

お客様各位

残念なことに、キングストンの中心街にあるインクウェルズは、ビルの売却に伴い2月28日をもって閉店することになりました。しかしながら、他の4店舗では引き続きインクウェルズの豊富な本の品ぞろえとクーポンをご利用いただけます。皆様の変わらぬご愛顧に心より感謝申し上げると共に、他店でも皆様のお越しをお待ちしております。

1. インクウェルズについて何が述べられていますか？
   (A) 書籍のオンライン販売を開始した。
   (B) 限定セールを開催する。
   (C) 店舗の1つが閉店になる。
   (D) 店舗の1つが別のビルに移転する。

2. クーポンについて正しいことは何ですか？
   (A) 他のインクウェルズ店舗で使える。
   (B) オンライン購入にのみ使える。
   (C) 有効期限が決まっている。
   (D) 週末は利用できない。

語注

【通知】　□ **regret** 動 残念に思う　□ **inform** 動 知らせる
□ **downtown** 形 中心街の　□ **close its doors** 閉店する
□ **as a result of** ～の結果として　□ **diverse** 形 多種多様な　□ **selection** 名 種類
□ **redeem** 動 引き換える、換金する　□ **continued** 形 継続的な
□ **look forward to** ～を楽しみにする　□ **remaining** 形 残りの
□ **branch** 名 支店

【設問・選択肢】　□ **exclusive** 形 限定の　□ **go out of business** 閉店する、閉業する
□ **relocate** 動 移転する　□ **purchase** 名 購入　□ **valid** 形 有効な

解説

1.　　正解 (C)

　冒頭で、「キングストンの中心街にあるインクウェルズは、ビルの売却に伴い2月28日で閉店になる」と告知している。また、後半で、他の4店舗は営業を続けるとある。つまり、5店舗のうちの1店舗が閉店になるということなので、(C) が正解。

2.　　正解 (A)

　中盤で、店舗は閉店になるが、他の4店舗でクーポンは引き続き利用できる

と述べられているので、(A) が正解。本文中の redeem は、クーポンや商品券等を、商品やお金と「引き換える」「換金する」という意味の重要語。派生語の形容詞 redeemable（引き換え可能な、換金可能な）も覚えよう。仮にこの単語を知らなくても、他の 3 つの選択肢に関する記述は見当たらないので、消去法でも解ける。

訳 問題3〜5は次の手紙に関するものです。

2月8日

シャーリーン・テイラー博士
PXY エンタープライズ
60 ジャラン・トゥン・ラザック
54200 クアラルンプール

テイラー様

先日、垂直農法に関するあなたの論文を読む機会があり、植物の成長を最適化するためのあなたの洞察に感銘を受けました。— [1] —. アグリ・テック・カンファレンス組織委員会のメンバーとして、私は、7月16・17日にドイツのハノーバーで開催されるこのイベントで、あなたに基調講演を行っていただけないかと考えております。

この会議は、業界のリーダー、研究者、イノベーターが意見を交換し、農法の最新動向を探る場を提供するものです。— [2] —. テーマは農業における技術革新で、あなたの論文の焦点と完全に合致しています。もしあなたに講演していただければ、イベントの素晴らしいスタートになることは間違いありません。

基調講演には2000ドルの報酬をご用意しています。また、ご滞在中のご宿泊が必要な場合は、ご希望に沿えるよう、当チームが必要な手配をいたします。— [3] —.

あなたの参加は我々にとって名誉なことであり、この招待をご検討いただけることを心から願っております。— [4] —. ご不明な点や、より詳細な情報が必要な場合は、私宛ご連絡ください。ご連絡をお待ちしております。

よろしくお願い申し上げます。

リチャード・ブライソン
組織委員会
アグリ・テック・カンファレンス

3. どの業界でテイラーさんはおそらく働いていますか？
   (A) 出版
   (B) 農業
   (C) 運輸
   (D) 医療

4. この会議について示されていないことは何ですか？
   (A) 2日間にわたって開催される。
   (B) アイデアを共有する機会がある。
   (C) 農業における技術革新に焦点を当てる。
   (D) 2人の基調講演者が登壇する。

5. [1]、[2]、[3]、[4] のうち、次の文が入る最も適切な箇所はどこですか？

   「すべての関連費用と旅費もお支払いいたします。」

   (A) [1]
   (B) [2]
   (C) [3]
   (D) [4]

語注

【手紙】 □ **recently** 副 最近 □ **opportunity** 名 機会 □ **paper** 名 論文
□ **vertical farming** 垂直農法 □ **impressed** 形 感心して □ **insight** 名 洞察力
□ **optimize** 動 最適化する □ **organizing committee** 組織委員会
□ **I was wondering if you** ～していただけないかと思っていました
□ **keynote speech** 基調講演 □ **provide** 動 提供する □ **platform** 名 舞台、場
□ **innovator** 名 イノベーター（新たな変化やアイデアを生む人） □ **explore** 動 探る
□ **latest** 形 最新の □ **development** 名 最新動向 □ **farming practices** 農法
□ **innovation** 名 技術革新 □ **align perfectly with** ～と完ぺきに合致する
□ **focus** 名 焦点 □ **if you were to do** もし～していただけたら
□ **deliver** 動 (演説等を) 行う □ **prepared** 形 用意できている
□ **remuneration** 名 報酬 □ **additionally** 副 加えて □ **should** 助 もし、万が一
□ **accommodation** 名 宿泊施設 □ **necessary** 形 必要な □ **meet** 動 満たす
□ **preference** 名 要望、好み □ **participation** 名 参加 □ **honor** 名 名誉
□ **sincerely** 副 心から □ **invitation** 名 招待 □ **reach out to** ～に接触する
□ **look forward to** ～を楽しみにする □ **hear from** ～から連絡がある

【設問・選択肢】 □ **allow for** ～を可能にする □ **feature** 動 目玉にする
□ **associated** 形 関連した □ **as well as** ～に加えて □ **travel expense** 旅費

3. 正解 (B)

冒頭で、手紙の差出人であるブライソンさんは、テイラーさんの垂直農法に関する論文を読んで感銘を受けた、と述べている。テイラーさんは農業の専門家だとわかるので、(B) が正解。

4. 正解 (D)

NOT 問題。この会議の基調講演者が2名であるとの記述はないので、(D) が正解。(A) は、第1段落最終文の the event, which will take place on July 16 and 17 (7月16・17日に開催されるこのイベント)、(B) は、第2段落冒頭の The conference will provide a platform for industry leaders, researchers, and innovators to exchange ideas (この会議は、業界のリーダー、研究者、イノベーターが意見を交換する場を提供する)、(C) は、第2段落中盤の Its theme will be innovation in farming (テーマは農業における技術革新) にそれぞれ該当する記述がある。

5. 正解 (C)

Part 7で毎回2問出題される位置選択問題。挿入文中の also (も) が解答のヒント。[3] の位置に挿入文を入れると、2000ドルの報酬、宿泊施設の手配に加え、旅費その他の経費「も」主催者側が負担することが示せて文意が通る。実際の試験でも、挿入文中の also が解答のヒントになることがあるので、見つけたら情報を追加すべき場所を探そう。

訳 問題6～9は次のオンラインチャットの話し合いに関するものです。

エヴァ・ミッチェル （午前9時31分）
今朝の次の議題は、給与システムです。来月から、全従業員の給与は、リベスト銀行の口座に振り込まれます。

ブラッド・シモンズ （午前9時32分）
それは初耳です。私はまだそこで口座を作っていません。

エヴァ・ミッチェル （午前9時33分）
心配ありません、ブラッド。リベストは近くに支店があって、従業員は勤務時間中に作れます。明日、この件に関する社内通達と、全員が記入して来週提出する口座情報フォームが送られます。

ユキ・タナカ （午前9時34分）
まずい！ 私はブラッドと同じ立場なだけでなく、明日から10日間は休暇で不在です。

エヴァ・ミッチェル （午前9時35分）
それなら、給与課に連絡して、アレックス・ヒューズと話してください。今日あなたが退勤する前に、彼が解決してくれるでしょう。

ユキ・タナカ （午前9時36分）
ありがとう、エヴァ。このミーティングが終わったらそうします。

ブラッド・シモンズ （午前9時37分）
なぜ会社が私たちの給料をヴィアトラスト銀行の口座に振り込まなくなったのか聞いてもいいですか？

エヴァ・ミッチェル （午前9時38分）
主な理由は、リベストの方が、取引手数料が安いので、支払い処理にかかる費用が少なくて済むからです。

6. ミッチェルさんは他の参加者に何について知らせていますか？
(A) 昇給
(B) 規定の変更
(C) フィードバック・フォーム
(D) 人員不足

7. 午前9時34分に、タナカさんはなぜ「まずい」と書いていますか？
(A) 航空券を家に忘れた。
(B) 経理上のミスをした。
(C) 書類を配り忘れた。
(D) 締め切りに間に合わないと思っている。

8. タナカさんは会議の後何をしますか？
(A) 会議の議事録を送る
(B) 別の出発時間をリクエストする
(C) ファイルを名前と日付で仕分けする
(D) 給与課に連絡する

9. なぜ給与はリベスト銀行の口座に振り込まれるのですか？
(A) 経費削減のため
(B) プロセスを合理化するため
(C) 税務申告を簡素化するため
(D) 規則に従うため

語注

【オンラインチャット】 □ **item on the agenda** 議題 □ **payroll** 名 給与
□ **deposit** 動 入金する □ **working hours** 勤務時間 □ **memo** 名 内部連絡
□ **as well as** 〜に加えて □ **fill out** 〜に記入する □ **submit** 動 提出する
□ **not only X but Y** XだけでなくYも
□ **be in the same boat as X** Xと同じ立場にある □ **in that case** その場合
□ **get in touch with** 〜に連絡を取る □ **ask for** 〜を呼び出す
□ **sort out** 解決する □ **transaction** 名 取引 □ **fee** 名 料金
□ **process** 動 処理する

【設問・選択肢】 □ **inform** 動 知らせる □ **shortage** 名 不足 □ **distribute** 動 配る
□ **miss a deadline** 締め切りに間に合わない □ **meeting minutes** 議事録
□ **departure** 名 出発 □ **sort** 動 仕分けする □ **streamline** 動 合理化する
□ **simplify** 動 簡素化する □ **tax reporting** 税務申告 □ **comply with** 〜に従う
□ **regulation** 名 規則

解説

6. 正解 (B)

冒頭でミッチェルさんは、給与の振込先の銀行が来月から変更になることを伝えている。会社の給与規定の変更を知らせているので、(B) が正解。

7. 正解 (D)

「まずい」は、新たな振込先の口座開設に必要なフォームを来週提出するよう求められたのに対するタナカさんの返答。続いて、明日から10日間は休暇で不在だと述べている。つまり、期限内にフォームを提出できない、という意味なので、(D) が正解。

8. 正解 (D)

給与課に問い合わせるよう助言を受けたタナカさんが、会議後にそうすると述べているので、(D) が正解。

9. 正解 (A)

振込先銀行の変更理由を尋ねられたミッチェルさんが、取引手数料が安く、今より支払い処理のコストが削減できると述べているので、(A) が正解。

スターグローブ・プラザ
フェイエットビル通り9653番地
ローリー　ノースカロライナ州 27601

お客様各位

スターグローブ・プラザへの先日のご来店をお楽しみいただけましたでしょうか。お客様の
ご愛顧は私たちにとって大きな意味があり、皆様のご意見を大切にしておりますので、オン
ライン・アンケートへのご協力をお願い申し上げます。

お客様のご意見は、皆様により良いショッピング体験を提供するための参考とさせていただ
きます。少しお時間をいただき、アンケートにご記入いただけましたら、感謝の印として10
％割引のクーポンを発行させていただきます。アンケートへのアクセスは、当プラザのウェ
ブ・サイト stargroveplaza.com をご覧いただき、トップページにある該当のリンクを見つ
けていただくだけです。必ず8月末までにアンケートにご回答ください。

クーポンは、当ショッピングセンター内のどの店舗でもご利用いただけます。店内でご利用
の場合は、レジにてご提示ください。オンラインでのご注文の場合は、ご購入の前にクーポ
ン番号をご入力いただくだけです。

スターグローブ・プラザをご利用いただきありがとうございます。皆さまのご意見と、また
のご利用を心よりお待ちしております。

敬具

スターグローブ・プラザ

スターグローブ・プラザ　　　　　　　　　　　　　　　10% OFF
　　　　　　　　　　　　　　　　　　　　　　　　　　お客様限定

発行先：ソフィア・クーパー
クーポン番号：98765432
プロモーション・コード：STARGROVE2043

本クーポンは11月30日まで有効で、スターグローブ・プラザ各店にて1回限りご利用いただ
けます。割引は税抜のお買い上げ合計金額に対して適用されます。他のオファー、割引、プ
ロモーションとの併用はできません。

アンケートへのご協力と、スターグローブ・プラザのご利用、まことにありがとうございます！

10. 手紙の目的は何ですか？
   (A) 新しい事業規定を説明すること
   (B) 顧客からの意見を募ること
   (C) 顧客の問い合わせに返答すること
   (D) 誤解を正すこと

11. 手紙によると、スターグローブ・プラザ
   のウェブ・サイトには何が掲載されてい
   ますか？
   (A) アンケートへのリンク
   (B) クーポンコード
   (C) 店舗リスト
   (D) 返品規定

12. クーパーさんについて何がほのめかさ
   れていますか？
   (A) 夕方に買い物をするのが好きだ。
   (B) 8月31日までにアンケートに回答し
      た。
   (C) 常連客優遇プログラムの会員である。
   (D) スターグローブ・プラザに苦情を申
      し立てた。

13. クーポンにはどのような制限がありま
   すか？
   (A) 平日のみ使用可能である。
   (B) 食料品店でしか使えない。
   (C) 11月30日までは使えない。
   (D) 他のクーポンとの併用はできない。

14. クーパーさんがオンラインでクーポン
   を使用するために入力しなければなら
   ない情報は何ですか？
   (A) スターグローブ・プラザ
   (B) ソフィア・クーパー
   (C) 98765432
   (D) STARGROVE2043

語注

【手紙】 □ **valued** 形 大切な　□ **recent** 形 最近の　□ **patronage** 名 愛顧
□ **value** 動 大切にする　□ **invite** 動 求める　□ **participate** 動 参加する
□ **survey** 名 アンケート調査　□ **provide X with Y** XにYを提供する
□ **spare** 動 時間を割く　□ **complete** 動 記入する　□ **issue** 動 発行する
□ **as a token of our gratitude** 我々の感謝の印として　□ **simply** 副 単純に
□ **relevant** 形 関連した　□ **homepage** 名 トップページ　□ **redeem** 動 引き換える
□ **kindly** 副 どうか　□ **present** 動 提示する　□ **checkout counter** レジカウンター
□ **unique** 形 独自の　□ **make a purchase** 購入する
□ **look forward to** 〜を楽しみにする　□ **serve** 動 サービスを提供する

【クーポン】 □ **exclusively** 副 限定で　□ **promotional** 形 宣伝用の
□ **valid** 形 有効な　□ **applicable** 形 適用可能な　□ **tax** 名 税
□ **in conjunction with** 〜と併せて

【設問・選択肢】 □ **solicit** 動 募る、求める　□ **inquiry** 名 問い合わせ
□ **loyalty program** 常連客優遇プログラム　□ **file** 動 提出する
□ **complaint** 名 苦情　□ **restriction** 名 制限

10. 正解 (B)

ショッピングセンターからの来店客へのアンケート協力のお願いなので、(B) が正解。solicit は、お金や助けなどを「求める、募る、懇願する」という意味の重要語。Part 7 の選択肢に出るので覚えよう。feedback は、役立つ意見や感想、助言のこと。

11. 正解 (A)

第2段落後半に、アンケートへの回答は、ウェブ・サイトのトップページのリンクから、とあるので、(A) が正解。他の選択肢の情報がウェブ・サイト上にあるとの記述はない。

12. 正解 (B)

クロス問題。クーパーさんは10%引きのクーポンをこのショッピングセンターから受け取っている。手紙の第2段落の最後に、このクーポンを受け取るには、8月末までにアンケートにご回答ください、とある。つまり、クーパーさんは8月末までにアンケートを出したと推測できるので、(B) が正解。

13. 正解 (D)

クーポン上に、「他のオファー、割引、プロモーションとの併用はできません」とあるので、(D) が正解。曜日は指定されておらず、使用店舗も制限されていない。クーポンは、11月中は使用可能なので、(C) は before ではなく after なら正解。

14. 正解 (C)

クロス問題。手紙の第3段落の最後に、オンラインでの買い物にクーポンを利用するには、クーポン番号の入力が必要とある。クーパーさんのクーポン番号は98765432なので、(C) が正解。

コーラル・アドベンチャーズ

当社のガイド付きツアーで、熱帯魚と並んでシュノーケリングしながら、カルモナ島周辺の色鮮やかな水中世界をご覧ください。経験は不問です。

➤ ショート・ツアー：美しいイエロー・リーフをめぐる2時間のシュノーケリングツアーにお一人様40ドルでご参加いただけます。

➤ ロング・ツアー：水晶洞窟と難破船ガリシアの2つの美しい場所で多種多様な海洋生物を探索する4時間のツアーにお一人様80ドルでご参加いただけます（お弁当付き）。

➤ マスクとシュノーケルのレンタル：高品質のマスクとシュノーケルのセットをお一人様10ドルでレンタルいただけます。

➤ カメラレンタル：防水カメラで思い出を残しましょう（ツアーごとに25ドル）。

➤ シュノーケリングレッスン：初心者の方は、経験豊富なインストラクターによるトラストラ・ビーチでの90分のグループレッスンにご参加ください（お一人様40ドル）。団体割引あり。

宛先： コーラル・アドベンチャーズ
送信者：マリア・サットン
日付： 3月5日
件名： 追加料金

コーラル・アドベンチャーズ様

私と友人は、イエロー・リーフでガイドの方とのシュノーケリングをとても楽しみました。2月26日にガイドの方とのより長い時間のツアーに参加できればよかったのですが。残念なことに、その日は職場での急用で私たちは島を離れなければなりませんでした。

ご連絡しているのは、私たち二人共、クレジットカードの請求明細に御社からの追加請求があることに気づいたからです。二人共、なぜ御社が我々に40ドルずつ追加請求されたのかがわかりません。明確にご説明いただけると助かります。ご請求の内訳を教えていただけますでしょうか？

ご回答をお待ちしております。

よろしくお願いします。

マリア・サットン

コーラル・アドベンチャーズ規定

コーラル・アドベンチャーズでは、皆様に安心してご体験いただけるよう、救命胴衣をご用意しております。ただし、基本的な泳力は必要です。ご予約の際、健康状態について必ずお知らせください。悪天候の場合、当社の柔軟なキャンセル規定により、日程変更または全額払い戻しが可能です。ツアー当日のキャンセルは、該当のツアー代金の半額をご請求させていただきますこと、ご承知おきください。そのため、この費用が発生しないよう、キャンセルは前日までに行っていただけますようお願い申し上げます。カルモナ島周辺の水域環境で素晴らしいツアーを提供するよう努めて参りますので、皆様のご理解とご協力をお願い申し上げます。

15. パンフレットによると、2つのツアーの共通点は何ですか？
    (A) 所要時間がどちらも同じである。
    (B) 食事はガイドが提供する。
    (C) 参加者にシュノーケリングの経験は必要ない。
    (D) 参加者の料金は同じである。

16. メールの目的は何ですか？
    (A) スケジュールを確認すること
    (B) 費用について尋ねること
    (C) サービスについて文句を言うこと
    (D) 予約を変更すること

17. サットンさんは何を示唆していますか？
    (A) 彼女はガイドと一緒に2時間シュノーケリングをした。
    (B) 彼女はレッスンの割引を受けた。
    (C) ガイドがいくつかの指示を出さなかった。
    (D) ボートの出発が予定より遅れた。

18. メール第2段落4行目の "breakdown" に最も意味の近い語は
    (A) システムエラー
    (B) 労働配分
    (C) 詳細一覧
    (D) 機械の故障

19. サットンさんについておそらく正しいことは何ですか？
    (A) 彼女の職場はトラストラ・ビーチに近い。
    (B) 彼女の休暇中は天気が悪かった。
    (C) 彼女はサンゴ礁の保護プロジェクトを始めた。
    (D) 彼女は2月26日に予約をキャンセルした。

語注

【パンフレット】 □ **vibrant** 形 鮮やかな、きらびやかな　□ **surround** 動 取り囲む
□ **alongside** 前 ～と並んで　□ **guided** 形 ガイド付きの
□ **excursion** 名 ツアー、旅行　□ **stunning** 形 とても美しい
□ **explore** 動 探索する　□ **diverse** 形 多種多様な　□ **marine life** 海洋生物
□ **cave** 名 洞窟　□ **shipwreck** 名 難破船　□ **rent** 動 レンタルする
□ **capture** 動 とらえる　□ **waterproof** 形 防水の　□ **experienced** 形 経験豊富な

【メール】 □ **additional charge** 追加料金
□ **we could have done** 〜できたらよかったのですが
□ **unfortunately** 副 あいにく、残念なことに □ **urgent matter** 緊急の問題
□ **billing statements** 請求明細 □ **neither of us** 私たちのどちらも〜ない
□ **figure out** 理解する □ **clarification** 名 明確な説明 □ **breakdown** 名 内訳

【規定】 □ **policy statement** 規定 □ **flotation device** 救命胴衣
□ **worry-free** 形 安心の □ **inform** 動 知らせる □ **booking** 名 予約
□ **in the event of** 〜の場合 □ **inclement weather** 悪天候
□ **allow for** 〜を可能にする □ **reschedule** 動 予定を変更する
□ **refund** 名 返金 □ **please note that SV** SがVすることにご留意ください
□ **incur** 動 (罰金や費用を) 負担する □ **therefore** 副 したがって
□ **kindly** 副 どうか □ **prior to** 〜の前に □ **in order to do** 〜するために
□ **avoid** 動 避ける □ **strive** 動 懸命に努力する
□ **aquatic environment** 水域環境

【設問・選択肢】 □ **have in common** 共通している □ **duration** 名 継続期間
□ **participant** 名 参加者 □ **confirm** 動 確認する □ **reservation** 名 予約
□ **suggest** 動 示唆する □ **instruction** 名 指示 □ **departure** 名 出発
□ **coral reef** サンゴ礁 □ **preservation** 名 保護

解説

15. 正解 (C)

パンフレットの冒頭で、ツアーの参加に経験は不問だと書かれているので、(C) が正解。所要時間と料金はそれぞれ異なり、食事が出るのはロング・ツアーのみ。

16. 正解 (B)

メールの第2段落で、送信者のサットンさんが、問い合わせの理由は、心当たりのない請求の内容を知りたいからだと述べているので、(B) が正解。

17. 正解 (A)

クロス問題。メールの冒頭でサットンさんは、イエロー・リーフでガイドとシュノーケリングを楽しんだ、と述べている。パンフレットのショート・ツアーの内容を見ると、イエロー・リーフでのシュノーケリングの所要時間は2時間である。サットンさんは2時間ガイド付きのシュノーケリングツアーを楽しんだとわかるので、(A) が正解。ここでの「イエロー・リーフ」のように、複数

の文書上の共通のキーワードは、クロス問題の解答のヒントになることがよく
ある。頭に入れておこう。

18. 正解 (C)

breakdown には、「(機械などの) 故障」や「神経衰弱」等の意味もあるが、ここ
では、「(請求の) 内訳」という意味で用いられている。よって、(C)「詳細一覧」
の意味に最も近い。同義語問題は、必ず本文の意味に合う答えを選ぼう。

19. 正解 (D)

クロス問題。メールでサットンさんは、急用のため2月26日のロング・ツア
ーに参加できなかったことを示唆した上で、40ドルの追加料金がなぜ請求さ
れたのかを尋ねている。規定を見ると、中盤に、ツアー当日のキャンセルの場
合、ツアー代金の半額が請求される、とある。つまり、サットンさんは、ツア
ー当日 (2月26日) にロング・ツアーをキャンセルしたため、料金80ドルの半額
の40ドルを請求されたのだと推測できる。よって、(D) が正解。

Part 7 の勉強法の3本柱は、「単語」「精読」「多読」です。

●単語

長文読解問題を解いて答え合わせするだけでなく、語注を活用し、必ず単語の意味を確認しましょう。本書の付録の「TOEIC 超重要単語200」も覚えてください。その上で、レベル・目標スコアに応じた単語本を併用されることをオススメします。オススメの単語本は P.189 をご参照ください。

●精読

単語を調べたら、それぞれの英文の文構造を丁寧に確認し、文の意味をしっかり理解しましょう。意味を理解したら、音声を繰り返し聞いてください。次第に英語の語順で文の意味が理解できるようになり、英文を後ろから前に戻って読み返す「返り読み」が減ります。

●多読

長文読解問題の文書は、多読の教材として最適です。英文の内容をしっかり理解したら、何度も読み返しましょう。読むたびに理解が深まり、読むスピードもだんだん速くなるはずです。答えを覚えてしまった問題は、何度も解き直す必要はありません。多読用の教材として活用してください。

目安として、長文読解問題の文書を、「黙読でスラスラ理解できる」「音声を聞いて理解できる」ようになれば、次の教材に移りましょう。最初のうちは、そこまで到達するのに時間がかかりますが、実力が上がるにつれて、少しずつスムーズに進められるようになります。

コラム ● 目標達成のために今日から始めてほしいこと

　TOEIC のスコアは、簡単には上がりません。一般的に、100点上げるには200時間程度の勉強が必要とされています。日々地道な努力を積み重ねるしかありません。とはいえ、やみくもに勉強するのは効率が良くありません。まず、「いつまでに何点取るのか」という具体的な目標を決めてください。ただし、今300点で1か月後に900点といった非現実的な目標設定をしてはいけません。「ちょっと難しいけど、がんばれば達成できそうな」「今の実力の120%ぐらいの」目標を設定しましょう。目標が決まったら、それを紙に書き出してください。目標を紙に書くことの驚異的な効果は、ハーバード大学の研究で明らかになっています（「ハーバード」「目標」「紙」で検索してみてください）。そうして書き出した目標を、毎日勉強する前に見て、達成したシーンをカラーではっきりイメージしてください。そうすれば目標が現実にぐんと近づきます。「できるかできないか」ではなく、「やるかやらないか」です。著者として、読者の皆さんが目標スコアを達成されることを心から応援しています。がんばってください！

1	**accept**	動 受け入れる、受け付ける、受け取る
		accept an offer (オファーを受け入れる)、accept an award (受賞する)、accept an order (注文を受け取る) といった形で頻出。名 acceptance (受け入れ、合格)

2	**accounting**	名 会計、経理
		accounting department (経理部) や accounting firm/office (会計事務所)、accounting software (会計ソフト) といった形で頻出。

3	**affordable**	形 手ごろな価格の
		価格を表す形容詞として、inexpensive (安価な)、reasonable (妥当な)、competitive (他に負けない) も覚えよう。

4	**agenda**	名 議題表
		会議の参加者に事前に配られる、議題をリストにした表のこと。Part 3 では、agenda を印刷しようとしたら、プリンターが壊れているのがお約束。

5	**agreement**	名 契約 (書)、同意 (書)
		rental agreement (賃貸契約書) や reach an agreement (合意に達する) といった形で出る。

6	**annual**	形 年に一度の、毎年恒例の、年間の
		Part 7では、once a year (年に一度) や every year (毎年) との言い換えに注意。

7	**apologize**	動 お詫びする
		😊 TOEIC の世界には、カタチだけのお詫びをする腹黒い人は存在しない。名 apology (お詫び)

8	**appliance**	名 電化製品
		appliance store (家電量販店) は、Part 3の会話の場所や、Part 4のアナウンスの場所としても出る重要語。

9	**apply**	動 応募する、申請する、適用する、塗る
		「応募する、申請する」の意味では自動詞で、apply for X の形になることに注意。例 apply for a job (仕事に応募する) 名 application (応募、申請、アプリ)

10	**appointment**	名 指名、任命、アポ、約束
		make an appointment (アポを取る) といった形の「アポ」の意味以外に、the appointment of a new president (新社長の指名) のように「指名、任命」の意味でも出るのに注意。

11		動 承認する
	approve	approve a plan (計画を承認する) や approve a proposal (提案を承認する) といった形で頻出。 名 approval (承認)

12		副 約
	approximately	品詞問題でも狙われる重要語。主に数詞の前に置かれる。 例 approximately two hours (約2時間)

13		名 著者
	author	😊 TOEICの世界には、執筆だけで生活できず、アルバイトで生計を立てたり、著書の売り上げ不振に苦悩する著者は存在しない。

14		形 入手・利用・購入可能な、都合が付く
	available	「手に入れようと思えば手に入る、買おうと思えば買える、都合を付けようと思えば付けられる」といったイメージのTOEIC超頻出語。

15		名 賞　動 授与する
	award	receive an award (受賞する) や present an award (賞を授与する) は重要表現。😊 TOEICの世界では、award(s) ceremony (授賞式) もよく開催される。

16		名 福利厚生、恩恵　動 恩恵を受ける
	benefit	「福利厚生 (給与以外に会社からもらえる手当や保険、有休等のこと)」の意味で主に出る。😊 TOEICの世界の会社は福利厚生が充実したホワイト企業ばかりなのでこの単語は重要。

17		名 取締役会、掲示板、板　動 乗り込む
	board	「取締役会」の意味が最頻出。例 board of directors (取締役会) bulletin board (掲示板) も重要語。

18		名 支店、枝
	branch	主に「支店」の意味で出る。例 branch office (支店)、branch manager (支店長)

19		名 パンフレット
	brochure	「会社案内」「製品紹介」といった宣伝のための冊子のこと。類義語のpamphletは、折り畳み式の小冊子を指す。TOEICでは、brochureの方が頻出。

20		名 候補者
	candidate	job candidate (仕事の候補者) や qualified candidate (適任の候補者)、successful candidate (合格するような候補者) といった形で頻出。

| 21 | **cause** | 名 原因　動 引き起こす |
| | | 名詞・動詞の両方で出る。例 cause of the problem（問題の原因）、cause a problem（問題を引き起こす） |

| 22 | **colleague** | 名 同僚 |
| | | TOEICの世界には、やさしい同僚しか存在しない。同義語のcoworkerと合わせて覚えよう。 |

| 23 | **comfortable** | 形 快適な、楽な、自信がある |
| | | 「楽な」「自信がある」の意味でも出る。例 comfortable clothing（楽な服装）、I feel comfortable speaking Chinese.（私は中国語を話すのに自信があります） |

| 24 | **committee** | 名 委員会 |
| | | TOEICの世界では、ささいな事でもすぐに委員会が結成される。 |

| 25 | **competition** | 名 競技会、競争、競争相手 |
| | | TOEICでは、「競技会、コンテスト」の意味が最頻出。形 competitive（他に負けない）動 compete（競う）名 competitor（競争相手、競合他社） |

| 26 | **complex** | 名 複合施設、複合ビル　形 複雑な |
| | | 「建物の集まり」を表す名詞で頻出。例 apartment complex（マンション）、housing complex（集合住宅）、office complex（オフィスビル） |

| 27 | **complimentary** | 形 無料の |
| | | Part 7では、freeとcomplimentaryの言い換えが定番。この単語を知らないと正解できない問題も出るので、しっかり頭に入れよう。 |

| 28 | **concerned** | 形 心配して |
| | | What is the man concerned about?（男性は何を心配していますか）といった形で、Lの設問文でも頻出。 |

| 29 | **conduct** | 動 行う |
| | | conduct research（調査を行う）、conduct an interview（面接を行う）、conduct a survey（アンケート調査を行う）といった形で頻出。 |

| 30 | **conference** | 名 （大規模な）会議 |
| | | conference center（会議場）やconference room（会議室）といった形で頻出。press conference（記者会見）も重要表現。類 convention（会議） |

31	confirm	動 確認する
		confirm an appointment (アポを確認する) や confirm a reservation (予約を確認する) といった形で頻出。名 confirmation (確認)

32	contact	動 連絡する　名 連絡 (先)
		他動詞で直接目的語をとる語法も重要。例 contact a coworker (同僚に連絡する)、We'll contact you later. (後日ご連絡します)

33	contract	名 契約 (書)　動 契約を結ぶ
		sign a contract (契約書にサインする) や renew a contract (契約を更新する) といった形で頻出。

34	council	名 議会
		city council (市議会) や town council (町議会) の形で頻出。 TOEIC の世界は平和なので、議員に対する辞職勧告や、市長や町長のリコール活動は行われない。

35	currently	副 現在
		Our office is currently closed. (当社は現在閉業中です) は留守電の決まり文句。形 current (現在の)

36	deadline	名 締め切り
		囚人がそこを超えると射殺される境界線が語源。meet a deadline (締め切りを守る) と miss a deadline (締め切りを逃す) は重要表現。

37	decade	名 10年
		Part 7では、本文中の ten years が、選択肢で decade に言い換えられる。頭に入れておこう。

38	degree	名 学位、程度、度
		「学位」の意味が最頻出。例 a university degree in journalism (ジャーナリズムの大学の学位)

39	department	名 部、部署、売り場
		sales department (営業部) のような 「部、部署」 以外に、shoe department (靴売り場) や department store (デパート) といった形でも出る。

40	deposit	名 頭金、敷金、保証金　動 預け入れる
		家を借りる際の敷金や、何かをレンタルする際の保証金、分割払いの頭金・手付金のこと。

41	**determine**	動 判断する、決定する、究明する
		「term（枠）を決める」イメージの重要語。determine the budget（予算を決める）や determine if / whether SV（S が V するかどうかを判断する）といった形で出る。

42	**direction**	名 道順、指示、方向
		「道順」の意味が最頻出。動 driving directions（車の道順、車での行き方）、give directions to a building（建物までの道案内をする）

43	**distribute**	動 配布する、流通させる
		「分け与える」が基本イメージで、文脈によって「配布する」「流通させる」といった意味になる。名 distribution（配布、流通）名 distributor（流通業者）

44	**donation**	名 寄付
		😊 TOEIC の世界では、寄付活動が盛んなので、この単語も頻出。動 donate（寄付する）名 donor（寄付者）名 contribution（寄付、貢献）

45	**downtown**	形 中心街の 副 中心街で 名 中心街
		ビジネスや商業の中心地を指す重要語。downtown Seattle（シアトルの中心地）のように都市名の前に置かれる形でも頻出。

46	**editor**	名 編集者
		😊 TOEIC の世界では、編集者は人気の職種の一つ。ただし、「インド人を右に（ハンドルを右に、の伝説的な誤植）」レベルのミスが普通に起こる。

47	**effective**	形 効果的な
		品詞問題でも出る重要語。名 effect（効果）副 effectively（効果的に）

48	**efficient**	形 効率的な
		energy-efficient（省エネの）や fuel-efficient（燃費効率が良い）も重要表現。名 efficiency（効率）副 efficiently（効率的に）

49	**eligible**	形 資格がある
		be eligible to do（〜する資格がある）と be eligible for X（X の資格がある）は重要表現。

50	**enclose**	動 同封する
		動詞問題でも狙われるので、the enclosed form（同封された用紙）のように、名詞を修飾する際は過去分詞が用いられることも押さえよう。

51		動 奨励する、促す
	encourage	他動詞で、encourage X to do (Xに〜するよう促す) や、be encouraged to do (〜することを奨励される) といった形で用いられる語法にも注意。
52		動 保証する、確かめる
	ensure	ensure that SV (SがVすることを保証する) とthat節をとる語法がPart 5で狙われる。that以下のことがsure (確実) だと保証する、という意味。
53		動 設立する、創立する
	establish	「しっかり立たせる」イメージの重要語。名 establishment (設立、施設)
54		名 見積もり 動 見積もる
	estimate	名詞・動詞の両方で出る。例 price estimate (価格見積もり)、estimate the cost (コストを見積もる)
55		動 評価する
	evaluate	どの程度のvalue (価値) があるかを評価すること。名 evaluation (評価)
56		名 展示 (会)、展示 (物) 動 展示する
	exhibit	主に名詞で出るが、動詞でも出る。例 What is being exhibited at the museum? (ミュージアムで何が展示されていますか) 名 exhibition
57		動 拡大する、進出する
	expand	自動詞・他動詞の両方で出る。例 expand into a new market (新市場に進出する)、expand a business (事業を拡大する) 名 expansion (拡大、進出)
58		動 予期する、予定する
	expect	be expected to do (〜すると予想される) の形が特に重要。例 The product is expected to sell well. (その製品はよく売れると予想されている)
59		名 費用、経費
	expense	living expenses (生活費) やtravel expenses (旅費、出張費) といった形で頻出。
60		形 経験豊富な
	experienced	動詞experience (経験する) の過去形・過去分詞としても出るが、この形容詞の用法も重要。例 Mr. Santos is an experienced teacher. (サントスさんは経験豊富な教師だ)

| 61 | **extension** | 名 内線 (電話)、延長 |
| | | 「内線 (電話)」の意味が最頻出。「延長」の意味でも出る。動 extend (延長する) 形 extensive (広範囲の) 副 extensively (広範囲に、詳しく) |

| 62 | **facility** | 名 施設 |
| | | manufacturing facility (製造施設)、production facility (生産施設)、storage facility (貯蔵施設) といった形で頻出。 |

| 63 | **familiar** | 形 よく知っている、おなじみの |
| | | be familiar with X (Xについてよく知っている) は重要表現。family (家族) のようによく知っているイメージで覚えよう。名 familiarity (よく知っていること、精通) |

| 64 | **feature** | 動 目玉にする 名 目玉、特集、特徴 |
| | | 「目玉にする」「目玉」が基本イメージの頻出語。文脈によって、「目玉 (にする)」「特集 (する)」「特徴 (とする)」といった意味になる。 |

| 65 | **fee** | 名 料金 |
| | | admission fee (入場料)、entry fee (エントリー料)、registration fee (登録料) といった形で出る。 |

| 66 | **feedback** | 名 感想、意見、フィードバック |
| | | 役立つ意見や感想、助言のこと。provide feedback (意見を出す)、receive feedback (意見を受ける) といった形で出る。customer feedback (お客様の意見) も重要表現。 |

| 67 | **figure** | 名 数字、数値、人物 |
| | | 主に「数字、数値」の意味で出る。例 sales figures (販売数値、売上高) 「人物」の意味も押さえよう。例 historical figures (歴史上の人物) |

| 68 | **financial** | 形 お金の、財務の、金融の |
| | | 「お金の」が基本イメージ。financial institution (金融機関) や financial report (財務報告書)、financial support (財政支援) といった形で出る。 |

| 69 | **firm** | 名 会社、事務所 |
| | | 法律や会計など、専門的な仕事をする会社のこと。accounting firm (会計事務所)、architecture firm (建築事務所)、law firm (法律事務所) といった形で頻出。 |

| 70 | **focus** | 動 集中する、重点を置く 名 焦点 |
| | | focus on X (Xに集中する、Xに重点を置く) は、カメラの focus (焦点) を何かの上 (on) にピタッと合わせるイメージの重要表現。 |

71	**following**	形 次の、以下の　前 〜に続いて
		「次の、以下の」の意味の形容詞に加えて、afterの意味の前置詞の用法も重要。例 Following the meeting, we had lunch. (会議の後で我々は昼食をとった)
72	**former**	形 かつての
		formal (フォーマルな、正式な) との混同に注意。副 formerly (かつて、以前)
73	**frequent**	形 ひんぱんな
		frequent customer (ひんぱんに買い物をする客、常連客) は重要表現。副 frequently (ひんぱんに)
74	**grocery**	形 食料雑貨の　名 食料雑貨
		grocery store (食料雑貨店) の形で、L/Rを問わず頻出。
75	**headquarters**	名 本社
		常にsが付く (単複同形で、述語動詞は通常どちらに合わせてもよい)。main officeや head officeともいう。
76	**hire**	動 雇う　名 採用者
		hire additional staff (追加のスタッフを雇う) のように主に動詞で出るが、名詞でも出る。例 He's a new hire. (彼は新入社員です)
77	**host**	動 主催する、司会をする　名 主催者、司会者
		host a party (パーティを主催する) といった動詞で主に出るが、radio host (ラジオ番組の司会者) といった名詞も重要。😄 TOEICの世界には、「ホストクラブ」は存在しない。
78	**immediately**	副 すぐに、即座に
		immediately after X(Xのすぐ後に)も重要表現。例 immediately after the lunch break (昼食休憩のすぐ後に)　形 immediate (すぐの)
79	**impress**	動 感心させる、好印象を与える
		「心の in (中) に press (刻印する)」ような強い印象を与えること。be impressed by/with X (Xに感心する) は重要表現。形 impressive (印象的な) 名 impression (印象)
80	**improve**	動 改善する、改良する
		自動詞・他動詞の両方で出る。例 Our sales have improved. (当社の売り上げは改善した)、improve a customer service (顧客サービスを改善する) 名 improvement (改善、改良)

81		
	include	動 含む
		派生語の前置詞 including (〜を含む) も重要。例 teachers, including Tex and Masaya (テックスとマサヤを含む講師)

82		
	increase	動 増やす、増える　名 増加
		動詞と名詞の両方で頻出。例 The prices have increased. (物価が上がった)、increase an order (注文を増やす)、an increase in sales (売上増)

83		
	indicate	動 示す、示唆する
		Part 7の設問で、What is indicated about X?とあれば、答えにつながる情報が本文中に明示されている場合と、本文上の情報から推測が必要な場合とがある。頭に入れておこう。

84		
	industry	名 業界、産業
		construction industry (建設業界) や tourism industry (観光業界)、industry professionals (業界の専門家) といった形で頻出。

85		
	inform	動 (人に) 知らせる
		inform 〈人〉 about/of X (人にXについて知らせる) や inform 〈人〉 that SV (人にSがVすることを知らせる) のように「人」を目的語にとる語法も重要。

86		
	ingredient	名 食材
		😊 TOEICの世界では、locally grown ingredients (地元産の食材) を使うレストランが人気。

87		
	innovative	形 斬新な、革新的な
		innovative design (斬新なデザイン) や innovative product (革新的な製品) といった形で出る。名 innovation (技術革新)

88		
	inquire	動 尋ねる、問い合わせる
		通常自動詞で、inquire about X (Xについて尋ねる) と前置詞が必要な語法に注意。例 inquire about an order (注文について問い合わせる) 名 inquiry (問い合わせ)

89		
	inspection	名 検査、点検
		conduct/perform an inspection (検査を行う) といった形で出る。動 inspect (検査する、点検する)

90		
	install	動 設置する、インストールする
		「(ソフトを) インストールする」の意味もあるが、「設置する」の意味で主に出る。例 install new equipment (新たな機器を設置する) 名 installation (設置)

91	instruction	名 指示（書）
		Part 7の文書タイプがinstructionsなら、何かの指示書や取扱説明書のこと。instruction manual（取扱説明書）の形でも出る。

92	insurance	名 保険
		☺ TOEICの世界には、保険金詐欺は存在しない。

93	intended	形 意図された、向けられた
		For whom is the notice intended? (この通知は誰向けですか) といった形で設問文で主に出る。動 intend（意図する）

94	introduce	動 紹介する、導入する
		人なら「紹介する」、モノやサービス等なら「導入する」の意味で出る。☺ TOEICの世界では、自己紹介で一発芸を披露する新入社員は存在しない。

95	inventory	名 在庫（表）
		「在庫」の意味で主に出るが、take inventory（棚卸をする、在庫表を作る）も重要表現。

96	investment	名 投資
		☺ TOEICの世界には、怪しい儲け話を持ち掛ける投資会社や投資家は存在しない。動 invest（投資する） 名 investor（投資家）

97	invite	動 招待する、求める
		Part 3/4/7の設問文では、be invited to do（〜することを求められる）の形で出るのに注意。例 What are the listeners invited to do? (聞き手は何をするよう求められていますか)

98	invoice	名 請求書
		会社から会社に送られる請求書のこと。個人宛の請求書はbillで、どちらも重要語。

99	issue	名 課題、（雑誌の）号　動 出す、発行する
		「中から出す」が基本イメージ。名詞と動詞の両方で出る。例 the next magazine issue（雑誌の次号）、environmental issues（環境問題）、issue a refund（返金をする）

100	itinerary	名 旅程表
		出張や旅行の詳細が記された予定表のこと。☺ TOEICの世界では、旅程表のミスが多発する。

101	**laboratory**	名 研究所、実験室
		Lでは通常labと略される。例 computer lab (コンピュータ室)、lab coat (白衣)、lab report (研究報告書)

102	**landscaping**	名 造園
		😊 TOEICの世界では、住民の庭はたいてい広いので、landscaping company (造園会社) が大活躍する。

103	**latest**	形 最新の
		😊 TOEICの世界では、the latest album (最新アルバム) や the latest book (最新刊) の宣伝のため、アーティストや著者が出演するラジオ番組が人気。

104	**launch**	動 発売する、開始する　名 発売、開始
		新しいことをロケットの打ち上げように「ドーンと始める」イメージ。動詞と名詞の両方で出る。例 launch a new product (新製品を発売する)、a product launch (製品の発売)

105	**leading**	形 トップの、一流の
		「他をリードする」イメージの重要語。例 leading companies (一流企業)、leading researcher (主任研究員)

106	**limited**	形 限られた、限定の
		😊 TOEICの世界でも、限定商品は人気だが、購入して転売する「転売ヤー」は存在しない。

107	**local**	形 地元の、地域の　名 地元の人
		「田舎の」の意味ではないことに注意。😊 TOEICの世界には、地元愛が強い住民しか存在しないので、この単語も頻出。

108	**located**	形 ～の場所にある、位置している
		conveniently located (便利な場所にある) は重要フレーズ。例 We are conveniently located in downtown Kyoto. (当社は京都の中心街の便利な場所にあります)

109	**maintenance**	名 保守点検、維持管理
		😊 TOEICの世界では、会社の設備がすぐに故障するので、maintenance department (保守部) や maintenance worker (保守作業員) が大活躍する。

110	**management**	名 管理、経営 (陣)
		management company (管理会社) や project management (プロジェクト管理)、management team (経営陣) といった形で出る。

111		名 製造業者、メーカー
	manufacturer	automobile manufacturer (自動車メーカー) や furniture manufacturer (家具メーカー) といった形で出る。動 manufacture (製造する) 名 manufacturing (製造)

112		名 市長、町長
	mayor	😊 TOEIC の世界には、政党が存在しないので、市長や町長は常に無所属である。

113		名 食事
	meal	Part 7では、本文中の breakfast や lunch、dinner が、選択肢で meal に言い換えられることがある。頭に入れておこう。

114		名 商品
	merchandise	Part 1でも出るので、頭に入れておこう。例 Some merchandise is on display. (いくつか商品が展示されている)

115		名 合併
	merger	動詞の merge (合併する) と関連語の acquisition (買収) も重要。

116		形 複数の
	multiple	「2以上」を表す。Part 7で、「2か国で営業している」と本文中にあれば、「multiple countriesで営業している」という選択肢は正解になる。頭に入れておこう。

117		動 気づく 名 通知
	notice	動詞の場合、notice that SV (SがVすることに気づく) と、that節をとる語法が Part 5で狙われる。頭に入れておこう。

118		動 得る
	obtain	obtain X from Y (YからXを得る) の形で頻出。

119		名 機会、チャンス
	opportunity	😊 TOEIC の世界には、昇進の機会が豊富なホワイト企業しか存在しない。

120		名 組織、団体
	organization	😊 TOEIC の世界には、風通しの良い組織しか存在しない。動 organize (とりまとめる、組織化する)

121	**paperwork**	名 書類（作業）
		fill out paperwork（書類に記入する）や process paperwork（書類を処理する）は重要表現。

122	**participate**	動 参加する
		自動詞で、participate in X（Xに参加する）と前置詞inを伴う語法に注意。名 participation（参加）名 participant（参加者）

123	**performance**	名 成績、公演、性能
		多義語。例 musical performance（音楽の公演）、performance review（成績評価）、performance of a product（製品の性能）

124	**personnel**	名 従業員、職員、人事
		主に「従業員」「職員」の意味で出るが、「人事」の意味も重要。例 personnel department（人事部）、personnel office（人事課）

125	**plant**	名 工場、植物 動 植える
		「植物」「工場」の両方の意味で出る。Part 1では動詞で出るが、誤答の選択肢に入っていることが多い。例 They're planting trees.（彼らは木を植えている）

126	**pleased**	形 喜んで、満足して
		be pleased to do（～できてうれしい）と be pleased with X（Xに満足している）は重要表現。品詞問題でも狙われるので、-ed形であることも押さえよう。

127	**policy**	名 規定、方針、政策
		TOEICでは、「規定」の意味が最頻出。例 return policy（返品規定）、security policy（安全規定）、travel policy（出張規定）

128	**postpone**	動 延期する
		「ポーンと延期する」とダジャレで覚えよう。

129	**potential**	形 潜在的な 名 可能性
		potential customers（潜在顧客、見込み客）は、客になるpotential（可能性）がある人のこと。

130	**power**	名 電力、権力、力
		TOEICでは、「電力」の意味が最頻出。例 power failure／outage（停電）、power outlet（電源コンセント）、power plant（発電所）

| 131 | **prepare** | 動 準備する、用意する、支度する |
| | | 自動詞・他動詞の両方で出る。例 prepare a presentation (プレゼンの準備をする)、prepare for a meeting (会議に備える) 名 preparation (準備、用意) |

| 132 | **previous** | 形 以前の、前の |
| | | previous customer (以前の顧客) や、previous job (前職)、previous order (以前の注文) といった形で頻出。副 previously (以前) |

| 133 | **procedure** | 名 手順、手続き、流れ |
| | | 物事が前に proceed (進む) ための「手順、手続き、流れ」を示す重要語。 |

| 134 | **process** | 名 プロセス、工程、過程　動 処理する |
| | | 主に名詞で出るが、動詞も重要。例 process an order (注文を処理する)、process paperwork (書類を処理する) |

| 135 | **production** | 名 生産、(映画や劇の) 製作、作品 |
| | | 「生産」の意味で主に出るが、「製作、作品」の意味も重要。例 film production (映画製作)、musical production (ミュージカル作品) |

| 136 | **profit** | 名 利益 |
| | | 😊 TOEIC の世界には、利益だけを追い求め、法律に違反する企業は存在しない。 |

| 137 | **promote** | 動 販売促進する、昇進させる、推進する |
| | | pro (前) に move (動かす) が語源。商品なら「販売促進する」、人なら「昇進させる」、活動なら「推進する」といった意味になる。名 promotion (販売促進、昇進、推進) |

| 138 | **property** | 名 不動産、物件、資産 |
| | | 😊 TOEIC の世界では、不動産業は人気の職種だが、不動産投資で失敗して破産する会社や個人は存在しない。 |

| 139 | **proposal** | 名 提案 (書) |
| | | submit a proposal (提案書を提出する) や approve a proposal (提案を承認する) といった形で出る。動 propose (提案する) |

| 140 | **provide** | 動 提供する |
| | | TOEIC 超頻出の動詞。「X に Y を提供する」は、provide X with Y か provide Y for/to X で、いずれも重要表現。 |

141		動 出版する、掲載する、公表する
	publish	「the public (一般の人)」の手に入るようにすること。本なら「出版する」、記事なら「掲載する」といった意味になる。名 publication (出版、出版物)、publisher (出版社)

142		動 購入する　名 購入 (品)
	purchase	動詞・名詞の両方で頻出。例 purchase tickets (チケットを購入する)、make a purchase (購入する)

143		名 目的
	purpose	Part 3/4/7の設問文で頻出。例 What is the purpose of the e-mail? (メールの目的は何ですか)

144		名 四半期
	quarter	会社では通常、1年を四分割して3か月ごとに事業管理する。その3か月のことを quarter (四半期) といい、期初から順にそれぞれ the first/second/third/fourth quarterと呼ばれる。

145		名 料金、割合　動 評価する
	rate	discounted rate (割引料金) や group rate (団体料金) といった形で出る。動詞も重要。例 rate a product (製品を評価する)

146		副 最近、少し前に
	recently	動詞の時制問題で、過去形や現在完了形を正解として選ぶキーワードになる重要語。形 recent (最近の)

147		名 パーティ、受付、受信状況、受け入れ
	reception	「(フォーマルな) パーティ」の意味が最頻出。例 attend a reception (パーティに出席する)「受付」の意味も重要。例 reception area/desk (受付)

148		名 受付係
	receptionist	Part 3/4では、医者の receptionist (受付係) からのアポの変更・確認の電話が定番。

149		動 参照する、言及する、差し向ける
	refer	refer to X (Xに言及する) の形で設問文に入っている他、「参照する」の意味でも頻出。例 refer to a map (地図を参照する)

150		名 照会先、照会、照会状、参照
	reference	Part 7の求人広告では、「照会先 (応募者の人物像や仕事ぶりに関する問い合わせ先)」や「照会状 (応募者に関する詳細を記した文書)」が、よく応募条件になる。頭に入れておこう。

| 151 | **refund** | 名 返金　動 返金する |
| | | 😊 TOEICの世界では、クレーム対応で返金が乱発されるので、この単語は頻出。 |

| 152 | **regarding** | 前 〜に関する |
| | | 同義語のconcerningと合わせて、Part 5でも狙われる。 |

| 153 | **region** | 名 地域 |
| | | 形容詞のregional (地域の) も重要。例 regional office (地域のオフィス) |

| 154 | **register** | 動 登録する　名 レジ |
| | | 「〜に登録する」の意味では自動詞で、register for a class (クラスに登録する) のように前置詞forが必要。cash register (レジ) の形の名詞でも出る。名 registration (登録) |

| 155 | **release** | 動 発売する、公開する、公表する　名 発売、公開、公表 |
| | | 何かをavailable (手に入る) 状態にすること。アルバムなら「発売 (する)」、映画なら「公開 (する)」、情報なら「公表 (する)」の意味になる。 |

| 156 | **relocate** | 動 移転させる、移転する |
| | | 😊 TOEICの世界では、オフィスの移転がひんぱんに行われるので、この単語は頻出。名 relocation (移転) |

| 157 | **remind** | 動 再確認する、念押しする |
| | | 再度 (re)、人の心 (mind) に思い出させること。remind〈人〉about/ of X (人にXについて念押しする) のように「人」を目的語にとる語法も重要。 |

| 158 | **renew** | 動 更新する |
| | | renew a contract (契約を更新する) やrenew a subscription (長期契約を更新する) といった形で頻出。 |

| 159 | **renovation** | 名 改装 |
| | | 😊 TOEICの世界では、建物がやたらと改装されるので、この単語も頻出。動 renovate (改装する) |

| 160 | **renowned** | 形 名高い、著名な |
| | | 「有名な」の意味を表す類義語として、famous、well-known、celebratedも覚えよう。 |

161		
	rent	動 賃貸借する 名 賃貸借、家賃
		rent an apartment（アパートを借りる）や、apartment for rent（賃貸用アパート）、monthly rent（月の家賃）といった形で出る。

162		
	replacement	名 交換（品）、後任
		代わりに入るモノや人のこと。品詞問題でも狙われるので、replacement part（交換部品）のような「名詞＋名詞」の形にも注意。動 replace（交換する、後任となる）

163		
	representative	名 担当者、代表者 形 代表的な
		customer service representative（カスタマーサービス担当者）やsales representative（営業担当者）のような「担当者」の意味の名詞で主に出る。

164		
	reschedule	動 予定を変更する
		😊 TOEICの世界では、予定の変更が当たり前なので、この単語も頻出。例 reschedule an appointment（アポの予定を変更する）、reschedule a meeting（会議の予定を変更する）

165		
	research	名 調査、研究 動 調査する、研究する
		名詞・動詞の両方で出る。例 a research project（研究プロジェクト）、research market trends（市場のトレンドを調査する）類 study（研究、調査）

166		
	reservation	名 予約、懸念
		change a reservation（予約を変更する）、confirm a reservation（予約を確認する）、make a reservation（予約を取る）といった形で頻出。動 reserve（予約する、確保する）

167		
	resident	名 住民
		形 residential（居住用の、住民の） 名 residence（住居）

168		
	resource	名 資源
		「人」という会社にとって最も大切な資源を扱う部署がhuman resources（人事）。

169		
	responsible	形 担当している、責任がある
		be responsible for (doing) X（Xの責任がある）は重要表現。例 Who's responsible for ordering office supplies?（事務用品の注文担当は誰ですか） 名 responsibility（責任、職務）

170		
	résumé	名 履歴書
		😊 TOEICの世界には、履歴書の経歴を詐称したり、情報を盛ったりする応募者は存在しない。

171	**retail**	名 小売り
		retail price (小売価格) や retail store (小売店) といった形で頻出。 関 retailer (小売業者)
172	**retirement**	名 退職
		😊 TOEIC の世界では、retirement celebration / party (退職パーティ) がひんぱんに開催される。動 retire (退職する)
173	**review**	名 再検討、レビュー　動 再検討する、レビューする
		「re (再び) view (眺める)」が語源で、「しっかり見直す」イメージ。名詞と動詞の両方で頻出。商品やサービスの「レビュー」の意味でも出る。
174	**revise**	動 修正する、見直す
		Part 5 でも出るので、a revised schedule (修正版のスケジュール) のように、過去分詞が名詞を修飾する形も頭に入れよう。名 revision (修正、見直し)
175	**satisfied**	形 満足した
		be satisfied with X (X に満足して) は重要表現。名 satisfaction (満足) 動 satisfy (満足させる、満たす)
176	**seek**	動 探し求める
		S is currently seeking X. (S では現在 X を募集しています) といった形で求人広告でも頻出。seek to do (～しようとする) と不定詞を伴う語法も重要。
177	**ship**	動 出荷する　名 船
		TOEIC では主に「出荷する」の意味の動詞で出る。名 shipment (出荷、積み荷) 😊 TOEIC の世界では、shipping company (運送会社) は大活躍するが、ミスも多い。
178	**shortly**	副 じきに、まもなく
		soon 同様、単独では未来を表す時制で用いられる。例 Mr. Chang will be back shortly. (チャンさんはまもなく戻ります)
179	**significant**	形 かなりの、大幅な、重要な
		significant amount of money (かなりの金額) や significant increase (大幅増)、significant growth (大幅成長) といった形で出る。
180	**strategy**	名 戦略
		advertising strategy (宣伝戦略) や marketing strategy (マーケティング戦略) といった形で頻出。形 strategic (戦略的な) 副 strategically (戦略的に)

181	**subject**	名 件名、主題、科目　形 ～の対象となる
		主にメールのヘッダーで「件名」の意味で出る。be subject to X (X の対象となる、Xの可能性がある) は重要表現。例 Prices are subject to change. (値段は変更の可能性があります)

182	**submit**	動 提出する、(正式に) 出す
		submit a form (用紙を提出する)、submit a request (依頼を出す)、submit a payment (支払う) といった形で頻出。名 submission (提出、提出物)

183	**subscription**	名 長期契約、購読
		お金を払って一定期間サービスを受けること。動 subscribe (長期契約する、購読する) 名 subscriber (長期契約者、購読者)

184	**successful**	形 成功した、うまくいく
		求人広告で頻出するsuccessful applicantやsuccessful candidate は、「うまく採用される人」「合格者」という意味。

185	**suggest**	動 提案する、示唆する
		Part 7の設問文で、What is suggested about X? (Xについて何が示唆されていますか) とあれば、本文中の情報から推測して答えを考える必要がある。名 suggestion (提案、示唆)

186	**supervisor**	名 監督者、上司、管理者
		「super (上) からvise (見る)」人のこと。文脈によって、「監督者」「上司」「管理者」といった意味になる。動 supervise (監督する) ☺ TOEICの世界には、嫌な上司は存在しない。

187	**supply**	名 必需品、用品　動 供給する
		主に、office supplies (事務用品) やcleaning supplies (清掃用品) といった形の名詞で出る。名 supplier (供給業者)

188	**survey**	名 (アンケート) 調査　動 (アンケート) 調査を行う
		conduct a survey (調査を行う) やcomplete / fill out a survey (アンケートに記入する) は重要表現。

189	**temporary**	形 臨時の、一時的な
		temporary position (臨時職) やtemporary worker (臨時の従業員) といった形で頻出。副 temporarily (一時的に)

190	**tip**	名 アドバイス、コツ
		tips about / for / on X (Xについてのアドバイス、コツ) の形で頻出。

| 191 | tour | 名 見学、ツアー　動 見学する、旅行する |
| | | 「ツアー」の意味に加えて、「見学(する)」の意味でも頻出。例 factory tour (工場見学)、tour a facility (施設を見学する) |

| 192 | trade | 名 業界、交換、貿易　動 交換する、売買する |
| | | TOEICでは、trade show (見本市、展示会) の形が最頻出。自社の新商品や新技術、新サービスを披露する業界関係者向けの展示会のこと。 |

| 193 | transportation | 名 輸送手段、輸送 |
| | | public transportation (公共の交通機関) の形で頻出。Part 7では、電車やバス、地下鉄の言い換えで出るので注意しよう。 |

| 194 | unfortunately | 副 残念ながら、あいにく |
| | | 「本当はそうでないといいのですが」という残念な気持ちを表す単語で、L/Rどちらでも頻出。 |

| 195 | upcoming | 形 今度の |
| | | 「もうすぐcoming up (やって来る)」という意味。Part 4/7では、「何の宣伝ですか?」の設問に対し、(A) An upcoming event (今度のイベント) がしばしば正解になる。 |

| 196 | valid | 形 有効な |
| | | value (価値) があることを示す重要語。例 valid driver's license (有効な運転免許証) |

| 197 | vehicle | 名 乗り物 |
| | | Part 1では、車やトラック、バスが vehicle (乗り物) に言い換えられることがよくある。頭に入れておこう。 |

| 198 | warehouse | 名 倉庫 |
| | | Part 1でも出る。例 Boxes are stacked in a warehouse. (箱が倉庫内に積み重ねられている) |

| 199 | warranty | 名 保証 (書) |
| | | extended warranty (長期保証) や limited warranty (限定保証)、under warranty (保証期間中) は重要表現。 |

| 200 | wildlife | 名 野生動物 |
| | | Part 7では、本文中に登場する具体的な動物が、選択肢でwildlife (野生動物) に言い換えられることがある。頭に入れておこう。 |

実戦模試 問題

リスニング音声

🔊**71** ― 🔊**128**

実戦模試の使い方

1 解答用紙 (P.477) と筆記用具、時計 (タイマー) を用意します。

2 問題用紙 (P.306) を開き、リスニングテストの音声 (🔊71 ～ 🔊128) を
流してリスニングセクションに取り組みます。
※途中で止めたり、聞き直したりしないようにしましょう。

3 リスニングセクション終了後、タイマーで75分測り、リーディ
ングセクションに取り組みます。

4 75分後、解答を終了し、正解一覧 (P.473～474) で答え合わせを
します。

5 リスニングセクション・リーディングセクションそれぞれの正解
数 (100問中) を計算します。

6 スコア換算表 (P.475～476) で予想スコアを出します。

7 解答・解説 (P.352～472) を読み、しっかり復習します。

LISTENING TEST

In the Listening test, you will be asked to demonstrate how well you understand spoken English. The entire Listening test will last approximately 45 minutes. There are four parts, and directions are given for each part. You must mark your answers on the separate answer sheet. Do not write your answers in your test book.

PART 1

Directions: For each question in this part, you will hear four statements about a picture in your test book. When you hear the statements, you must select the one statement that best describes what you see in the picture. Then find the number of the question on your answer sheet and mark your answer. The statements will not be printed in your test book and will be spoken only one time.

Statement (C), "They're sitting at a table," is the best description of the picture, so you should select answer (C) and mark it on your answer sheet.

1.

2.

GO ON TO THE NEXT PAGE ➤

3.

4.

5.

6.

GO ON TO THE NEXT PAGE

PART 2

Directions: You will hear a question or statement and three responses spoken in English. They will not be printed in your test book and will be spoken only one time. Select the best response to the question or statement and mark the letter (A), (B), or (C) on your answer sheet.

7. Mark your answer on your answer sheet.

8. Mark your answer on your answer sheet.

9. Mark your answer on your answer sheet.

10. Mark your answer on your answer sheet.

11. Mark your answer on your answer sheet.

12. Mark your answer on your answer sheet.

13. Mark your answer on your answer sheet.

14. Mark your answer on your answer sheet.

15. Mark your answer on your answer sheet.

16. Mark your answer on your answer sheet.

17. Mark your answer on your answer sheet.

18. Mark your answer on your answer sheet.

19. Mark your answer on your answer sheet.

20. Mark your answer on your answer sheet.

21. Mark your answer on your answer sheet.

22. Mark your answer on your answer sheet.

23. Mark your answer on your answer sheet.

24. Mark your answer on your answer sheet.

25. Mark your answer on your answer sheet.

26. Mark your answer on your answer sheet.

27. Mark your answer on your answer sheet.

28. Mark your answer on your answer sheet.

29. Mark your answer on your answer sheet.

30. Mark your answer on your answer sheet.

31. Mark your answer on your answer sheet.

PART 3

Directions: You will hear some conversations between two or more people. You will be asked to answer three questions about what the speakers say in each conversation. Select the best response to each question and mark the letter (A), (B), (C), or (D) on your answer sheet. The conversations will not be printed in your test book and will be spoken only one time.

32. What is the purpose of the telephone call?
(A) To place an order
(B) To ask about a lost item
(C) To confirm a payment
(D) To report a problem

33. According to the woman, how can a part be removed?
(A) By pressing a button
(B) By rotating a knob
(C) By pulling a handle
(D) By flipping a switch

34. What does the woman say she can do?
(A) Reduce a price
(B) Issue a refund
(C) Schedule a repair
(D) Replace a product

35. What are the speakers mainly discussing?
(A) Plans for a business trip
(B) Possible locations for a show
(C) Ways to increase sales
(D) Places to visit in Las Vegas

36. What does the woman suggest doing?
(A) Lowering merchandise prices
(B) Collaborating with influencers
(C) Meeting with a local supplier
(D) Creating large billboards

37. What does the man ask the woman to do?
(A) Present some marketing ideas
(B) Meet a sales representative
(C) Hire some more employees
(D) Review some sales figures

GO ON TO THE NEXT PAGE

38. What problem does the woman mention?

(A) Some test results are incorrect.
(B) An access card is missing.
(C) Some files have disappeared.
(D) A director is not available.

39. What does the man ask the woman to provide?

(A) An employment contract
(B) A confirmation number
(C) Completed forms
(D) Photo identification

40. What does the woman agree to do?

(A) Keep a spare card
(B) Check a coat pocket
(C) Notify an office sooner
(D) Return in the evening

41. Why is the woman calling?

(A) To purchase supplies
(B) To introduce a service
(C) To apply for a position
(D) To request an estimate

42. What does the woman ask about?

(A) Preparation for a meeting
(B) Business hour changes
(C) Directions to a location
(D) Promotional campaigns

43. What does the man recommend the woman do?

(A) Read some guidelines
(B) Measure some walls
(C) Select a paint color
(D) Browse some designs

44. What does Ms. Taylor say has changed?

(A) The size of her group
(B) The time of her reservation
(C) The options on a menu
(D) The location of an event

45. Why is Ms. Taylor's group unable to wait?

(A) They have to return a rental car.
(B) They will all work a night shift.
(C) They have to go to an airport.
(D) They have tickets for a movie.

46. What does the man suggest doing?

(A) Dining together
(B) Switching tables
(C) Ordering a dessert
(D) Calling a restaurant

47. Where is the conversation taking place?

(A) At a radio station
(B) At a ticket booth
(C) At a travel agency
(D) At a sports stadium

48. What is the woman doing on Monday?

(A) Leaving a city
(B) Visiting a friend
(C) Ordering a book
(D) Watching a film

49. What does the woman mean when she says, "That won't be a problem"?

(A) She wants to pay a lower price for tickets.
(B) She would like to sit closer to a stage.
(C) She is eager to see tonight's performance.
(D) She is willing to take any available seats.

50. What industry do the speakers most likely work in?
(A) Tourism
(B) Fashion
(C) Construction
(D) Health

51. What problem does the man mention?
(A) A delivery will be late.
(B) A schedule is incorrect.
(C) A truck has broken down.
(D) A business is understaffed.

52. What will the woman probably do next?
(A) Fill out some forms
(B) Revise a calculation
(C) Make a phone call
(D) Pick up some items

53. What is the purpose of the conversation?
(A) To prepare for a presentation
(B) To review a property contract
(C) To compare advertisements
(D) To discuss some proposals

54. What does the man like about Mr. Coburn's plan?
(A) The rooftop garden
(B) The large windows
(C) The multipurpose rooms
(D) The sustainable design

55. What will the speakers probably do next?
(A) Modernize an office space
(B) Meet with some colleagues
(C) Print out some materials
(D) Conduct market research

56. What problem does the woman have?
(A) Her workspace is too small.
(B) Her presentation is not ready.
(C) She cannot open a storeroom.
(D) She cannot lift some boxes.

57. What does the man imply when he says, "Mitchell is around now, right"?
(A) A decision must be made soon.
(B) The woman needs more time.
(C) Mitchell can assist the woman.
(D) Mitchell has been late for work.

58. Where will the speakers most likely go next?
(A) To a service counter
(B) To a training session
(C) To a branch office
(D) To a conference room

59. What does the woman say she has done?
(A) Ordered parts
(B) Called maintenance
(C) Fixed a machine
(D) Entered a code

60. What problem does Marcus mention?
(A) A paper feed issue
(B) A software malfunction
(C) A power outage
(D) A faulty ink cartridge

61. What will the woman do next?
(A) Ask a coworker a question
(B) Reschedule a presentation
(C) Go to another department
(D) Call a local hardware store

GO ON TO THE NEXT PAGE

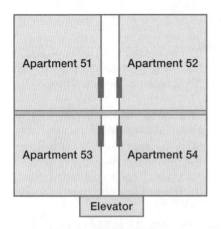

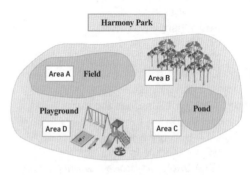

62. What does the man describe?
(A) The size of a keychain
(B) The color of a door
(C) The shape of a key
(D) The length of a hallway

63. Look at the graphic. Where does Ms. Martinez live?
(A) Apartment 51
(B) Apartment 52
(C) Apartment 53
(D) Apartment 54

64. What does the woman say she will do?
(A) Contact a tenant
(B) Replace a lock
(C) Confirm an address
(D) Locate a document

65. Where do the speakers most likely work?
(A) At a public park
(B) At a landscaping firm
(C) At a travel agency
(D) At a community center

66. Look at the graphic. Where will the event be held?
(A) Area A
(B) Area B
(C) Area C
(D) Area D

67. What does the woman plan to send the man?
(A) An invitation
(B) An address
(C) Some coolers
(D) Some blankets

Music Festival in Bellwood Park	
Band	Time
Pop Outback	1:00 P.M.
Sonic Clouds	2:30 P.M.
Harmony Candy	4:00 P.M.
Cosmic Grooves	5:30 P.M.

68. Who most likely is the man?
- (A) A professional musician
- (B) A radio show host
- (C) An event planner
- (D) A costume designer

69. What did Ms. Sterling do in March?
- (A) Formed a band
- (B) Completed a tour
- (C) Released an album
- (D) Attended a concert

70. Look at the graphic. What is the name of Ms. Sterling's band?
- (A) Pop Outback
- (B) Sonic Clouds
- (C) Harmony Candy
- (D) Cosmic Grooves

GO ON TO THE NEXT PAGE

PART 4

Directions: You will hear some talks given by a single speaker. You will be asked to answer three questions about what the speaker says in each talk. Select the best response to each question and mark the letter (A), (B), (C), or (D) on your answer sheet. The talks will not be printed in your test book and will be spoken only one time.

71. What is the reason for the delay?
- (A) Lost paperwork
- (B) A staff shortage
- (C) Poor weather conditions
- (D) Technical difficulties

72. What does the speaker advise the listeners to do?
- (A) Check their seat assignment
- (B) Print out a boarding pass
- (C) Remain in an area
- (D) Consult with a travel agent

73. According to the speaker, who should go to a service desk?
- (A) Passengers requiring hotel bookings
- (B) Passengers with a connecting flight
- (C) Passengers with check-in luggage
- (D) Passengers needing ground transportation

74. What is the purpose of the call?
- (A) To explain some new procedures
- (B) To confirm an order for equipment
- (C) To request approval for a purchase
- (D) To inquire about some products

75. What problem does the woman mention?
- (A) A machine is not functioning properly.
- (B) A list of merchandise is outdated.
- (C) Some materials are not available.
- (D) Some repairs are too expensive.

76. What does the speaker tell the listener?
- (A) She watched a demonstration.
- (B) She would like some opinions.
- (C) She consulted with an expert.
- (D) She upgraded some software.

77. What is being advertised?
(A) A moving company
(B) A ride-sharing service
(C) A shipping service
(D) A car rental agency

78. How is the business celebrating its anniversary?
(A) By giving personalized gifts
(B) By holding an event
(C) By modifying its logo
(D) By offering a discount

79. What does the speaker mean when he says, "We've got you covered there too"?
(A) Additional insurance is provided.
(B) Staff will provide extra assistance.
(C) The business offers another option.
(D) The business has another location.

---

80. Who most likely are the listeners?
(A) Software developers
(B) Automobile mechanics
(C) Small-business owners
(D) Safety inspectors

81. What problem does the speaker mention?
(A) An order was not filled correctly.
(B) A product is not working properly.
(C) A report contains several mistakes.
(D) An inspection has to be postponed.

82. What will the listeners do next?
(A) Watch a slide show
(B) Discuss some ideas
(C) Contact some clients
(D) Update their computers

83. Where is the announcement being made?
(A) At a department store
(B) At a warehouse
(C) At a bus station
(D) At a parking garage

84. According to the speaker, what is being provided?
(A) New equipment for cargo loading
(B) A recreational area for staff
(C) Racks for bicycling parking
(D) Spaces for large vehicles

85. What does the speaker imply when she says, "I realize this is news to all of you"?
(A) A task cannot be completed.
(B) A policy was unexpected.
(C) A permit was denied suddenly.
(D) A memo has been circulated.

---

86. Who most likely are the listeners?
(A) Sales representatives
(B) Product designers
(C) Company shareholders
(D) Project managers

87. What is being offered for free this month?
(A) A product trial
(B) An initial consultation
(C) An online course
(D) Promotional merchandise

88. What does the speaker ask the listeners to do?
(A) Prepare an estimate
(B) Attend a workshop
(C) Provide some feedback
(D) Sign some paperwork

GO ON TO THE NEXT PAGE

89. What requirement does the speaker mention?

(A) Memorizing a list of rules
(B) Submitting a registration form
(C) Giving a presentation
(D) Wearing protective eyewear

90. What does the speaker imply when he says, "I can see you won't all need them"?

(A) A carving can be done at a later time.
(B) He does not need to offer assistance.
(C) Some instructions are not necessary.
(D) Some listeners have their own tools.

91. What does the speaker plan to do?

(A) Assemble some equipment
(B) Introduce some techniques
(C) Compare some examples
(D) Clear off some tables

---

92. What is the speaker calling about?

(A) A system password
(B) A food order
(C) A lunch reservation
(D) A job application

93. What problem does the speaker mention?

(A) Some food has spoiled.
(B) Some information is missing.
(C) A shipment was damaged.
(D) An invoice is incorrect.

94. What does the speaker ask Mr. Johnson to do?

(A) Change a meeting time
(B) Hold a teleconference
(C) Return a phone call
(D) Keep vegetables fresh

Weekly Forecast	
April 23	☀
April 24	☂
April 25	☀
April 26	⛅
April 27	☂

95. Why does the speaker thank Samantha?

(A) For negotiating a contract
(B) For recruiting volunteers
(C) For accepting an offer
(D) For suggesting a location

96. According to the speaker, what will the volunteers need to do?

(A) Fill out a questionnaire
(B) Set up water stations
(C) Order some paper cups
(D) Hand out some flyers

97. Look at the graphic. When will the event take place?

(A) April 24
(B) April 25
(C) April 26
(D) April 27

98. What will the listeners learn about?
    (A) The history of a house
    (B) The artists of a period
    (C) The industry of an area
    (D) The customs of a city

99. What does the speaker mention about the tour?
    (A) Photography is permitted.
    (B) Mobile phones should be off.
    (C) Refreshments are not allowed.
    (D) Certain areas are dangerous.

100. Look at the graphic. Who is the speaker?
    (A) Lara Smith
    (B) Jack Lee
    (C) Sam Patel
    (D) Mia Jones

This is the end of the Listening test. Turn to Part 5 in your test book.

GO ON TO THE NEXT PAGE

READING TEST

In the Reading test, you will read a variety of texts and answer several different types of reading comprehension questions. The entire Reading test will last 75 minutes. There are three parts, and directions are given for each part. You are encouraged to answer as many questions as possible within the time allowed.

You must mark your answers on the separate answer sheet. Do not write your answers in your test book.

PART 5

Directions: A word or phrase is missing in each of the sentences below. Four answer choices are given below each sentence. Select the best answer to complete the sentence. Then mark the letter (A), (B), (C), or (D) on your answer sheet.

101. Optwise Partners offers a ------- consultation to all prospective clients interested in our services.

(A) free
(B) freeing
(C) freely
(D) freedom

102. Mr. Singh's doctor reminded him that a healthy lifestyle involves regular exercise and a nutritious, well-balanced -------.

(A) diet
(B) care
(C) source
(D) concern

103. Mr. Forman found the easy ------- of the Web site helpful in locating the records he needed.

(A) navigate
(B) navigation
(C) navigator
(D) navigated

104. All orders for residents of Adelaide will be processed and delivered ------- three business days.

(A) among
(B) within
(C) between
(D) until

105. The factory's conveyor belt was ------- damaged, which led to losses in productivity and revenue.

(A) accidentally
(B) accident
(C) accidental
(D) accidents

106. Buy one of our premium smartphones and get a free set of headphones with -------.

(A) it
(B) us
(C) them
(D) him

107. The success of the community cleanup was made possible by the generous support ------- local businesses.
(A) into
(B) over
(C) from
(D) along

108. The manufacturer's cutting-edge laptops will outperform what is ------- available on the market.
(A) firmly
(B) steadily
(C) precisely
(D) currently

109. All employees are required to inform the administration department if ------- plan to change their work schedule.
(A) they
(B) their
(C) their own
(D) them

110. Maintaining strong relationships with our local clients is a crucial role of our ------- offices.
(A) practical
(B) assured
(C) regional
(D) constant

111. The building's energy efficiency has improved ------- the installation of LED lights.
(A) while
(B) because of
(C) once
(D) as soon as

112. According to the ------- schedule, the project deadline has been extended by two weeks.
(A) revise
(B) revised
(C) revising
(D) revises

113. Obtaining a work permit is a ------- for employees posted to our branch in Croatia.
(A) requirement
(B) testimonial
(C) preservation
(D) satisfaction

114. This monument is one of the most important ------- in Washington, drawing tourists from across the country.
(A) attract
(B) attractive
(C) attractively
(D) attractions

115. Last year, our team ------- a workflow system that has since reduced operational costs.
(A) introduce
(B) introduced
(C) will introduce
(D) has introduced

116. Working with the new automated machinery will make our production process much -------.
(A) easy
(B) easier
(C) easily
(D) easiest

GO ON TO THE NEXT PAGE

117. Although the van itself was -------, the total added cost turned out to be higher than expected.
(A) modern
(B) inexpensive
(C) spacious
(D) efficient

118. Etchel Construction is in need of ------- technicians capable of operating heavy machinery.
(A) feasible
(B) compact
(C) skilled
(D) partial

119. Harukichi Murakami's new novel was published in May and ------- became a best seller.
(A) quick
(B) quicken
(C) quickness
(D) quickly

120. ------- it introduced the innovative product line, the company has seen its market share grow significantly.
(A) Since
(B) In fact
(C) Therefore
(D) Due to

121. Birdwatching enthusiasts can spot a variety of ------- bird species in Swanley Park.
(A) common
(B) rigorous
(C) eager
(D) occasional

122. One of the feature artists is Lyla Hubert, who ------- for her captivating photography.
(A) know
(B) have known
(C) knowing
(D) is known

123. Interested ------- should submit their résumés and cover letters to our human resources department.
(A) application
(B) apply
(C) applying
(D) applicants

124. A grand prize draw will be held for ------- participating in the charity run.
(A) whoever
(B) themselves
(C) whose
(D) everyone

125. Because the map was confusing, some tourists were ------- to find the historic landmark.
(A) ineffective
(B) prominent
(C) unable
(D) accurate

126. The newly opened showroom was ------- by potential customers interested in seeing our latest furniture designs.
(A) occurred
(B) conducted
(C) applied
(D) visited

127. Dr. Evans achieved remarkable success ------- he faced numerous obstacles during his research.
(A) despite
(B) finally
(C) as a result
(D) even though

128. Celograph Company employees are required to ------- in detail their hours worked for accurate payroll management.
(A) proceed
(B) record
(C) earn
(D) respond

129. The president told the directors that sales in the third quarter greatly exceeded his -------.
(A) expect
(B) expecting
(C) expectations
(D) expected

130. The recommendations outlined in the findings of the ------- proved instrumental in upgrading the factory.
(A) contrast
(B) audit
(C) estimate
(D) control

GO ON TO THE NEXT PAGE

PART 6

Directions: Read the texts that follow. A word, phrase, or sentence is missing in parts of each text. Four answer choices for each question are given below the text. Select the best answer to complete the text. Then mark the letter (A), (B), (C), or (D) on your answer sheet.

Questions 131–134 refer to the following announcement.

In an effort to serve ------- better, Caster Bank has relocated its Harrison branch
      131.
from our previous location on Winslow Street to the Eldora Center in downtown
Riverdale. ------- convenience in mind, we have equipped the new location
         132.
with eight ATMs, private meeting rooms, and touchscreen kiosks where you can
perform various transactions.

Should you have any ------- or concerns regarding the relocation, please feel free
                133.
to e-mail the branch at harrisoncs@casterbank.com. ------- .
                                                134.

Our staff looks forward to welcoming you to the new branch and hopes to see
you there soon.

Cynthia Mavis
Harrison Branch Manager
Caster Bank

131. (A) them
    (B) him
    (C) us
    (D) you

132. (A) While
    (B) With
    (C) Because
    (D) Otherwise

133. (A) decisions
    (B) inquiries
    (C) responses
    (D) clarifications

134. (A) Then visit our Web site for more detailed reports.
    (B) The branch office will remain closed for renovations.
    (C) We value your feedback and are here to assist you.
    (D) Rest assured, we are working to resolve the issue.

Questions 135–138 refer to the following letter.

Dear Ms. Meyer,

I am writing to formally notify you of my decision to ------ from my position as a
135.
network administrator at Intobyte Solutions. My last working day will be March 31.

Thank you so much for the guidance and support you have provided me
throughout my five years at the company. ------ .
136.

For the remaining four weeks, I want to help ensure a smooth handover to
my successor. Accordingly, I ------ in any way possible the transfer of my
137.
responsibilities. Please let me know ------ there is anything further I can do to
138.
facilitate this process.

Sincerely,

Doug Pacheco

135. (A) renew
(B) return
(C) restart
(D) resign

136. (A) You are not the only manager
who will provide the training.
(B) Nevertheless, they faced some
unexpected challenges.
(C) So, all of us appreciate your
contributions to the campaign.
(D) I will look back at my time here
as a truly valuable experience.

137. (A) supported
(B) will support
(C) have supported
(D) am supported

138. (A) if
(B) but
(C) from
(D) since

GO ON TO THE NEXT PAGE

Renovated Castle Set to Reopen its Doors

PLYMOUTH (Oct. 24)—Thornhurst Castle in South West England is ------- ready
139.
to open to the public after almost three years of renovations. Work has been

done on Thornhurst to enhance its structural integrity ------- restore its original
140.
beauty. All 48 rooms have been redecorated to bring back their 18th-century

grandeur and ------- visitors can experience the history and culture of that era.
141.
------- . There are several serene water fountains in the courtyard, which add to
142.
the enchanting setting and picturesque surroundings. For more information, visit

thornhurstcastle.org.

---

139. (A) now
(B) once
(C) then
(D) that

140. (A) too
(B) besides
(C) so that
(D) as well as

141. (A) nevertheless
(B) conversely
(C) thus
(D) rather

142. (A) Another location also serves
delicious food nearby.
(B) Subsequently, tourists only visit
the castle in the summer.
(C) Guided tours are provided by
these travel companies.
(D) Outside, visitors can enjoy
walking through the garden.

FOR IMMEDIATE RELEASE

Geomed Labs Announces Plans to Purchase BioMedicor Inc.

On March 12, Chicago-based pharmaceutical maker Geomed Labs made an official announcement regarding its ------- to acquire BioMedicor Inc., a
143.
renowned biopharmaceutical company based in Toronto. This ------- move is
144.
expected to strengthen Geomed Labs' position in the industry and expand its product portfolio.

BioMedicor has established itself as a leading player in the biopharmaceutical sector, with a strong focus on innovative drug development. ------- . By joining
145.
forces with them, Geomed Labs aims to leverage their expertise and enhance its own capabilities in delivering breakthrough medical solutions. Further details about the acquisition are expected ------- later this month.
146.

---

143. (A) impression
(B) invitation
(C) intention
(D) Innovation

144. (A) strategic
(B) strategize
(C) strategies
(D) strategically

145. (A) Some of the costs have been significantly high.
(B) Having efficient processes increases productivity.
(C) The company currently employs 1,500 people.
(D) However, the project has presented problems.

146. (A) have finalized
(B) should be finalized
(C) will be finalizing
(D) to be finalized

GO ON TO THE NEXT PAGE

Directions: In this part you will read a selection of texts, such as magazine and newspaper articles, e-mails, and instant messages. Each text or set of texts is followed by several questions. Select the best answer for each question and mark the letter (A), (B), (C), or (D) on your answer sheet.

Questions 147–148 refer to the following notice.

Attention all staff:

We are pleased to announce an upcoming seminar on cyber security. Protecting our company's sensitive information is of utmost importance, and this informative session will equip you with the knowledge and skills needed to address cyber threats. Led by Jed McCarley, a renowned expert in the field, the seminar will cover best practices for data protection, preventing cyber attacks, and ensuring customer privacy.

Please mark your calendars for the seminar, scheduled for 2:00 P.M. to 4:00 P.M. on November 7. Attendance is mandatory for all employees. Your active participation is greatly appreciated.

147. What is the purpose of the seminar?
(A) To explain a policy
(B) To plan a Web site
(C) To train employees
(D) To gather feedback

148. Who is Mr. McCarley?
(A) A university professor
(B) A cyber security expert
(C) A data administrator
(D) A prospective customer

Inks World

Get 15 percent off your next print order with this exclusive coupon!

Terms and conditions: This coupon cannot be combined with any other offers or discounts and must be presented at the time of order. It is for our print service only and therefore does not apply to merchandise sold at any Inks World location. Offer expires on August 20.

149. What can customers receive with the coupon?

(A) Free samples
(B) Exclusive access
(C) An additional service
(D) A special discount

150. What is suggested about Inks World?

(A) It sells printing supplies.
(B) It has a delivery service.
(C) It moved to a new location.
(D) It offers competitive pricing.

GO ON TO THE NEXT PAGE

Questions 151–152 refer to the following advertisement.

Creative Event Coordinator Needed

Nexxus Productions, a new event management company in Vancouver, is looking for a coordinator to join its team. As a key member, the successful candidate will play a crucial role in planning and executing all sorts of events that will leave lasting impressions. Responsibilities will also include managing vendors and directing staff. We are therefore seeking individuals who are highly creative and have strong organizational skills. Previous experience in event planning or hospitality is a must. This is a full-time position with flexible working hours, including weekends and evenings. If you are ready to bring your event coordination skills to the next level, please send your résumé with a cover letter to careers@nexxusproductions.com. Make sure to outline your related experience and why you would be a good fit for our fast-growing team.

151. What is NOT indicated about Nexxus Productions?

(A) It was established recently.
(B) It plans various kinds of events.
(C) It is based in Vancouver.
(D) It is known for its eco-friendly practices.

152. What is a stated requirement of the position?

(A) Knowledge of trends
(B) Job-related experience
(C) Computer skills
(D) Willingness to travel

Simon Marshall [4:21 P.M.]
Hi, Amanda. We have a little problem. Our client wants to move up the presentation from tomorrow afternoon to the morning.

Amanda Scully [4:22 P.M.]
That's unexpected. I'll have to rearrange my plans. What time exactly in the morning?

Simon Marshall [4:23 P.M.]
He suggested 10:00 A.M. Will that work?

Amanda Scully [4:24 P.M.]
I'll make it happen. But my other morning appointment will need to be rescheduled.

Simon Marshall [4:25 P.M.]
I appreciate your flexibility, and please let me know if there's anything I can do to help out.

153. Why did Mr. Marshall contact Ms. Scully?

(A) To confirm the topic of a meeting
(B) To inform her of a schedule change
(C) To ask for help with a projector
(D) To tell her that he might be late

154. At 4:24 P.M., what does Ms. Scully mean when she writes, "I'll make it happen"?

(A) She will take over an assignment.
(B) She will give some instructions.
(C) She will reorganize her schedule.
(D) She will strive to meet a deadline.

GO ON TO THE NEXT PAGE

To: Customer Service 📎

I am writing in regard to my recent purchase of four pool lights (order number: 45-9734) from your online store. Despite following the instructions and using fresh batteries, only two of them turn on. I attempted to contact you through your toll-free number, but the wait time was excessive. As a long-time customer, I must say that I was particularly disappointed about that experience.

What I would like are cost-free replacements of the defective pair along with a prepaid return shipping label. Please provide a confirmation e-mail with the tracking information for the replacements. I have attached the purchase receipt for reference, and I trust that Pruitt Supplies will resolve this issue in a speedy and satisfactory manner.

Thank you,

Mateo Sawyer

155. Why did Mr. Sawyer complete the form?
(A) Some instructions were unclear.
(B) An order was not delivered.
(C) He received faulty lights.
(D) He wants a pool cleaned.

156. What is indicated about Mr. Sawyer?
(A) He disagrees with a customer review on a Web site.
(B) He used to work in shipping at Pruitt Supplies.
(C) He would like a full refund for some defective items.
(D) He has purchased goods from the company in the past.

157. What is attached to the form?
(A) Proof of purchase
(B) An account number
(C) A picture of some lights
(D) Photo identification

Dear Team:

Our office will be temporarily closed on Monday, September 28. There will be no access to the premises on that day, and all employees are requested to work remotely.

The closure is needed to allow for an upgrade to our electrical system. After the work is completed, we will have a safer and more reliable power supply. Most importantly, it will put an end to the power outages we have been experiencing recently.

In the meantime, please make sure that you have the necessary resources and equipment to work effectively from home. If you need to use one of the company's laptops, please reach out to your supervisor or the HR department this week.

Thank you for your understanding and cooperation.

Kathy Barlow
Director of Operations
Quays Insurance

158. Why was the memo written?

(A) To provide information about a closure

(B) To compare procedures at office sites

(C) To outline a schedule for a new project

(D) To explain some remote work software

159. What is suggested about Quays Insurance?

(A) It will replace an air conditioning unit.

(B) It will be expanding its head office.

(C) Its power supply has been disrupted.

(D) Its employees will get an extra day off.

160. The phrase "reach out" in paragraph 3, line 3, is closest in meaning to

(A) handle

(B) communicate

(C) stretch

(D) associate

GO ON TO THE NEXT PAGE

Wavox Pro for Robust Financial Management
Review by: Nick Velez

After recently incorporating Wavox Pro into my business, I can say that it has transformed the way we handle our financial management. — [1] —. This comprehensive accounting software program has a range of features that simplify bookkeeping and reporting processes. What is more, it provides an intuitive user interface that makes navigation and data entry a breeze, even for those who have just joined our team.

— [2] —. Another standout feature of Wavox Pro is its ability to automate tasks such as invoicing and payroll. This has saved us a significant amount of time and has pretty much eliminated any chance of errors or discrepancies in our records. Additionally, Wavox Pro's reporting capabilities are top-notch, as it offers an array of customizable reports that provide insights into our financial performance. — [3] —.

Overall, I highly recommend Wavox Pro to businesses of any size. It is an invaluable tool that is sure to save you time and money. — [4] —.

---

161. What does Mr. Velez imply about the business?

(A) It has recently hired new employees.
(B) It has overcome financial difficulties.
(C) Its competitors use the same software.
(D) Its customers often report billing inaccuracies.

162. What is NOT mentioned about Wavox Pro in the review?

(A) It is suitable for businesses of all sizes.
(B) It requires extensive training to use effectively.
(C) It offers features for bookkeeping and reporting.
(D) It provides insights into financial performance.

163. In which of the positions marked [1], [2], [3], and [4] does the following sentence best belong?

"These have in turn been instrumental in strategizing for our future growth."

(A) [1]
(B) [2]
(C) [3]
(D) [4]

WHAT'S HAPPENING IN TOWN
Captivating Comedy and Drama at the Renovated Main Street Theater

Destiny Rebounds is a must-see for theater enthusiasts who want a combination of comedy and drama. This latest production, directed by Esther Nowak, is inspired by real-life events surrounding the rise of film studio executive Oliver Jeffries. Ms. Nowak's play keeps the audience engaged by focusing on Mr. Jeffries and his relationships with the famous actors he worked with during the 1930s, including former Hollywood stars Lily Evans and Brent Patel.

In anticipation of this production, the Main Street Theater stage underwent a remarkable transformation so that audiences could get a sense of what major film studios used to be like. Isabelle Bennett, the theater manager, said, "No effort was spared in upgrading the stage to accommodate the intricate sets and incredible special effects." She also remarked that in the days leading up to the play's opening night, technicians worked tirelessly to install a state-of-the-art lighting system that would help to set the various moods for the show.

These changes follow a number of other renovations made earlier this year. The seating area was fitted with new ergonomic chairs for extra comfort, and the acoustics were fine-tuned for better sound quality. The cast and crew of *Destiny Rebounds* and those of upcoming productions can also enjoy the modernized dressing rooms and a more spacious rehearsal space in the basement of the theater.

164. What is one purpose of the newsletter?

(A) To discuss a renovation project
(B) To introduce a television program
(C) To publicize an upcoming event
(D) To profile a stage performer

165. Who is Brent Patel?

(A) A theater critic
(B) A renowned actor
(C) A film studio executive
(D) A theater manager

166. What is NOT mentioned as a reason for the theater upgrades?

(A) Improving sound quality
(B) Enhancing seating comfort
(C) Modernizing dressing rooms
(D) Reducing energy consumption

167. What is suggested about the Main Street Theater?

(A) It only showcases musicals.
(B) It was built during the 1930s.
(C) Its basement is used for rehearsing.
(D) Its renovations had to be postponed.

GO ON TO THE NEXT PAGE

TECHNOLOGY CONVENTION
FOR THE SMART HOME INDUSTRY

The sixth annual Smart Tech Expo will be held from April 9 to 11 at the Alvarado Center in Orlando. This eagerly awaited event will aim to instill confidence in the global smart home market by presenting many new technologies and innovations. – [1] –.

"Without a doubt, this has become the premier trade show for cutting-edge home automation and connected devices," said Pauline Nguyen, CEO of HomeSphere Technologies. – [2] –. "With a record-breaking attendance of over 120,000 people last year, along with more than 200 companies unveiling their latest innovations, the success of this event has been truly remarkable." She also predicted a 20 percent increase in attendance for this year's event. – [3] –.

Despite the convention's success, the smart home industry faced a slump in growth last year, with a notable 14 percent drop in the rate of growth compared to the previous year. – [4] –. Nevertheless, the atmosphere at this year's convention is sure to be full of optimism as attendees anticipate a resurgence in sales with the introduction of an exciting array of soon-to-be-released products.

168. What is stated about the Smart Tech Expo?

(A) It is held once a year.
(B) It is open to the public.
(C) It has a registration fee.
(D) It includes refreshments.

169. How does Ms. Nguyen think this year's convention will be different?

(A) It will become Orlando's biggest event.
(B) It will focus on remote control of appliances.
(C) It will welcome a lot more people.
(D) It will be held at a more spacious venue.

170. The word "trade" in paragraph 2, line 1, is closest in meaning to

(A) exchange
(B) occupation
(C) specialist
(D) industry

171. In which of the positions marked [1], [2], [3], and [4] does the following sentence best belong?

"Experts attribute this to factors such as security concerns and the economic downturn."

(A) [1]
(B) [2]
(C) [3]
(D) [4]

NO TEST MATERIAL ON THIS PAGE

GO ON TO THE NEXT PAGE

Noah Sinclair [10:02 A.M.]
Hi everyone! I called this meeting to discuss our plans for next month's week of training. Any suggestions on how we can make it more effective this time?

Mandy Novak [10:03 A.M.]
I think we should leave out our usual orientation session. They can read about the company's values, mission, and culture in our employee handbook.

Lisa Sterling [10:04 A.M.]
I agree, and I think it would be helpful to start with icebreaker activities. This would get the ball rolling smoothly since everyone would feel more at ease. We should also give a tour to familiarize them with our workplace.

Noah Sinclair [10:05 A.M.]
So instead of the usual orientation, you think the time should be spent on building rapport and giving a tour?

Michael Chen [10:06 A.M.]
None of us will miss it. Each time before, the trainees looked tired and bored by the end. I would also like to see role-playing exercises. These would help new staff understand how to handle situations they'll encounter on the job.

Lisa Sterling [10:07 A.M.]
That's an excellent point. With practical training exercises, they could adapt more quickly to their work environment and the various roles they'll be assigned to.

Mandy Novak [10:08 A.M.]
OK, then let's start putting together some exercises, and I'll search for case study books that are suitable.

Noah Sinclair [10:09 A.M.]
Great, and thank you all for your input. I'm confident that our next training week will be even more engaging and effective.

172. What is the online chat discussion about?

(A) Revising an employee handbook
(B) Improving a training program
(C) Arranging some job interviews
(D) Resolving a technical problem

173. What does Ms. Sterling want to introduce?

(A) Refreshments for groups of new visitors
(B) Exercises to strengthen and stretch muscles
(C) Activities to make participants comfortable
(D) Tours of some well-known historical sites

174. At 10:06 A.M., what does Mr. Chen most likely mean when he writes, "None of us will miss it"?

(A) A technology has become outdated.
(B) An entire group will attend an event.
(C) An error should be easy to identify.
(D) A session has become unpopular.

175. What does Ms. Novak indicate she will do?

(A) Post some documents online
(B) Look for appropriate books
(C) Prepare additional handouts
(D) Distribute a short questionnaire

GO ON TO THE NEXT PAGE

E-Mail Message	
To:	Maureen Ellis
From:	Rob McIntyre
Date:	June 2
Subject:	Leadership Conference

Dear Ms. Ellis,

Congratulations on your recent appointment as department director. I am confident that you will excel in your new role.

During our last conversation, we both agreed on how important professional development is for Quontos. In line with that, the company will be holding a leadership conference for all employees. Its aim will be to build leadership skills and promote collaboration among our various departments.

Since you are the company's only newly appointed director this year, I would like you to lead one of the workshops. The topic will be communicating with customers, which is your department's area of expertise. The conference will be at the Magnolia Center on September 14.

Once again, congratulations on your well-deserved promotion. Should you require any assistance as you transition into your new position, feel free to reach out to me.

Best regards,

Rob McIntyre
Human Resources Director
Quontos Tech

Quontos Leadership Conference Schedule

All Quontos Tech employees are welcome to attend any of the following workshops. Registration is not required.

* * *

Strategic Planning (8:30 A.M.–10:00 A.M.)
Join the human resources director as he guides you through the process of strategic planning. Learn how to optimize human resources to attain goals, and also gain insights into decision-making techniques.

Team Development (10:15 A.M.–11:45 A.M.)
The sales director will discuss team building and how she motivates her team. Participants will gain a better understanding of various leadership styles and how they influence employees.

Budgeting Approaches (1:00 P.M.–2:30 P.M.)
Participants will split into smaller groups and review case studies on managing department budgets. Leading this session, the accounting director will also go over ways to plan a budget.

Effective Communication (2:45 P.M.–4:15 P.M.)
Led by our new communications director, this workshop will focus on the leadership skills that public relations professionals require. Explore how to effectively communicate with customers and fully understand their needs.

176. Why does Mr. McIntyre congratulate Ms. Ellis?

(A) She was promoted to a management position.
(B) She received an award for her contributions.
(C) She led a successful workshop at a conference.
(D) She recently completed a training program.

177. What do Mr. McIntyre and Ms. Ellis have in common?

(A) They think professional development is important.
(B) They were recently appointed to new jobs.
(C) They were assigned to organize a conference.
(D) They work in the same department.

178. What will happen on September 14?

(A) Employees will register for a conference.
(B) The winner of a prize will be announced.
(C) Mr. McIntyre will discuss strategic planning.
(D) A Q&A session will be held in the afternoon.

179. According to the schedule, what workshop will include case studies?

(A) Strategic Planning
(B) Team Development
(C) Budgeting Approaches
(D) Effective Communication

180. What most likely is Ms. Ellis's job?

(A) Human resources director
(B) Sales director
(C) Accounting director
(D) Communications director

GO ON TO THE NEXT PAGE

KARLEN COMPANY
(555-0172)

The Karlen Company is your reliable partner for warehousing and logistics in Ashburton. Our skilled professionals oversee everything from receiving shipments and inventory management to timely distribution. Each of our warehouses is equipped with a state-of-the-art inventory management system, which allows our customers to track their inventory around the clock. We cater to the unique needs of specific customers by tailoring our services for their complete satisfaction.

Types of Warehousing We Offer

Standard storage: Warehousing of goods that do not require specific temperature or humidity control, including non-perishable items and general merchandise.

Cold storage: Refrigerated storage facilities designed especially for perishable goods such as fresh produce, frozen food, and pharmaceuticals.

Bulk storage: Right next to Ashburton's shipping port, a large-scale warehouse designed to handle and store goods in bulk, such as raw materials and industrial supplies.

E-commerce storage: A dedicated storage space just outside of Ashburton for handling e-commerce orders for online retail businesses, including inventory management and seamless order fulfillment.

Karlen Company—Warehousing Service Request Form

Customer Information
NAME: Mel Sandridge **COMPANY NAME:** Trivol Group
PHONE: 555-0129 **E-MAIL:** msandridge@trivol.com.au

Service Details
TYPE OF WAREHOUSING REQUESTED: Construction materials such as cement, bricks, tiles, insulation, and scaffolding
EXPECTED DURATION OF SERVICE: At least 14 months
ESTIMATED STORAGE VOLUME: Approximately 8,000 cubic meters of storage space
ADDITIONAL REQUIREMENTS OR SPECIAL INSTRUCTIONS: The Trivol Group will build a 40-room hotel on Myrtle Street in Ashburton. Construction is scheduled to begin in June. Since your warehouse for our particular needs is close to our building site, we would like to know if it will have sufficient space for our materials and supplies for the duration of our project.

DATE: 20 January

SIGNATURE: *Mel Sandridge*

Please submit the completed form to the Karlen Company via e-mail or in person. Our team will promptly review your request and contact you with an estimate and other details. Thank you for choosing the Karlen Company as your trusted warehousing partner in Ashburton.

---

181. For whom is the advertisement most likely intended?
(A) Current Karlen Company employees
(B) Someone considering renting a warehouse
(C) Customer service representatives
(D) Someone purchasing a cookbook

182. What is NOT indicated about the Karlen Company?
(A) It allows customers to track inventory.
(B) It works mainly with textile companies.
(C) It has an inventory management system.
(D) It operates facilities for food storage.

183. What type of warehousing is the Trivol Group requesting?
(A) Standard storage
(B) Cold storage
(C) Bulk storage
(D) E-commerce storage

184. What is mentioned about the Trivol Group's project?
(A) It will be completed within a year.
(B) It will begin in January.
(C) It is behind schedule.
(D) It will take place in Ashburton.

185. According to the service request form, what will the Karlen Company do?
(A) Provide an estimate
(B) Relocate a warehouse
(C) Supervise construction
(D) Evaluate a hotel design

GO ON TO THE NEXT PAGE

Reviving the Past at Elbercraft House

Elbercraft House, a family-owned furniture restoration business in Alston City, has spanned three generations. Founded by Henry Mitchell in 1952, the torch was later passed down to his daughter, Olivia Mitchell, and then to her talented daughter, Amelia Lawson.

Amelia's remarkable skills extend beyond what most restoration businesses can offer. She has been called on to restore such treasures as a 16th-century writing desk from a historic mansion. One of the pieces she has worked on, an intricately carved Renaissance-inspired dining table, now appears in a national museum.

From antique dressers and vintage chairs to cabinets and couches, Elbercraft House and its team of experts have built a strong reputation for being able to restore old furniture to its former glory. Asked what Elbercraft House's future holds, she said, "We'll continue to forge a connection between the past and the present by revitalizing beautiful furniture."

E-Mail Message	
To:	Lucia Gonzalez
From:	Jarrod Brown
Date:	October 27
Re:	Restoration inquiry

Dear Ms. Gonzalez:

We appreciate your interest in our service. After looking at your photos, we are excited to work on your exquisite pieces. We assure you that they will receive the utmost care and attention throughout the restoration process.

Oddly enough, the person who owns Elbercraft House has worked on a piece that is exactly like yours. It is so rare that it's now part of a museum exhibit. However, she will be in Asia for all of November, and her experience with that particular piece makes her the most suitable for restoring it. Would you be able to wait until December for her to work on that one? As for the walnut armchair, mahogany sideboard, and bed frame, we could get started on those right away.

I would appreciate the opportunity to discuss the details of our service. Please let us know a time that works best for you.

Yours sincerely,

Jarrod Brown
Elbercraft House

Remarkable Transformations

Elbercraft House service review
by Lucia Gonzalez

I entrusted four antiques to Elbercraft House, and the results are extraordinary. They have a genuine passion for their craft and understood the sentimental value of my furniture. At first, they were able to restore only three of the pieces because a specialist was away, and I considered taking the other one someplace else. But when I saw the attention to detail they put into their work and the flawlessly refinished surfaces, I sent them the fourth piece too. Apparently, the previous owner made it a policy to always work closely with customers on each piece they restore. So, they called me regularly to discuss their work, which was great. They also have a first-rate pickup and delivery service. Elbercraft House truly demonstrated their commitment to customer satisfaction, and I highly recommend this business.

186. Where would the article most likely appear?

(A) In a scientific journal
(B) In a travel brochure
(C) In a company newsletter
(D) In a design magazine

187. What does Mr. Brown tell Ms. Gonzalez?

(A) Some work can begin immediately.
(B) Some items have been damaged.
(C) A procedure will be unnecessary.
(D) An estimate has been prepared.

188. What most likely is the last item that Elbercraft House restored for Ms. Gonzalez?

(A) A walnut armchair
(B) A bed frame
(C) A dining table
(D) An antique dresser

189. According to the review, what does Ms. Gonzalez like about Elbercraft House?

(A) Its large storage space
(B) Its affordable prices
(C) Its attention to detail
(D) Its wide selection of items

190. Who does Ms. Gonzalez suggest introduced a new policy?

(A) Henry Mitchell
(B) Olivia Mitchell
(C) Amelia Lawson
(D) Jarrod Brown

GO ON TO THE NEXT PAGE

Culinary Delights for Your Special Occasion

At Valencia's, we create culinary experiences. Our chefs and event planners will work closely with you to make the perfect menu for your event, whether it is a small corporate gathering or large private celebration. From mouthwatering appetizers to exceptional main courses and exquisite desserts, every dish is thoughtfully prepared using only the finest and freshest ingredients. Trust us to help make your event truly unforgettable.

November Deals ◇◇◇◇◇◇◇◇◇◇◇◇◇◇◇◇◇◇◇◇◇◇◇◇◇

◆ We are offering 10 percent off any of our appetizers all month, including our stuffed mushroom, cheese, and canape platters.
◆ Order our spicy grilled chicken or any of our vegetarian main course options and receive a free garden salad.
◆ Try our blueberry pie for only $8.99.

To: Melissa Ryan <melryan@lazoptics.com>
From: Stewart Gupta <orders@valencias.com>
Date: November 19
Subject: Recent order

Dear Ms. Ryan,

It was a pleasure serving you and your guests at your event. Since there was a slight delay in the delivery of your tray of appetizers, we want to apologize once more for the inconvenience. We simply had too few ingredients on hand, and we are taking measures to upgrade our inventory management system so that it does not happen again.

As a token of our gratitude for your understanding in the matter, we are sending you a discount voucher for your next order. Furthermore, we always value customer feedback and would appreciate any comments you may have about our service.

Yours sincerely,

Stewart Gupta
Valencia's

To:	Stewart Gupta <orders@valencias.com>
From:	Melissa Ryan <melryan@lazoptics.com>
Date:	November 20
Subject:	RE: Recent order

Dear Mr. Gupta,

Thank you for your e-mail and for the delicious food you provided at our business luncheon. Our guests enjoyed the diverse menu and your exceptional service. The late tray of cheeses was negligible and did not overshadow the overall experience.

We nevertheless appreciate your offer and intend to use it toward our annual staff get-together next month. This will be on December 18, and I would like to sit down with you soon to discuss possible menu options.

We look forward to working with you again.

Warm regards,

Melissa Ryan
Administrative Manager
Lazoptics Limited

191. What type of business is Valencia's?
(A) A grocery store
(B) A catering company
(C) A culinary institute
(D) A beverage manufacturer

192. What will customers who order a vegetarian option receive in November?
(A) A complimentary dish
(B) A cooking demonstration
(C) A decoration for their event
(D) A list of ingredients

193. According to the first e-mail, how is Valencia's solving a problem?
(A) By expanding a menu
(B) By extending business hours
(C) By improving a system
(D) By freezing ingredients

194. What is suggested about Lazoptics Limited?
(A) It rescheduled a business luncheon.
(B) It hosted a charity fundraising event.
(C) It received a discount for appetizers.
(D) It was nominated for an industry award.

195. What does Ms. Ryan suggest in the second e-mail?
(A) An annual party was postponed.
(B) Some chicken was not prepared well.
(C) Valencia's received some complaints.
(D) Lazoptics Limited will use a voucher.

GO ON TO THE NEXT PAGE

Streamline Your Interviews with Intersync Pro

Our online software empowers you to conduct virtual interviews with candidates from around the globe. Effortlessly schedule interviews and let the software record every detail with high-definition video and crystal-clear audio. With secure data encryption, every interview is protected against unauthorized access. And with its user-friendly interface and other features, the software allows for smooth cooperation between staff when it comes to sharing feedback and evaluating each candidate.

Step into the future of interviewing with Intersync Pro by signing up for a **free trial** now!

---

 http://www.careerhubplus.org/onlineinterviews

Career Hub Plus: Online Interviews

Wesley Mercer (February 26, 9:45 A.M.)

Question: I will have an online interview this week with an IT company based in Europe. I have never been interviewed this way before. I would appreciate any tips to help me prepare for it.

Emma Villalobos (February 26, 2:12 P.M.)

Response: I use Intersync Pro at work, and I think interviewees should first set up a distraction-free environment with good lighting and a tidy background. Make sure to dress professionally, just as you would for an in-person interview. You could also practice with a friend. This will help you prepare to be recorded, and you will be able to work on your responses and body language. Test your Internet connection beforehand, too. And remember to maintain eye contact by looking at the camera when responding. Good luck with your interview!

3. 正解 (D)

(A) The woman is drinking from a glass.
(B) The man is removing a file from a cabinet.
(C) They're wearing identification badges.
(D) They're paging through a document.

訳

(A) 女性がグラスで飲んでいる。
(B) 男性が戸棚からファイルを取り出している。
(C) 二人は身分証を身に着けている。
(D) 二人は書類のページをめくっている。

解説 (A) は drinking (飲んでいる)、(B) は removing (取り出している) が「していない動詞」。remove は、Part 1 では、「取り出す、取り除く、外す、脱ぐ」といったさまざまな意味で出る重要語。(C) は、identification badges (身分証) が「写っていない名詞」。(D) は正しく写真を描写している。page through (ページをめくる) は出題例のある Part 1 重要表現。

4. 正解 (A)

(A) She's examining some merchandise.
(B) She's reaching for an item on a shelf.
(C) She's emptying a shopping cart.
(D) She's paying at a cash register.

訳

(A) 彼女は商品を詳しく見ている。
(B) 彼女は棚の品物に手を伸ばしている。
(C) 彼女はショッピングカートの中身を出している。
(D) 彼女はレジで支払いをしている。

解説 (A) は正しく写真を描写している。examine は、「詳しく見る、チェックする」という意味の Part 1 頻出語。(B) は reaching (手を伸ばしている)、(C) は emptying (中身を出している)、(D) は paying (支払っている) がいずれも「していない動詞」。特に、reach (手を伸ばす) は、reach for (〜に向かって手を伸ばす) と reach into (〜の中に手を入れる) のカタチでよく出る Part 1 重要語。

5. 正解 (C)

(A) Stones are being loaded into a wheelbarrow.
(B) Some people are posting a sign on a wall.
(C) Some columns support a building.
(D) Pedestrians are strolling along a river.

訳

(A) 石が手押し車に積み込まれている。
(B) 数名が看板を壁に掲示している。
(C) 数本の柱が建物を支えている。
(D) 歩行者が川沿いを散歩している。

解説　(A) は、loaded（積み込まれている）が「していない動詞」、wheelbarrow（手押し車）が「写っていない名詞」。(B) は、posting（掲示している）が「していない動詞」、sign（看板、標識）が「写っていない名詞」。(C) は正しく写真を描写している。column（柱）はときどき Part 1 で出る。(D) は、river（川）が「写っていない名詞」。pedestrian（歩行者）と stroll（散歩する）も Part 1 重要語。

6. 正解 (D)

(A) Potted plants have been arranged on a windowsill.
(B) Some cushions are scattered on the floor.
(C) The table is covered with a cloth.
(D) A picture is mounted on a brick wall.

訳

(A) 数個の鉢植えが窓台に並べられた。
(B) 数個のクッションが床に散らばっている。
(C) テーブルが布で覆われている。
(D) 絵がレンガの壁に据え付けられている。

解説　(A) は、potted plants（鉢植え）が複数形だが、1つしか写っておらず、on a windowsill（窓台の上）が「間違った場所」。windowsill（窓台）は、窓の下の出っ張り部分のことで、Part 1 でときどき出る。(B) は scattered（散らばっている）が写真と合わない。(C) は covered（覆われている）が「していない動詞」。(D)

は正しく写真を描写している。mount（据え付ける）と brick（レンガ）は Part 1 重要語。

Part 2　解答・解説

7.　正解 (A)　　　(79)

Which office is Mary's?
(A) The one across the hall.
(B) Because she'll be out of town.
(C) They're on my desk.

> **訳**　どのオフィスがメアリーのですか？
> (A) ホールの向かいのです。
> (B) なぜなら彼女は町にいないからです。
> (C) それらは私の机の上にあります。

> **解説**　Mary のオフィスの場所を尋ねる問いかけに対し、直球で答えている (A) が正解 (one = office)。(B) の out of town は、「町にいない」「出張中だ」といった意味の重要表現。

8.　正解 (A)　　(80)

Could you drive Mr. Nelson to the airport?
(A) Sure, I'd be happy to.
(B) No, he left early today.
(C) About a three-hour flight.

> **訳**　ネルソンさんを空港まで車で送っていただけますか？
> (A) もちろん、喜んで。
> (B) いいえ、彼は今日早退しました。
> (C) 約 3 時間のフライトです。

> **解説**　「ネルソンさんを空港まで送ってもらえますか」という依頼に対し、「もちろん、喜んで」と了承している (A) が正解。こうした質問に対しては、

What time does he have to leave? (彼は何時に出ないといけませんか ⇨ それ次第) と
いった変化球の答えも正解になり得る。

9. 正解 (C)

Where can I find the event schedule?
(A) Sometime next week.
(B) Yes, I think we should.
(C) On the city's Web site.

訳 イベントのスケジュールはどこで見られますか？
(A) 来週のどこかです。
(B) はい、我々はそうすべきだと思います。
(C) 市のウェブ・サイト上です。

解説 イベントのスケジュールをどこで確認できるか、という問いかけに対
し、直球で答えている (C) が正解。It's been canceled. (中止になりました) といっ
た変化球や、Isn't it on the city's Web site? (市のウェブ・サイトに出ていませんか) と
いった疑問文での返事も正解になり得る。

10. 正解 (B)

Is there a fitting room where I can try these shirts on?
(A) The store opened at 10 A.M.
(B) Yes, there's one next to the stairs.
(C) Someone must've misplaced them.

訳 このシャツを試着できる試着室はありますか？
(A) その店は午前10時に開きました。
(B) はい、階段の隣にあります。
(C) 誰かが置き間違えたに違いありません。

解説 試着室があるかどうかを尋ねる客からの質問に対し、直球で答えてい
る (B) が正解。このパターンの問いかけに対しては、Just follow me. (私の後に
付いてきてください ⇨ ご案内します) といった返しも定番。

語注 □ **fitting room** 試着室 □ **misplace** 動 置き間違える、置き忘れる

11. 正解 (A) 〔🇨🇦🇺🇸〕 (83)

How long will the factory tour take?
(A) About two hours.
(B) I attended it last week.
(C) It's three meters long.

訳 工場見学はどれくらい時間がかかりますか？
(A) 約2時間です。
(B) 私は先週それに出席しました。
(C) 長さは3メートルです。

解説 工場見学にかかる時間を尋ねる問いかけに対し、直球で答えている(A) が正解。How long で始まる疑問文は、Part 2では、通常「時間」の長さを尋ねる際に使われる。絶対の自信がない限り、モノの長さを表す(C) のような選択肢を選ばないようにしよう。

12. 正解 (C) 〔🇨🇦🇺🇸〕 (84)

Why is Rita selling her car?
(A) No, it's not on sale.
(B) Two months from now.
(C) She's buying a new one.

訳 リタはなぜ車を売っているのですか？
(A) いいえ、それは販売されていません。
(B) 今から2か月後です。
(C) 彼女は新しいのを買うのです。

解説 リタが車を売る理由を尋ねる問いかけに、直球で答えている(C) が正解。Why で始まる問いかけに対しては、こうした冒頭の Because が省略された形や、To buy a new one.（新しいのを買うためです）といった目的を表す不定詞で答える応答も定番。

13. 正解 (B)

Where's the nearest bus station?
(A) Around two dollars.
(B) I'm going there now.
(C) Every morning at seven.

訳 一番近いバス・ステーションはどこですか？
(A) 2ドル程度です。
(B) 私は今そこに行くところです。
(C) 毎朝7時です。

解説 道を尋ねる問いかけに対し、変化球で答えている (B) が正解。このタイプの問いかけに対しては、「今そこに行くところです⇨一緒に行きましょう」は定番の答え。I'm on my way there now. や I'm going that way now. でも同じ意味。合わせて頭に入れよう。

14. 正解 (B)

When does the art exhibit open?
(A) Sure, I can open the window.
(B) Not until next week.
(C) He's a famous graphic artist.

訳 その美術展はいつから開催ですか？
(A) もちろん、私は窓を開けられます。
(B) 来週まではありません。
(C) 彼は有名なグラフィック・アーティストです。

解説 When で始まる疑問文に対し、この Not until 〜 . (〜まではない) は定番の答え。ここでは、It's not going to open until next week. が省略された形。WH 疑問文に対しては、(A) の Sure (もちろん) は Yes と同じなので不正解。聞こえたら消去しよう。

語注 □ **art exhibit** 美術展

15. 正解 (A)

Would you like to join us for lunch?
(A) I have a client meeting in ten minutes.
(B) Another discount coupon.
(C) A reservation for two.

訳 我々と一緒にランチに行きませんか？
(A) 10分後にお客様と打ち合わせがあります。
(B) もう一つの割引クーポンです。
(C) 2名分の予約です。

解説 ランチの誘いに対し、「10分後に打ち合わせがある（だから無理）」と変化球で答えている (A) が正解。I'm free at noon. (正午に手が空きます⇨その後ならOK) といった答えもあり得る。直球で断る場合は、Thanks, but I already ate. (ありがとう、でももう食べました) といった応答になる。

16. 正解 (C)

Do you have an appointment with the dentist or the eye doctor?
(A) No, I believe Mr. Harris has been appointed.
(B) The one in the filing cabinet.
(C) I'm here for a teeth cleaning.

訳 歯科医か眼科医のどちらとご予約ですか？
(A) いいえ、ハリスさんが指名されたはずです。
(B) ファイル棚の中のです。
(C) 歯のクリーニングに来ました。

解説 総合クリニックの受付での会話。どの医師とのアポがあるかを受付係から尋ねられ、「歯のクリーニングに来た（だから歯科医）」と答えている (C) が正解。こうした選択疑問文では、(A) のように Yes / No で答えることはできない。聞こえたら消去しよう。

語注 □ **appoint** 動 指名する

17. 正解 (B)

Shouldn't we use plastic for the packaging material?
(A) For high-quality materials.
(B) The client wanted cardboard.
(C) Environmentally friendly.

> **訳** 梱包材にプラスチックを使うべきではないですか？
> (A) 高品質の材料が理由です。
> (B) お客様が段ボールを希望されました。
> (C) 環境にやさしいです。

> **解説** 梱包材にプラスチックを使うべきではないか、と確認を求める否定疑問文の問いかけに対し、「客が段ボールを求めた」と、通常とは素材が違う理由を説明している (B) が正解。

語注 □ **packaging material** 梱包材　□ **cardboard** 名 段ボール

18. 正解 (A)

Why are you having your car repaired?
(A) Didn't you see the damage?
(B) A total of seventy-five dollars.
(C) I already called the repairperson.

> **訳** なぜ車を修理してもらっているのですか？
> (A) ダメージを見ませんでしたか？
> (B) 合計75ドルです。
> (C) 私はすでに修理工に電話しました。

> **解説** なぜ車を修理しているのかを聞かれ、「(修理が必要なくらいひどい) ダメージを見ませんでしたか」と聞き返している (A) が正解。(C) は repairperson (修理工) が質問文の repaired と「似た音」の「ツリ単語」。

19. 正解 (C)

Please arrive fifteen minutes before your scheduled appointment.
(A) A new cancellation policy.
(B) Yes, it's a spacious apartment.
(C) Thanks for reminding me.

> **訳** お約束の15分前にお越しください。
> (A) 新しいキャンセル規定です。
> (B) はい、そこは広いアパートです。
> (C) ご確認ありがとうございます。

> **解説** アポの15分前に来るようにとの確認の連絡に対し、お礼を伝えている (C) が正解。こうした命令文も時々出題されるので、頭に入れておこう。
> **語注** □ **policy** 名 規定　□ **spacious** 形 広々とした
> □ **remind** 動 念押しする、再確認する

20. 正解 (C)

Why don't we take a taxi to the hotel?
(A) Please book the rooms online.
(B) I think so, but I'm not sure.
(C) That's a good idea.

> **訳** ホテルまでタクシーで行くのはどうですか？
> (A) 部屋はオンラインで予約してください。
> (B) そう思いますが、確かではありません。
> (C) それはいい考えですね。

> **解説** ホテルまでタクシーで行くのはどうかという提案に対し、賛同している (C) が正解。提案に対し、That's a good / great idea. (それはいい考えです) や Sounds good. (いいですね) は定番の応答。

21. 正解 (C) ◀93

How many people are coming to the banquet tonight?
(A) It was a wonderful evening.
(B) Of course they are.
(C) Satoshi has the guest list.

> **訳** 今夜の夕食会には何名来る予定ですか？
> (A) 素晴らしい夜でした。
> (B) もちろん、彼らは来ます。
> (C) サトシが来客リストを持っています。

> **解説** 夕食会の参加人数を尋ねる問いかけに対し、「サトシが来客リストを持っている (そこに出ています)」と変化球で答えている (C) が正解。Nadia is making all the arrangements. (ナディアがすべての手配をしています⇨彼女に聞いてください) といった答えも正解になり得る。

> **語注** □ **banquet** 名 夕食会

22. 正解 (A) ◀94

Who's organizing this year's company retreat?
(A) I did it last time.
(B) The director treated us to lunch.
(C) No, it was last year.

> **訳** 今年の社員旅行は誰が取りまとめていますか？
> (A) 前回は私でした。
> (B) 部長が我々にランチをごちそうしてくれました。
> (C) いいえ、それは去年でした。

> **解説** 今年の社員旅行の準備担当を尋ねる問いかけに対し、「前回は私だった (今回は私の番ではない)」と変化球で答えている (A) が正解。Who で始まる問いかけに対し、こうした「(だから私ではない)」や「(だから私は無理)」は定番の答え。質問文の company retreat (社員旅行) はよく出る重要語。

> **語注** □ **company retreat** 社員旅行 □ **treat** 動 ごちそうする

23. 正解 (A)

95

Jim is coming to Ellen's retirement party, isn't he?
(A) Yes, they've worked together for years.
(B) Since she already retired last month.
(C) Maybe you should put up more decorations.

> **訳** ジムはエレンの退職パーティに来ますよね？
> (A) はい、彼らは長年一緒に働いていました。
> (B) 彼女は先月すでに退職したからです。
> (C) あなたはもっと飾りを付けるべきかもしれません。

> **解説** エレンの退職パーティへのジムの参加確認に対し、出席する理由をストレートに答えている (A) が正解。逆に、I don't think they worked together. （一緒に働いたことがないと思います）と不参加の理由を変化球で答えることもできる。

> **語注** □ **retirement** 名 退職 □ **for years** 長年

24. 正解 (B)

96

How can we improve the factory's efficiency?
(A) Yes, the policy was approved yesterday afternoon.
(B) That's a good question for George.
(C) Outside the manufacturing plant.

> **訳** どうすれば我々は工場の効率を改善できますか？
> (A) はい、その規定は昨日の午後承認されました。
> (B) それはジョージにするべき質問です。
> (C) 製造工場の外です。

> **解説** 工場の効率を改善する方法を尋ねる問いかけに対し、その質問はジョージにすべきだ、と変化球で答えている (B) が正解。By replacing old equipment. （古い機器を取り換えることで）のように改善方法をストレートに答えることもできる。

> **語注** □ **improve** 動 改善する □ **efficiency** 名 効率 □ **approve** 動 承認する

25. 正解 (C)

Do I need to attend this afternoon's budget meeting?
(A) Right after the president's speech.
(B) You'll need a special pass to enter, too.
(C) Attendance is mandatory for managers.

> **訳** 私は今日の午後の予算会議に出る必要はありますか？
> (A) 社長のスピーチの直後です。
> (B) あなたも入るには特別なパスが必要になります。
> (C) マネージャーは参加必須です。

> **解説** 会議への参加の必要性を尋ねる問いかけに対し、「マネージャーは参加必須です（だからあなたも参加しなければならない）と答えている (C) が正解。mandatory（義務の、必須の）はリーディング・セクションでも出題例のある重要語。

> **語注** □ **attendance** 名 出席　□ **mandatory** 形 義務の、必須の

26. 正解 (A)

Haven't you finished your report yet?
(A) Yes, I put it on your desk.
(B) That would be helpful.
(C) The morning weather report.

> **訳** まだ報告書は終わっていませんか？
> (A) あなたの机の上に置きました。
> (B) それは助かります。
> (C) 朝の天気予報です。

> **解説** 報告書の作成は終わっていないか、という確認に対し、「(終わって) 机の上に置いた」とストレートに答えている (A) が正解。質問文冒頭の not を取り、Have you 〜? と考えてもよい。

27. 正解 (B) 🚄 🇺🇸 🇬🇧 (◀99)

When does the reception start?
(A) Mainly soft drinks and juices.
(B) The caterer hasn't even arrived yet.
(C) Yes, I also received an invitation.

訳　パーティはいつ始まりますか？
(A) 主にソフトドリンクとジュースです。
(B) ケータリング業者がまだ来てすらいません。
(C) はい、私も招待状を受け取りました。

解説　パーティがいつ始まるか、という問いかけに対し、「ケータリング業者がまだ来てすらいない（なのでまだ当分先）」と変化球で答えている (B) が正解。When や What time で始まる問いかけに対し、こうした「（なのでまだ当分先）」「（なのでいつになるかわからない）」は定番の答え。

語注　□ **reception** 名 パーティ　□ **caterer** 名 ケータリング業者
□ **invitation** 名 招待（状）

28. 正解 (A) 🚄 🇨🇦 🇺🇸 (◀100)

Has this sweater also been marked down?
(A) They're having a store-wide sale.
(B) From the other distribution center.
(C) Yes, please turn it down a little.

訳　このセーターも値引きされていますか？
(A) 全店セール中です。
(B) もう一つの流通センターからです。
(C) はい、少し音量を下げてください。

解説　セーターが値引き品かどうかを尋ねる客に対し、「全店セール中です（だからその商品も値引き対象）」と変化球で答えている (A) が正解。(B) の center は sweater と「似た音」、(C) の down は質問文と同じ単語でともに「ツリ単語」。

語注　□ **mark down** 値引きする　□ **store-wide** 形 全店の
□ **distribution** 名 流通　□ **turn down** 音量を下げる

29. 正解 (B)

Do you use contact lenses or wear glasses?
(A) Yes, I prefer the blue pair.
(B) I've always had good eyesight.
(C) Only because it's been sunny.

訳 コンタクトレンズか眼鏡のどちらを使っていますか？
(A) はい、私は青のペアの方が好きです。
(B) 私はずっと視力がいいです。
(C) 晴れているからこそです。

解説 コンタクトレンズか眼鏡のどっちを使っているのかという問いかけに対し、「視力がいい（だからどっちも使ってない）」と変化球で答えている (B) が正解。選択疑問文に対し、(A) のように Yes / No が聞こえたら消去しよう。

語注 □ **prefer** 動 ～の方を好む　□ **eyesight** 名 視力

30. 正解 (C)

I hope today's meeting ends early.
(A) The conference room isn't big enough.
(B) Some other staff noticed that, too.
(C) There are only a few items on the agenda.

訳 今日のミーティングが早く終わることを願っています。
(A) 会議室は広さが足りません。
(B) 数名のほかのスタッフもそれに気づきました。
(C) 数個の議題しかありません。

解説 「今日の会議が早く終わるといいな」という同僚のつぶやきに対し、「数個の議題しかない（だからすぐ終わるはず）」と答えている (C) が正解。同じニュアンスで、The agenda is very short. (議題リストはとても短い) も正解になり得る。

語注 □ **conference room** 会議室　□ **item on the agenda** 議題

31. 正解 (A) 🚄 🇺🇸🇨🇦 📢103

The client called to say she'll be late.
(A) There's certainly a lot of snow on the roads.
(B) Our headquarters moved last summer.
(C) A brand-new reservation system.

訳　お客様から遅れるとの電話がありました。
(A) 確かに道路には雪がたくさん積もっています。
(B) 当社の本社は昨夏移転しました。
(C) できたばかりの予約システムです。

解説　客から遅れの連絡が入った、という知らせに対し、「確かに道路に雪がたくさん積もっている (だから仕方ない)」と答えている (A) が正解。このパターンでは、Traffic is really slow this morning. (今朝は車の流れがすごく遅い) といった「渋滞だから仕方ない」も定番の答え。

語注　□ **certainly** 副 確かに　□ **headquarters** 名 本社

367

Questions 32 through 34 refer to the following
conversation.

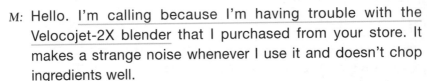

M: Hello. I'm calling because I'm having trouble with the Velocojet-2X blender that I purchased from your store. It makes a strange noise whenever I use it and doesn't chop ingredients well.

W: Oh, it sounds like there's a problem with the blades. Have you checked to see if anything is stuck in the blade assembly?

M: No, not yet. Can you explain how?

W: Sure. Just turn the bottom knob counter-clockwise. After that, clean the assembly thoroughly. If that doesn't work, we can schedule a repair.

訳　問題32〜34は次の会話に関するものです。

男性：こんにちは。そちらのお店で購入したVelocojet-2Xミキサーの調子が悪くて困っているので電話しました。使うたびに変な音がして、食材がうまく切れないんです。

女性：ああ、刃の部分に問題があるようですね。刃のユニットに何か詰まっていないか、確認されましたか？

男性：いいえ、まだです。どうすればいいか説明していただけますか？

女性：もちろんです。底のつまみを反時計回りに回すだけです。その後、ユニットをよく掃除してください。それでもダメなら、修理を手配しましょう。

語注　□ **blender** 名 (料理用の) ミキサー　□ **purchase** 動 購入する
□ **whenever** 接 〜するときはいつでも　□ **chop** 動 切る　□ **ingredient** 名 食材
□ **blade** 名 刃　□ **stuck** 形 詰まっている　□ **assembly** 名 (部品が集まった) ユニット
□ **counter-clockwise** 副 反時計回りに　□ **thoroughly** 副 徹底的に

32.　正解 (D)

What is the purpose of the telephone call?　電話の目的は何ですか？

(A) To place an order　　　　　注文を出すこと
(B) To ask about a lost item　紛失物について尋ねること

(C) To confirm a payment　支払いを確認すること
(D) To report a problem　問題を報告すること

> **解説**　冒頭で男性が、店で買ったミキサーの調子が悪い、と述べているので、(D) が正解。
>
> **語注**　□ **purpose** 名 目的　□ **place an order** 注文を出す
> □ **confirm** 動 確認する

33.　正解 (B)

According to the woman, how can a part be removed?
　女性によると、部品はどうすれば外せますか？
(A) By pressing a button　ボタンを押す
(B) By rotating a knob　つまみを回す
(C) By pulling a handle　ハンドルを引っ張る
(D) By flipping a switch　スイッチを入れる

> **解説**　刃のユニットに何かが詰まっていないか確認する方法として、女性が底のつまみを反時計回りに回すように伝えている。これは刃の部品を取り外すための方法なので、(B) が正解。
>
> **語注**　□ **according to** 〜によると　□ **remove** 動 取り外す　□ **rotate** 動 回す
> □ **flip** 動 (スイッチを) 入れる

34.　正解 (C)

What does the woman say she can do?　女性は何ができると言っていますか？
(A) Reduce a price　値段を下げる
(B) Issue a refund　返金をする
(C) Schedule a repair　修理を予定する
(D) Replace a product　製品を交換する

> **解説**　刃のユニットを取り外して洗っても問題が解決しないようなら、修理を手配しましょうと女性が述べているので、(C) が正解。
>
> **語注**　□ **issue** 動 出す　□ **refund** 名 返金　□ **replace** 動 交換する

Questions 35 through 37 refer to the following conversation.

M: Hey, Cynthia! How was the electronics trade show in Las Vegas on the weekend?

W: It was all right. There was some interest in our new products, but we didn't convert as many leads into sales as we had hoped.

M: Do you think we should be offering more competitive prices?

W: No, that's not it. What we should do is work with influencers to create a buzz around our products.

M: Hmm. Interesting. I'd like to hear more about that. How about sharing your ideas on influencer marketing at the next sales meeting?

W: Sure, I can do that.

訳　問題35〜37は次の会話に関するものです。

男性：やあ、シンシア！週末にラスベガスで行われたエレクトロニクスの見本市はどうでしたか？

女性：まずまずでした。当社の新製品への関心はありましたが、期待していたほど見込み客を売り上げにつなげられませんでした。

男性：我々はもっと競争力のある価格を提供すべきだと思いますか？

女性：いいえ、そうではありません。我々がすべきことは、インフルエンサーとコラボして、我々の製品について話題を作ることです。

男性：うーん。興味深いです。それについてもっと聞いてみたいですね。次の営業会議で、インフルエンサーマーケティングに関するあなたの考えをシェアしてみてはどうですか？

女性：もちろん、そうしましょう。

語注　□ **trade show** 見本市
□ **convert leads into sales** 見込み客を売り上げにつなげる
□ **competitive** 形 他に負けない、競争力のある
□ **influencer** 名 インフルエンサー（世間に大きな影響力を持つ人）
□ **create a buzz** 話題を作る、バズらせる

35. 　正解 (C)

What are the speakers mainly discussing?

二人は主に何について話していますか？

(A) Plans for a business trip　　　出張の計画
(B) Possible locations for a show　ショーの候補地
(C) Ways to increase sales　　　　売り上げを増やす方法
(D) Places to visit in Las Vegas　ラスベガスで訪れるべき場所

> **解説**　主に会社の売り上げをどうしたら伸ばせるかについて話しているので、(C) が正解。こうした会話の内容を答える問題は、自信がなければ後回しにして、具体的な情報を聞き取る問題を先に解こう。

36.　正解 (B)

What does the woman suggest doing?　女性は何をするよう提案していますか？

(A) Lowering merchandise prices　　商品の価格を下げる
(B) Collaborating with influencers　インフルエンサーとコラボする
(C) Meeting with a local supplier　地元の納入業者と会う
(D) Creating large billboards　　　大きな広告板を作る

> **解説**　売り上げを伸ばす案として、男性が価格を下げるべきかを尋ねたのに対し、女性はそうではなく、インフルエンサーとコラボすべきだと述べているので、(B) が正解。
> **語注**　□ **suggest** 動 提案する　□ **supplier** 名 納入業者　□ **billboard** 名 広告板

37.　正解 (A)

What does the man ask the woman to do?
男性は女性に何をするよう頼んでいますか？

(A) Present some marketing ideas　マーケティングのアイデアを提示する
(B) Meet a sales representative　　販売担当者と会う
(C) Hire some more employees　　社員を追加で雇う
(D) Review some sales figures　　売り上げ数値を検討する

> **解説**　会話の終盤で男性が女性に対し、「インフルエンサーマーケティングに関するあなたの考えを次回の会議でシェアしてはどうか」と提案しているので、(A) が正解。
> **語注**　□ **present** 動 提示する　□ **sales representative** 販売担当者
> □ **sales figures** 売り上げ数値

Questions 38 through 40 refer to the following
conversation.

W: Good morning. I've misplaced my access card for the research lab. Can I get a replacement?

M: Yes, but before we can issue a new one, we need to verify your employment. Do you have some identification with a photo?

W: I have my staff ID. Here you go.

M: Ah, Dr. Anderson. One of your colleagues found your card yesterday evening.

W: Oh, is that so? It must've slipped out of my lab coat pocket while I was working.

M: I'll get the card now, but if it goes missing again, you should notify our office sooner, OK?

W: Sure. I'll do that. Thank you.

訳 問題38～40は次の会話に関するものです。

女性：おはようございます。研究所のアクセスカードを失くしてしまいました。再発行できますか？

男性：はい、でも新しいものを発行する前に、あなたの雇用を確認する必要があります。写真付きの身分証明書をお持ちですか？

女性：スタッフIDを持っています。これです。

男性：ああ、アンダーソン先生。昨日の夕方、あなたの同僚の一人がカードを見つけましたよ。

女性：ああ、そうなんですか？　仕事中に白衣のポケットから落ちたんでしょう。

男性：今カードをお持ちしますが、もしまた紛失したら、もっと早く私たちのオフィスに知らせてくださいね？

女性：はい、そうします。ありがとうございます。

語注　□ **misplace** 動 紛失する、置き忘れる　□ **research lab** 研究所
□ **replacement** 名 交換品　□ **issue** 動 発行する　□ **verify** 動 確かめる
□ **employment** 名 雇用　□ **colleague** 名 同僚　□ **slip out of** ～から抜け落ちる
□ **notify** 動 知らせる

38. 正解 (B)

What problem does the woman mention?
女性は何の問題について述べていますか？

(A) Some test results are incorrect. 実験結果が間違っている。
(B) An access card is missing. アクセスカードが行方不明だ。
(C) Some files have disappeared. ファイルが消えた。
(D) A director is not available. 部長の都合がつかない。

解説 冒頭で女性が「研究所のアクセスカードを紛失した」と述べているので、(B) が正解。

語注 □ **incorrect** 形 間違っている □ **disappear** 動 消える
□ **available** 形 都合がつく

39. 正解 (D)

What does the man ask the woman to provide?
男性は女性に何を出すよう求めていますか？
(A) An employment contract 雇用契約書
(B) A confirmation number 確認番号
(C) Completed forms 記入済みフォーム
(D) Photo identification 写真付き身分証明書

解説 男性が、カードの再発行には雇用の確認が必要だと述べ、写真付き身分証明書の提示を求めているので、(D) が正解。

語注 □ **provide** 動 提供する

40. 正解 (C)

What does the woman agree to do? 女性は何をすることに同意していますか？
(A) Keep a spare card スペアのカードを保管する
(B) Check a coat pocket コートのポケットをチェックする
(C) Notify an office sooner オフィスにもっと早く知らせる
(D) Return in the evening 夕方に戻る

解説 次回カードを紛失した際はもっと早くオフィスに知らせるよう男性が求めたのに対し女性が同意しているので、(C) が正解。

語注 □ **agree** 動 同意する

Questions 41 through 43 refer to the following conversation.

M: Renova World. Nathan speaking.

W: Hi, my name is Olivia Bennett, and I'm calling from Vizar Insurance. We're considering having our lobby redone and <u>want to know how much it would cost us.</u>

M: Thank you for calling. To proceed with that, one of our staff will need to swing by your location for a look and to discuss your particular needs.

W: I'll be here tomorrow during regular business hours. <u>Is there anything I can do to prepare?</u>

M: <u>You could browse our Web site for designs that match your vision.</u> Then you can share your preferences with us tomorrow.

W: OK. I'll have a look.

訳 問題41～43は次の会話に関するものです。

男性：レノヴァワールド。ネイサンです。

女性：こんにちは、オリビア・ベネットと申します。ヴァイザー保険からお電話しています。当社でロビーの改装を考えているのですが、どれくらいの費用がかかるか知りたいのです。

男性：お電話ありがとうございます。先に進めるには、私どものスタッフがそちらにお伺いして拝見し、お客様のご要望をお伺いする必要があります。

女性：明日、営業時間内はここにおります。何か準備することはありますか？

男性：まずは当社のウェブ・サイトをご覧いただき、お客様のイメージに合うデザインをお探しください。そして、明日、御社の御希望を私たちにお伝えください。

女性：わかりました、見てみます。

語注 □ **insurance** 名 保険 □ **redo** 動 改装する □ **proceed** 動 進める □ **swing by** 立ち寄る □ **particular** 形 特定の □ **browse** 動 閲覧する □ **vision** 名 (将来の) イメージ、理想像 □ **preference** 名 好み、希望

---

41. 正解 (D)

Why is the woman calling?　なぜ女性は電話していますか？

(A) To purchase supplies　備品を購入するため

(B) To introduce a service　サービスを紹介するため
(C) To apply for a position　職に応募するため
(D) To request an estimate　見積もりを依頼するため

解説　　冒頭で女性が、ロビーの改装にいくらかかるか知りたいと述べているので、(D) が正解。

語注　　□ **purchase** 動 購入する　□ **supply** 名 備品　□ **apply for** ～に応募する　□ **estimate** 名 見積もり

42.　正解 (A)

What does the woman ask about?　女性は何を尋ねていますか？
(A) Preparation for a meeting　打ち合わせの準備
(B) Business hour changes　営業時間の変更
(C) Directions to a location　場所までの道順
(D) Promotional campaigns　宣伝販促キャンペーン

解説　　後半で女性が、打ち合わせの前に何か準備することがあるかを尋ねているので、(A) が正解。

語注　　□ **preparation** 名 準備　□ **direction** 名 道順　□ **promotional** 形 宣伝販促用の

43.　正解 (D)

What does the man recommend the woman do?
男性は女性に何をすることを勧めていますか？
(A) Read some guidelines　ガイドラインを読む
(B) Measure some walls　壁を測定する
(C) Select a paint color　ペイントの色を選ぶ
(D) Browse some designs　デザインを閲覧する

解説　　男性が、事前にウェブ・サイトでデザインに目を通すよう助言しているので、(D) が正解。

語注　　□ **measure** 動 測定する

Questions 44 through 46 refer to the following conversation with three speakers.

W-1: Welcome to Harvest Bistro. Do you have a reservation?

W-2: Yes, it's under my name: Taylor. I reserved a table for four, but can we have an extra chair for a friend who's joining us?

W-1: I'm sorry, but that table isn't big enough. If you can wait, a larger one will become available in about an hour.

W-2: We can't, as we've got tickets for a nine-o'clock movie.

M: Excuse me, I overheard your conversation. My group reserved a table for six, but a couple can't make it. Why don't we change places?

W-2: Oh, thank you.

W-1: Great. We'll seat you all shortly.

訳 問題44～46は次の3人の会話に関するものです。

女性1：ハーベスト・ビストロへようこそ。ご予約はお済みでしょうか？

女性2：はい、私の名前テイラーで取ってあります。4人掛けのテーブルを予約したのですが、一緒に来る友人のために椅子を1脚追加してもらえますか？

女性1：申し訳ありませんが、そのテーブルは十分な大きさではありません。もしお待ちいただけるなら、1時間ほど後にもっと大きなテーブルが空きます。

女性2：待てないんです。9時の映画のチケットを取っているので。

男性：　すみません、お二人の会話が聞こえてきました。私のグループは6人掛けのテーブルを予約したのですが、2人来られなくなったんです。席を交換しませんか？

女性2：ああ、ありがとうございます。

女性1：よかったです。すぐに皆様をお席にご案内いたします。

語注　□ **reservation** 名 予約　□ **reserve** 動 予約する
□ **available** 形 利用できる　□ **in about an hour** 1時間ほど後に
□ **overhear** 動 立ち聞きする、耳にする　□ **can't make it** 来られない
□ **shortly** 副 まもなく

44. 正解 (A)

What does Ms. Taylor say has changed?
テイラーさんは何が変わったと言っていますか？

(A) The size of her group　　彼女のグループのサイズ
(B) The time of her reservation　彼女の予約の時間
(C) The options on a menu　　メニューのオプション
(D) The location of an event　　イベントの場所

解説　冒頭で女性が、予約は4名だが1名追加になったと述べているので、(A) が正解。

45. 正解 (D)

Why is Ms. Taylor's group unable to wait?
なぜテイラーさんのグループは待てないのですか？

(A) They have to return a rental car.　レンタカーを返す必要がある。
(B) They will all work a night shift.　全員夜勤の予定がある。
(C) They have to go to an airport.　空港に行かなければならない。
(D) They have tickets for a movie.　映画のチケットを持っている。

解説　中盤でテイラーさんが、待てないのは9時の映画のチケットを取っているからだと理由を述べているので、(D) が正解。

46. 正解 (B)

What does the man suggest doing?　男性は何をすることを提案していますか？

(A) Dining together　　一緒に食事する
(B) Switching tables　　席を交換する
(C) Ordering a dessert　デザートを注文する
(D) Calling a restaurant　レストランに電話する

解説　会話を耳にした男性が、席の交換を申し出ているので、(B) が正解。
語注　□ **dine** 動 食事をする

Questions 47 through 49 refer to the following conversation.

W: Hi. I'd like two tickets for tonight's comedy show, *Laughs Galore*.

M: I'm sorry, but they've been sold out for a while now. It's even fully booked on weekdays.

W: Oh, I really wanted to see it before I leave Atlantic City on Monday.

M: Well, we have a few available seats for tomorrow evening's dramatic play, *The Flower's Shadow*. It's getting great reviews. The tickets are toward the rear of the auditorium, though.

W: That won't be a problem. If there're two seats next to each other, I'll take them.

M: Great! That'll be $72.00, please.

訳　問題47〜49は次の会話に関するものです。

女性：こんにちは、今夜のコメディショー「Laughs Galore」のチケットが2枚欲しいのですが。

男性：申し訳ありませんが、しばらくずっと売り切れです。平日でも満席なんですよ。

女性：ああ、月曜日にアトランティック・シティを離れる前にどうしても見たかったんです。

男性：そうですね、明日の夕方のドラマ劇「The Flower's Shadow」は少し空席がありますよ。とても評判がいいんです。ただ、チケットは客席の後ろの方です。

女性：それは問題ありません。並びの席が2つあれば、それを買います。

男性：よかったです！　72ドルになります。

語注　□ **for a while now** ここのところしばらく　□ **rear** 名 後ろ
□ **auditorium** 名 客席、講堂　□ **though** 副 ですが、だが

47.　正解 (B)

Where is the conversation taking place?　この会話はどこで行われていますか？

(A) At a radio station　　ラジオ局
(B) At a ticket booth　　チケット売り場
(C) At a travel agency　　旅行代理店
(D) At a sports stadium　　スポーツのスタジアム

冒頭で女性が、「今夜のコメディショーのチケットが欲しい」と述べているので、(B) が正解。

48. 正解 (A)

What is the woman doing on Monday? 女性は月曜日に何をしますか？
(A) Leaving a city 市を離れる
(B) Visiting a friend 友人を訪れる
(C) Ordering a book 本を注文する
(D) Watching a film 映画を見る

中盤で女性が、「月曜日にアトランティック・シティを離れる前に見たかった」と述べているので、(A) が正解。

49. 正解 (D)

What does the woman mean when she says, "That won't be a problem"?
女性が「それは問題ありません」と言う際、何を意味していますか？
(A) She wants to pay a lower price for tickets.
チケットをもっと安くしてほしい。
(B) She would like to sit closer to a stage.
ステージのより近くに座りたい。
(C) She is eager to see tonight's performance.
今夜の公演をすごく見たい。
(D) She is willing to take any available seats.
手に入る席なら何でも構わない。

窓口係の男性が、「明日の夕方の劇には少し空席がある。ただし席が後ろの方だ」と述べたのに対し、女性が「それは問題ありません」と答えている。つまり、どこの席でもいいのでその劇のチケットを買いたい、という意味なので、(D) が正解。並びの席があれば2枚買うと述べている直後のセリフも解答のヒントになる。

□ **be eager to do** すごく～したい □ **be willing to do** ～する気がある

Questions 50 through 52 refer to the following conversation.

W: This is Mastercraft Supplies. How can I help you?

M: Hi, Ms. Henshaw. It's Mateo. I'm running behind schedule.

W: Oh, is something wrong with the delivery truck?

M: No, it's fine. But when I got to the warehouse, the lumber wasn't ready to be loaded onto the truck. They're working on it now, but <u>I won't be able to deliver it to the construction site by ten, as scheduled.</u>

W: I see. Does the foreman at the site know?

M: Not yet. I don't have his number, so <u>could you give him a call?</u>

W: <u>Sure, I'll do that.</u> Thanks for letting me know.

訳 問題50〜52は次の会話に関するものです。
女性：こちらはマスター・クラフト・サプライです。どういったご用件でしょうか？
男性：こんにちは、ヘンショウさん。マテオです。予定より遅れています。
女性：ああ、配送トラックに何か問題があったのでしょうか？
男性：いえ、それは大丈夫です。でも倉庫に着いたら、材木がトラックに積める状態じゃなかったんです。今、作業してくれているんですが、予定していた10時までに建設現場に届けることができません。
女性：なるほど。現場監督は知っていますか？
男性：まだです。電話番号を知らないので、彼に電話していただけますか？
女性：もちろん、そうします。教えてくれてありがとうございます。

語注 □ **running behind schedule** 予定より遅れている □ **warehouse** 名 倉庫 □ **lumber** 名 材木 □ **load** 動 積み込む □ **construction site** 建設現場 □ **foreman** 名 現場監督 □ **site** 名 場所

---

50. 正解 (C)

What industry do the speakers most likely work in?
二人はおそらく何の業界で働いていますか？

(A) Tourism　　観光
(B) Fashion　　ファッション
(C) Construction　建設
(D) Health　　健康

建設現場への資材の搬入について話し合っているので、(C) が正解。決め手になるのは後半の construction site（建設現場）。序盤で答えがわからないので、設問だけ頭に入れ、先に2問目を解こう。

語注 □ **industry** 名 業界、産業

51. 正解 (A)

What problem does the man mention? 男性は何の問題について述べていますか？

(A) A delivery will be late.　　　配送が遅れる。
(B) A schedule is incorrect.　　　スケジュールが間違っている。
(C) A truck has broken down.　　トラックが故障した。
(D) A business is understaffed.　ビジネスが人手不足だ。

解説 中盤で男性が、建設現場への資材の配送が予定より遅れると述べているので、(A) が正解。

語注 □ **incorrect** 形 間違っている　□ **understaffed** 形 人手不足の

52. 正解 (C)

What will the woman probably do next? 女性はおそらく次に何をしますか？

(A) Fill out some forms　　用紙に記入する
(B) Revise a calculation　　計算を見直す
(C) Make a phone call　　　電話を掛ける
(D) Pick up some items　　品物を受け取る

解説 男性が現場監督への電話連絡を依頼したのに対し、女性が了承しているので、(C) が正解。

語注 □ **probably** 副 おそらく、たぶん　□ **fill out** ～に記入する
□ **revise** 動 見直す　□ **calculation** 名 計算

Questions 53 through 55 refer to the following
conversation.

M: Joanne, have you had a chance to look at the proposals for the office building we'll be constructing later this year?

W: Yes, I went over them yesterday. Bonnie Wilson's design caught my attention the most. If we choose hers, the building will have multiple collaborative spaces.

M: Oh, that has the rooftop garden, right? It's impressive, but so is the five-story building Frank Coburn proposed. Its sustainable design would reduce environmental impact. Plus, the building would look very modern.

W: I agree. All right, let's get the whole team together and find out which they prefer.

訳　問題53〜55は次の会話に関するものです。

男性：ジョアン、今年我々が建設するオフィスビルの提案書を見る機会はありましたか？

女性：ええ、昨日詳しく見ました。ボニー・ウィルソンさんのデザインが私の目を最も引きました。彼女のデザインを採用すれば、ビルは複数の協働スペースを持つことになります。

男性：ああ、あれには屋上庭園がありますよね。印象に残ります。でも、フランク・コバーンさんが提案した5階建てのビルも印象的です。持続可能なデザインで環境への影響が少ないでしょう。それに、ビルはとても近代的に見えるでしょう。

女性：そうですね。じゃあ、チーム全員を集めて、どちらがいいか聞いてみましょう。

語注　□ **proposal** 名 提案　□ **go over** 詳しく見る
□ **catch one's attention** 〜の注意を引く　□ **collaborative space** 協働スペース
□ **impressive** 形 印象的な　□ **so is** 〜もそうだ　□ **five-story** 形 5階建ての
□ **sustainable** 形 持続可能な　□ **reduce** 動 減らす
□ **environmental impact** 環境への影響　□ **modern** 形 近代的な

---

53. 正解 (D)

What is the purpose of the conversation?　会話の目的は何ですか？

(A) To prepare for a presentation　プレゼンの準備をすること
(B) To review a property contract　不動産契約を検討すること
(C) To compare advertisements　広告を比較すること
(D) To discuss some proposals　提案について話し合うこと

解説　冒頭で男性が、建設予定のオフィスビルの提案を見たかどうかを女性に尋ね、それについて話し合っているので、(D) が正解。

語注　□ **prepare for** 〜の準備をする　□ **review** 動 検討する
□ **property contract** 不動産契約　□ **compare** 動 比べる

54.　正解 (D)

What does the man like about Mr. Coburn's plan?
男性はコバーンさんの計画の何が好きですか？
(A) The rooftop garden　屋上庭園
(B) The large windows　大きな窓
(C) The multipurpose rooms　多目的の部屋
(D) The sustainable design　持続可能なデザイン

解説　男性は、コバーンさんの持続可能なデザインを長所として挙げているので、(D) が正解。

55.　正解 (B)

What will the speakers probably do next?　二人はおそらく次に何をしますか？
(A) Modernize an office space　オフィススペースを近代化する
(B) Meet with some colleagues　同僚と会う
(C) Print out some materials　資料を印刷する
(D) Conduct market research　市場調査を行う

解説　最後に女性が、チーム全員を集めて意見を聞くことを提案しているので、(B) が正解。

語注　□ **modernize** 動 近代化する　□ **colleague** 名 同僚　□ **conduct** 動 行う

Questions 56 through 58 refer to the following conversation.

🇨🇦 🇺🇸 ◀113

W: Andrew, could you lend me a hand with these boxes? I need to move them to the archive room, and some are too heavy for me to pick up.

M: I'm attending a presentation in twenty minutes, so I don't have much time. Mitchell is around now, right?

W: Who's Mitchell?

M: The new administrative assistant. He joined our team on Monday.

W: I wasn't aware that we'd hired someone. I was on vacation last week and just got back yesterday.

M: Well, he's probably with the service counter staff in the lobby. I still have a few minutes. Let's go see if he's there so I can introduce you.

訳 問題56〜58は次の会話に関するものです。

女性：アンドルー、ここの箱を運ぶのを手伝ってくれませんか？　保管部屋に移動させないといけないんですが、重くて持ち上げられないものもあるんです。

男性：あと20分でプレゼンに出るので、あまり時間がないんです。ミッチェルは今近くにいますよね？

女性：ミッチェルって誰ですか？

男性：新しい事務アシスタントです。月曜日からうちのチームに加わりました。

女性：人を雇ったとは知りませんでした。先週は休暇を取っていて、昨日戻ってきたばかりなんです。

男性：そうですね、彼はサービスカウンターのスタッフと一緒にたぶんロビーにいます。まだ数分時間があります。紹介するので、彼がいるかどうか見に行きましょう。

語注 □ **lend X a hand** Xに手を貸す　□ **archive room** 保管部屋
□ **around** 副 近くにいる　□ **administrative** 形 事務の、管理の
□ **aware** 形 知っている　□ **hire** 動 雇う　□ **so** 接 〜するように

56. 正解 (D)

What problem does the woman have? 女性の問題は何ですか？
(A) Her workspace is too small.　作業スペースが小さすぎる。
(B) Her presentation is not ready.　プレゼンの準備ができていない。
(C) She cannot open a storeroom.　保管部屋を開けられない。
(D) She cannot lift some boxes.　箱を持ち上げられない。

解説　冒頭で女性が、保管部屋に移動させる箱の一部が重くて持ち上げられないと述べているので、(D) が正解。
語注　□ **storeroom** 名 保管部屋　□ **lift** 動 持ち上げる

57. 正解 (C)

What does the man imply when he says, "Mitchell is around now, right"?
男性が「ミッチェルは今近くにいますよね」と言う際、何をほのめかしていますか？
(A) A decision must be made soon.　すぐに決定しなければならない。
(B) The woman needs more time.　女性はもっと時間が必要だ。
(C) Mitchell can assist the woman.　ミッチェルが女性を助けられる。
(D) Mitchell has been late for work.　ミッチェルは仕事に遅刻した。

解説　助けを求める女性に対し、男性が、あまり時間がないと答え、「ミッチェルは今近くにいますよね」と述べている。つまり、ミッチェルに助けてもらうことを提案しているので、(C) が正解。

58. 正解 (A)

Where will the speakers most likely go next?
二人はおそらく次にどこに行きますか？
(A) To a service counter　サービスカウンター
(B) To a training session　研修会
(C) To a branch office　支店
(D) To a conference room　会議室

解説　ロビーのサービスカウンターにいるミッチェルの所に行こうとしているので、(A) が正解。

Questions 59 through 61 refer to the following conversation with three speakers.

M-1: Amelia, have you used this photocopier recently? It's acting up again.

W: I tried using it earlier, but it didn't work for me either.

M-1: OK, I'll call maintenance.

W: I already did, and they're sending somebody. Actually, I see Marcus coming over here now.

M-1: Hi, Marcus. There's an error code flashing on this machine. We're not sure what's wrong.

M-2: That probably means there's a paper feed issue. It might need a thorough cleaning.

W: When can you get it running again?

M-2: It shouldn't take long, but feel free to use the one in my department.

W: All right. I'll go do that now.

訳 問題59〜61は次の3人の会話に関するものです。

男性1：アメリア、最近このコピー機を使いましたか？　また調子が悪いんです。

女性：　さっき使ってみましたが、私もダメだめでした。

男性1：わかりました。メンテナンスに電話します。

女性：　私がもうしました。誰か送ってくれるそうです。実は今、マーカスがこっちに来るのが見えます。

男性1：こんにちは、マーカス。この機械にエラーコードが点滅しているんです。何が問題なのかわかりません。

男性2：それはおそらく、給紙の問題でしょう。徹底的なクリーニングが必要かもしれません。

女性：　いつになったらまた使えるようにできますか？

男性2：そんなに時間はかからないと思いますが、私の部署にあるものを自由に使ってください。

女性：　わかりました。では、今から行ってそうします。

語注 □ **photocopier** 名 コピー機　□ **recently** 副 最近　□ **act up** 調子が悪い □ **flash** 動 点滅する　□ **paper feed** 給紙　□ **issue** 名 問題 □ **thorough** 形 徹底的な　□ **feel free to do** 自由に〜する　□ **department** 名 部

59. 正解 (B)

What does the woman say she has done?　女性は何をしたと言っていますか？
(A) Ordered parts　　　パーツを注文した
(B) Called maintenance　メンテナンスに電話した
(C) Fixed a machine　　機械を直した
(D) Entered a code　　　コードを入力した

解説　メンテナンスに電話すると言う男性に対し、「私がもうした」と女性が述べているので、(B) が正解。

60. 正解 (A)

What problem does Marcus mention?
マーカスは何の問題について述べていますか？
(A) A paper feed issue　　　給紙の問題
(B) A software malfunction　ソフトの不具合
(C) A power outage　　　　停電
(D) A faulty ink cartridge　欠陥のあるインクカートリッジ

解説　中盤でマーカスが、おそらく給紙の問題だと述べているので、(A) が正解。
語注　□ **malfunction** 名 不具合　□ **power outage** 停電
□ **faulty** 形 欠陥のある

61. 正解 (C)

What will the woman do next?　女性は次に何をしますか？
(A) Ask a coworker a question　同僚に質問する
(B) Reschedule a presentation　プレゼンの予定を変更する
(C) Go to another department　別の部署に行く
(D) Call a local hardware store　地元のホームセンターに電話する

解説　マーカスの部署のコピー機を使うよう勧められ、女性が「そうします」と答えているので、(C) が正解。
語注　□ **coworker** 名 同僚　□ **reschedule** 動 予定を変更する
□ **hardware store** ホームセンター

Questions 62 through 64 refer to the following conversation and floor plan.

M: Hi, it's Jason Murray calling from Apartment 52. I found a key by the elevator on this floor. It probably fell off a keychain.

W: Can you describe it for me?

M: Sure, it's silver and has a similar shape to the one that unlocks my door.

W: Hmm… Did you ask your neighbors if it's theirs?

M: I checked with Mr. Evans in Apartment 51 across the hall, but it's not his. Since Apartment 53 is vacant, I figure it must belong to Ms. Martinez, who lives next door to me.

W: OK. Please bring it to the building manager's office, and I'll get a hold of her.

訳 問題62～64は次の会話と間取り図に関するものです。

男性：こんにちは、アパート52号室のジェイソン・マーレイです。この階のエレベーターのそばで鍵を見つけました。おそらくキーホルダーから落ちたのでしょう。

女性：どんなのか説明してもらえますか？

男性：もちろんです。銀色で、私の部屋の鍵を開けるのと似た形をしています。

女性：うーん…、近所の方に、その方のものかどうか聞いてみましたか？

男性：向かいの51号室のエバンスさんに確認しましたが、彼のものではありません。53号室は空きなので、隣に住んでいるマルティネスさんのものに違いないと思います。

女性：わかりました、ビル管理人のオフィスまで持ってきてください。それから彼女に連絡を取ります。

語注 □ **fall off** （離れて）落ちる　□ **describe** 動 描写する
□ **unlock** 動 鍵を開ける　□ **neighbor** 名 近所の人　□ **vacant** 形 空いている
□ **figure** 動 思う　□ **belong to** ～のものである　□ **get a hold of** ～に連絡する

62. 正解 (C)

What does the man describe?　男性は何を説明していますか？

(A) The size of a keychain　　キーチェーンのサイズ
(B) The color of a door　　　ドアの色
(C) The shape of a key　　　鍵の形
(D) The length of a hallway　廊下の長さ

解説　鍵を拾った男性が、色や形を説明しているので、(C) が正解。

63. 正解 (D)

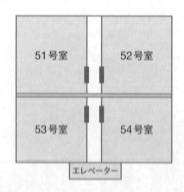

Look at the graphic. Where does Ms. Martinez live?

図表を見てください。マルティネスさんはどこに住んでいますか？

(A) Apartment 51　51号室
(B) Apartment 52　52号室
(C) Apartment 53　53号室
(D) Apartment 54　54号室

解説　52号室の男性が、マルティネスさんが隣に住んでいると述べているので、(D) が正解。

64. 正解 (A)

What does the woman say she will do?　女性は何をすると言っていますか？
(A) Contact a tenant　　入居者に連絡する
(B) Replace a lock　　鍵を交換する
(C) Confirm an address　　住所を確認する
(D) Locate a document　　書類を見つける

解説　女性が最後に、鍵を持ってきてくれたらマルティネスさんに連絡すると述べているので、(A) が正解。

語注　□ **contact** 動 連絡する　□ **tenant** 名 入居者　□ **replace** 動 交換する
□ **confirm** 動 確認する　□ **locate** 動 見つける

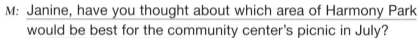

M: Janine, have you thought about which area of Harmony Park would be best for the community center's picnic in July?

W: I think the open field near the playground could be ideal. It's spacious enough to accommodate everyone comfortably, and parents can watch their kids while enjoying the picnic.

M: OK, but what about some shade? I noticed a grove of trees nearby. Maybe we can lay out the blankets there for those who prefer a cooler spot?

W: Good point! Let's hold it there, then. I'll create an invitation e-mail with all the details and then send it to you to review.

訳 問題65～67は次の会話と地図に関するものです。

男性：ジャニーン、7月のコミュニティセンターのピクニックには、ハーモニーパークのどのエリアがいいか、考えましたか？

女性：運動場の近くにある野原が理想的だと思います。広々としてみんなが快適に過ごせるし、親は子供を見ながらピクニックを楽しめます。

男性：そうですね。でも日陰はどうですか？ 近くに木立があるのを見つけました。涼しい場所がいいという人のために、そこにブランケットを敷くこともできるでしょうか？

女性：その通りですね！ じゃあ、そこで開きましょう。詳細を書いた招待メールを作って、確認用にあなたに送ります。

語注 □ **open field** 野原　□ **playground** 名 運動場　□ **ideal** 形 理想的な　□ **spacious** 形 広々とした　□ **accommodate** 動 収容する　□ **comfortably** 副 快適に　□ **grove of trees** 木立、林　□ **lay out** 広げる　□ **blanket** 名 毛布、厚手のカバー　□ **invitation** 名 招待

65. 正解 (D)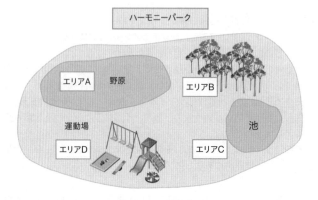

Where do the speakers most likely work?
二人はおそらくどこで働いていますか？

(A) At a public park　　　　公共の公園
(B) At a landscaping firm　　造園会社
(C) At a travel agency　　　旅行代理店
(D) At a community center　コミュニティセンター

> **解説**　二人でコミュニティセンターのピクニックをどこで開くかを話しているので、(D) が正解。

66. 正解 (B)

ハーモニーパーク

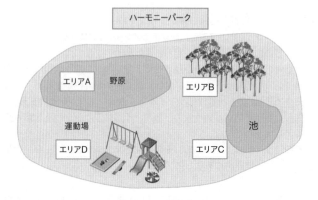

エリアA　野原
エリアB
運動場
池
エリアD
エリアC

Look at the graphic. Where will the event be held?
図表を見てください。どこでイベントは開かれますか？

(A) Area A　　エリアA
(B) Area B　　エリアB
(C) Area C　　エリアC
(D) Area D　　エリアD

> **解説**　女性が野原を提案したのに対し、男性が、日陰があった方が良いので、木立のあるエリアを提案。そこで開くことに女性も同意したので、(B) が正解。図表問題では、このように、「X だと思ったら Y が正解」という出題パターンが定番。頭に入れておこう。

67. 正解 (A)

What does the woman plan to send the man?
女性は男性に何を送る予定ですか？

(A) An invitation　　招待状
(B) An address　　住所
(C) Some coolers　　クーラーボックス
(D) Some blankets　　ブランケット

解説　女性が最後に、招待メールを作って男性に送ると述べているので、(A) が正解。

Questions 68 through 70 refer to the following conversation and brochure.

M: You're listening to Radiant Waves FM. I'm your host, Rex Donovan. Here with me is the talented singer Laura Sterling, who'll be on stage in Bellwood Park tomorrow. Welcome, Laura!

W: Thanks! I'm thrilled to be here.

M: Have you seen any of the other bands who'll be performing at the festival?

W: I went to a Sonic Clouds concert in March. They've got great songs.

M: According to the festival brochure, your band takes the stage when they finish.

W: Yeah, we're a bit anxious about that. But we're going to give it our all!

訳　問題68〜70は次の会話とパンフレットに関するものです。
男性：ラディアント・ウェーブスFMをお聴きの皆さま。皆さまの司会者、レックス・ドノヴァンです。ここにお越しいただいたのは、明日ベルウッドパークのステージに立つ、才能あふれるシンガー、ローラ・スターリングさんです。ようこそ、ローラさん！

女性：ありがとうございます！ ここに来られて感激しています。

男性：このフェスティバルに出演する他のバンドをどれかご覧になったことはありますか？

女性：3月にソニック・クラウズのコンサートに行きました。彼らは素晴らしい曲をお持ちです。

男性：フェスティバルのパンフレットによると、彼らの演奏が終わると、あなたのバンドがステージに立つそうですね。

女性：はい、ちょっと不安もありますね。でも、全力を尽くします！

語注 □ **brochure** 名 パンフレット □ **host** 名 司会者
□ **talented** 形 才能のある □ **thrilled** 形 わくわくしている
□ **anxious** 形 心配している □ **give it one's all** 全力を尽くす

68. 正解 (B)

Who most likely is the man? 男性はおそらく誰ですか？
(A) A professional musician プロのミュージシャン
(B) A radio show host ラジオショーの司会者
(C) An event planner イベントの企画者
(D) A costume designer 衣装デザイナー

解説 冒頭で男性がラジオ番組の司会者だと述べているので、(B) が正解。

69. 正解 (D)

What did Ms. Sterling do in March? スターリングさんは3月に何をしましたか？
(A) Formed a band バンドを結成した
(B) Completed a tour ツアーを終えた
(C) Released an album アルバムを発売した
(D) Attended a concert コンサートに出席した

解説 中盤で女性が、3月にソニック・クラウズのコンサートに行ったと述べているので、(D) が正解。

語注 □ **form** 動 結成する □ **complete** 動 終える

70. 正解 (C)

ベルウッドパークでの音楽祭	
バンド	時間
ポップ・アウトバック	午後1:00
ソニック・クラウズ	午後2:30
ハーモニー・キャンディ	午後4:00
コズミック・グルーヴズ	午後5:30

Look at the graphic. What is the name of Ms. Sterling's band?

図表を見てください。スターリングさんのバンド名は何ですか？

(A) Pop Outback   ポップ・アウトバック
(B) Sonic Clouds   ソニック・クラウズ
(C) Harmony Candy   ハーモニー・キャンディ
(D) Cosmic Grooves   コズミック・グルーヴズ

解説 後半で男性が、スターリングさんのバンドはソニック・クラウズの演奏が終わるとステージに立つと述べているので、(C) が正解。

Questions 71 through 73 refer to the following announcement.

Attention, please. Flight SW768, scheduled to depart for Singapore at 10:15 A.M., is delayed due to adverse weather at the destination city. The new estimated departure time is 12:45 P.M. We apologize for the inconvenience, and our team is working diligently to minimize the delay. We advise you to remain in the boarding area and monitor the flight information display screens for further updates. For those of you concerned about missing a connecting flight in Singapore, our ground staff will assist you with rebooking options, so please proceed to the service desk at Gate G. Thank you.

> **訳**　問題71〜73は次のアナウンスに関するものです。
> お知らせします。午前10時15分発シンガポール行 SW 768便は、目的地の悪天候のため遅延しています。新しい出発予定時刻は午後12時45分です。ご迷惑をおかけして申し訳ございません。当社のチームが遅延を最小限に抑えるべく、鋭意努力しております。皆さまには、ご搭乗エリアで待機していただき、フライトインフォメーション画面にて最新情報をご確認ください。シンガポールでの乗り継ぎ便の乗り遅れを心配されているお客様には、地上スタッフが予約変更のお手伝いをいたしますので、Gゲートのサービスデスクにお進みください。よろしくお願いいたします。

語注　□ **depart** 動 出発する　□ **due to** 〜が理由で
□ **adverse weather** 悪天候　□ **destination** 名 目的地
□ **estimated departure time** 出発予定時刻　□ **apologize** 動 お詫びする
□ **inconvenience** 名 不便　□ **diligently** 副 勤勉に　□ **minimize** 動 最小限にする
□ **monitor** 動 注視する　□ **further** 形 さらなる　□ **concerned** 形 心配して
□ **connecting flight** 乗り継ぎ便　□ **rebooking** 名 再予約　□ **proceed** 動 進む

71.　正解 (C)

What is the reason for the delay?　遅れの理由は何ですか？

(A) Lost paperwork　　　　　　　　紛失書類

(B) A staff shortage　　　　　スタッフ不足
(C) Poor weather conditions　悪天候
(D) Technical difficulties　　　技術的な問題

解説　冒頭で、悪天候のためフライトが遅延していると述べているので、(C) が正解。

語注　□ **paperwork** 名 書類　□ **shortage** 名 不足

72. 正解 (C)

What does the speaker advise the listeners to do?

話し手は聞き手に何をするよう助言していますか？

(A) Check their seat assignment　座席の割り当てを確認する
(B) Print out a boarding pass　　搭乗券を印刷する
(C) Remain in an area　　　　　エリアにとどまる
(D) Consult with a travel agent　旅行代理店の人に相談する

解説　聞き手に対し、搭乗エリアにとどまり、最新情報を確認するよう伝えているので、(C) が正解。

語注　□ **assignment** 名 割り当て　□ **consult** 動 相談する

73. 正解 (B)

According to the speaker, who should go to a service desk?

話し手によると、誰がサービスデスクに行くべきですか？

(A) Passengers requiring hotel bookings　　　　　ホテルの予約が必要な乗客
(B) Passengers with a connecting flight　　　　　乗り継ぎ便がある乗客
(C) Passengers with check-in luggage　　　　　　預入荷物がある乗客
(D) Passengers needing ground transportation　地上の交通手段が必要な乗客

解説　話し手が最後に、現地での乗り継ぎ便が心配な人はサービスデスクに行くよう求めているので、(B) が正解。

語注　□ **check-in luggage** 預入荷物
□ **ground transportation** 地上での交通手段

Questions 74 through 76 refer to the following telephone message.

🇨🇦 🔊120

Hello, I'm Sandra Patel from ProGen Corp. I'm interested in learning more about the industrial robots you offer. Specifically, we're looking for a state-of-the-art automated machine that'll package our products. Ours is pretty old, and it's been malfunctioning lately. I've heard great things about your company, and I'd like to ask some questions about specifications, features, and pricing. I'd also appreciate any insights or recommendations based on your company's expertise. You can reach me at 555-0136. I look forward to speaking with you. Good bye.

> **訳** 問題74～76は次の電話メッセージに関するものです。
> こんにちは、プロジェン社のサンドラ・パテルです。御社が提供する産業用ロボットについて、詳しく知りたいのですが。具体的には、当社の製品を自動で梱包する最新鋭の機械を探しています。当社の機械はかなり古く、最近不具合が起きています。御社の評判を聞いて、仕様や機能、価格についてお伺いしたく思います。また、御社の専門知識に基づく見識や推奨事項を教えていただければ幸いです。連絡先は、555-0136です。お話しできることを楽しみにしています。それでは、また。

> **語注** □ **industrial** 形 産業の　□ **specifically** 副 具体的には
> □ **state-of-the-art** 形 最新鋭の　□ **automated** 形 自動化された
> □ **package** 動 梱包する　□ **pretty** 副 かなり　□ **malfunction** 動 故障する
> □ **lately** 副 最近　□ **I've heard great things about** ～の評判を聞いて
> □ **specification** 名 仕様　□ **feature** 名 機能　□ **insight** 名 見識、洞察
> □ **expertise** 名 専門知識　□ **reach** 動 連絡を取る
> □ **look forward to** ～を楽しみにする

74. 正解 (D)

What is the purpose of the call?　電話の目的は何ですか？
(A) To explain some new procedures　　新しい手順を説明すること
(B) To confirm an order for equipment　機器の注文を確認すること
(C) To request approval for a purchase　購入の承認を求めること
(D) To inquire about some products　　製品について尋ねること

冒頭で、聞き手の会社の産業用ロボットについて詳しく知りたいと述べているので、(D) が正解。

語注 □ **procedure** 名 手順　□ **approval** 名 承認
□ **inquire** 動 尋ねる、問い合わせる

75. 正解 (A)

What problem does the woman mention?
女性は何の問題について述べていますか？

(A) A machine is not functioning properly.　機械が適切に機能していない。
(B) A list of merchandise is outdated.　商品のリストが古い。
(C) Some materials are not available.　いくつかの材料が手に入らない。
(D) Some repairs are too expensive.　修理にお金がかかりすぎる。

解説 問い合わせの理由として、自社の機械が古くて最近不具合があると述べているので、(A) が正解。本文中の malfunctioning (不具合がある) が、選択肢で not functioning properly (適切に機能していない) に言い換えられている。

語注 □ **function** 動 機能する　□ **properly** 副 適切に、ちゃんと
□ **merchandise** 名 商品　□ **outdated** 形 古い

76. 正解 (B)

What does the speaker tell the listener?　話し手は聞き手に何を伝えていますか？

(A) She watched a demonstration.　彼女は実演を見た。
(B) She would like some opinions.　彼女は意見が欲しい。
(C) She consulted with an expert.　彼女は専門家と相談した。
(D) She upgraded some software.　彼女はソフトをアップグレードした。

解説 後半で聞き手の会社の専門知識に基づく意見を求めているので、(B) が正解。

語注 □ **consult** 動 相談する

Questions 77 through 79 refer to the following advertisement.

Introducing Roadstar Rentals, your hassle-free service for high-quality rental cars. With 20 years in the business, we're celebrating our anniversary by offering an unbeatable deal right now. For all of November, enjoy 20 percent off the daily rental fee for any hatchback or sedan. Or would you rather use a sports utility vehicle? We've got you covered there too! Check out our wide range of top-notch vehicles at roadstarrentals.com. Reserve online or call 555-0157. Roadstar Rentals—ready to serve you on your next journey!

訳 問題77〜79は次の広告に関するものです。

高品質なレンタカーを手間なく利用できるロードスターレンタルズをご紹介します。創業20周年を記念して、只今、破格のキャンペーンを実施中です。11月中は、ハッチバックやセダンの1日のレンタル料が20%オフです。あるいは、スポーツタイプの多目的車をご利用ですか？ 当社は皆さまのためにそこもカバーしています！ roadstarrentals.com で、幅広い種類の高級車をご覧ください。オンラインでご予約いただくか、555-0157までお電話ください。ロードスターレンタルズは、皆さまの次のご旅行のお役に立つ準備ができています！

語注 □ **hassle-free** 形 手間がかからない □ **anniversary** 名 記念日 □ **unbeatable deal** 破格のキャンペーン □ **wide range of** 広範囲の □ **top-notch** 形 一流の □ **journey** 名 旅

---

77. 正解 (D)

What is being advertised? 何が宣伝されていますか？
(A) A moving company 引っ越しの会社
(B) A ride-sharing service 相乗りサービス
(C) A shipping service 配送サービス
(D) A car rental agency 車のレンタル代理店

解説 冒頭で、高品質のレンタカーを手間なく利用できるサービスだと述べているので、(D) が正解。

78. 正解 (D)

How is the business celebrating its anniversary?

このビジネスはどのように記念日を祝っていますか？

(A) By giving personalized gifts　個人に合わせたギフトを提供する
(B) By holding an event　　　　　イベントを開く
(C) By modifying its logo　　　　ロゴを変える
(D) By offering a discount　　　　割引を提供する

解説　創業20周年を記念して、11月中は1日のレンタル料が20%オフになると宣伝しているので、(D) が正解。

語注　□ **personalized** 形 個人に合わせた　□ **modify** 動 変更する、修正する

79. 正解 (C)

What does the speaker mean when he says, "We've got you covered there too"?

話し手が「当社は皆さまのためにそこもカバーしています」と言う際、何を意味していますか？

(A) Additional insurance is provided.　　追加の保険を提供している。
(B) Staff will provide extra assistance.　　スタッフが追加のサポートをする。
(C) The business offers another option.　　このビジネスには別のオプションもある。
(D) The business has another location.　　このビジネスには別の場所がある。

解説　ハッチバックやセダンではなく、SUV (スポーツタイプの多目的車) を希望なら、「そこもカバーしています」と述べている。つまり、そのオプションも用意しているという意味なので、(C) が正解。

語注　□ **additional** 形 追加の　□ **insurance** 名 保険

Questions 80 through 82 refer to the following excerpt from a meeting.

<u>Good morning, team!</u> I apologize for the short notice, but there's an urgent matter that needs our immediate attention. A client has reported that <u>our new software product, QuickThink V-2, has a bug.</u> <u>They said that it freezes when they try to perform specific functions.</u> We've sent someone to inspect the software at their office. In the meantime, we need to determine if any other clients have faced the same issue. <u>I want you to reach out to them now and find out.</u> If any have experienced a problem, please let me know right away.

訳 問題80～82は次の会議の抜粋に関するものです。
おはようございます、チームの皆さん！ 急な話で申し訳ないのですが、すぐに対応しなければならない緊急の要件があります。あるクライアントから、弊社の新しいソフトウェア製品であるQuickThink V-2にバグがあるとの報告がありました。特定の機能を実行しようとするとフリーズしてしまうとのことです。彼らのオフィスでソフトウェアを検査するために人を送りました。その間に、他のクライアントが同じ問題に直面していないかどうかを確認する必要があります。今すぐ連絡を取って調べてください。もしどこかで問題が起きていたら、すぐに教えてください。

語注 □ **apologize** 動 お詫びする □ **short notice** 急な知らせ
□ **urgent** 形 緊急の □ **matter** 名 事柄 □ **immediate attention** すぐの対応
□ **bug** 名 バグ、不具合 □ **specific** 形 特定の □ **inspect** 動 検査する
□ **in the meantime** その間 □ **determine** 動 判断する、見極める
□ **face** 動 直面する □ **reach out to** ～に接触する

80. 正解 (A)

Who most likely are the listeners?　聞き手はおそらく誰ですか？
(A) Software developers　ソフトの開発者
(B) Automobile mechanics　自動車の機械工
(C) Small-business owners　小さい会社のオーナー
(D) Safety inspectors　安全検査官

解説 話し手が冒頭で「チームの皆さん」と呼びかけ、自社のソフトの不具合についての対応を求めているので、聞き手はソフトの開発者だと推測できる。よって、(A) が正解。

語注 □ **automobile** 名 自動車 □ **inspector** 名 検査官

81. 正解 (B)

What problem does the speaker mention?
話し手は何の問題について述べていますか？

(A) An order was not filled correctly. 　注文が正しく出荷されなかった。
(B) A product is not working properly. 　製品が適切に機能していない。
(C) A report contains several mistakes. 　報告書に間違いが含まれている。
(D) An inspection has to be postponed. 　検査を延期する必要がある。

解説 ソフトに不具合があり、特定の機能を実行するとフリーズするとクライアントから報告があったと述べているので、(B) が正解。

語注 □ **fill an order** 注文を出荷する □ **correctly** 副 正しく
□ **properly** 副 適切に、きちんと □ **contain** 動 含む □ **inspection** 名 検査
□ **postpone** 動 延期する

82. 正解 (C)

What will the listeners do next?　聞き手は次に何をしますか？

(A) Watch a slide show 　スライドショーを見る
(B) Discuss some ideas 　アイデアについて議論する
(C) Contact some clients 　クライアントに連絡する
(D) Update their computers 　PCをアップデートする

解説 話し手が聞き手に対し、ほかにも同様の問題が起きていないかクライアントに連絡して確認するよう依頼しているので、(C) が正解。

Questions 83 through 85 refer to the following announcement.

This is for all delivery personnel. The city has implemented a new policy that prohibits parking along Thackery Street. All company trucks therefore have to park in this warehouse's loading and unloading zones. If either area is full, drivers are permitted to use the parking lot beside the building, where we've added twelve spots big enough for our trucks. Now, I realize this is news to all of you. Management only found out about the policy last week. But let's all do our best to adjust to the new changes. Thank you.

訳　問題83〜85は次のアナウンスに関するものです。

配達員の皆さんにお知らせします。市は、サッカリー通り沿いの駐車を禁止する新しい規定を実施しました。したがって、会社のトラックはすべて、この倉庫の搬入・搬出ゾーンに駐車しなければいけません。もし、どちらかのエリアが満車だった場合は、ドライバーは建物の脇にある駐車場を利用することが許可されています。そこには、当社のトラックに十分な広さのある駐車場を12箇所追加しました。さて、これは皆さんにとって初耳であることは承知しています。経営陣もこの規定を先週知ったばかりです。とはいえ、新たな変更に対応できるようがんばりましょう。よろしくお願いします。

語注　□ **personnel** 名 スタッフ、社員　□ **implement** 動 実施する
□ **policy** 名 規定　□ **prohibit** 動 禁止する　□ **therefore** 副 したがって
□ **warehouse** 名 倉庫　□ **loading and unloading zones** 搬入・搬出ゾーン
□ **permit** 動 許可する　□ **parking lot** 駐車場　□ **realize** 動 認識する
□ **management** 名 経営陣　□ **adjust to** 〜に対応する、合わせる

83.　正解 (B)

Where is the announcement being made?
このアナウンスはどこで行われていますか？
(A) At a department store　デパート
(B) At a warehouse　倉庫
(C) At a bus station　バス・ステーション
(D) At a parking garage　車庫

解説 序盤で話し手が、this warehouse's loading and unloading zones（この倉庫の搬入・搬出ゾーン）と述べているので、(B) が正解。

84. 正解 (D)

According to the speaker, what is being provided?
話し手によると、何が提供されていますか？

(A) New equipment for cargo loading　荷積み用の新しい設備
(B) A recreational area for staff　スタッフの憩いの場
(C) Racks for bicycle parking　駐輪用のラック
(D) Spaces for large vehicles　大型車両用のスペース

解説 建物の脇にトラック用の駐車場を追加したと述べているので、(D) が正解。

語注 □ **cargo loading** 荷積み

85. 正解 (B)

What does the speaker imply when she says, "I realize this is news to all of you"?
話し手が「これは皆さんにとって初耳であることは承知しています」と言う際、何をほのめかしていますか？

(A) A task cannot be completed.　任務が完了できない。
(B) A policy was unexpected.　規定が予想外だった。
(C) A permit was denied suddenly.　許可証が突然却下された。
(D) A memo has been circulated.　内部連絡が回覧された。

解説 市の新しい駐車規定の説明をしたのち、「これは皆さんにとって初耳ですよね」と述べているので、それが予想外だったことを示唆している。よって、(B) が正解。直後のセリフも解答のヒントになる。

語注 □ **unexpected** 形 予想外の　□ **permit** 名 許可証　□ **deny** 動 却下する　□ **memo** 名 内部連絡　□ **circulate** 動 出回る、回覧する

Questions 86 through 88 refer to the following excerpt from a meeting.

In order to streamline our project management, all team leaders will be using new collaboration software starting this week. This will enable you to access information about other team members' availability, their assignments, and remote work arrangements. It's called Collab-Pro, and our IT specialist, Emma Davis, recommended it. The software maker has offered us a one-month complimentary trial to test its features. As we approach the end of the trial period, can you give Emma your feedback on Collab-Pro? That'll help us decide whether to adopt it permanently or explore other options.

> **訳** 問題86～88は次の会議の抜粋に関するものです。
> プロジェクト管理を効率化するため、今週からすべてのチームリーダーが新しいコラボレーションソフトを使用することになります。これにより、他のチームメンバーの空き状況や担当業務、リモートワークの手配などの情報にアクセスできるようになります。このソフトは「Collab-Pro」という名前で、当社のIT スペシャリストのエマ・デイヴィスが推薦してくれました。ソフトメーカーから、機能を試すため、1か月間の無料トライアルを提供されました。トライアル期間が終わりに近づいたら、Collab-Pro についてエマに感想を伝えてもらえますか？ 永続的に採用するか、他の選択肢を検討するかの判断材料に役立つので。

語注 □ **in order to do** ～するために　□ **streamline** 動 効率化する
□ **enable** 動 可能にする　□ **availability** 名 空き状況　□ **assignment** 名 担当業務
□ **complimentary** 形 無料の　□ **feature** 名 機能
□ **whether to do** ～するかどうか　□ **adopt** 動 採用する
□ **permanently** 副 永久に　□ **explore** 動 探る

86. 正解 (D)

Who most likely are the listeners? 聞き手はおそらく誰ですか？
(A) Sales representatives 営業担当者
(B) Product designers 製品のデザイナー
(C) Company shareholders 会社の株主
(D) Project managers プロジェクトマネージャー

解説 冒頭で、「プロジェクト管理の効率化のため、すべてのチームリーダーは新しいソフトを使うことになる」と説明しているので、(D) が正解。

語注 □ representative 名 担当者　□ shareholder 名 株主

87. 正解 (A)

What is being offered for free this month?　今月何が無料で提供されていますか？

(A) A product trial　　　　　製品のお試し
(B) An initial consultation　初回の相談
(C) An online course　　　　オンラインのコース
(D) Promotional merchandise　販促用の商品

解説 ソフトの1か月間無料トライアルを提供されたと述べているので、(A) が正解。本文中の complimentary（無料の）は、free との言い換えで頻出する重要語。

語注 □ initial 形 初回の　□ promotional 形 宣伝販促用の
□ merchandise 名 商品

88. 正解 (C)

What does the speaker ask the listeners to do?
　話し手は聞き手に何をするよう求めていますか？

(A) Prepare an estimate　　　見積もりを用意する
(B) Attend a workshop　　　　研修会に出席する
(C) Provide some feedback　　意見を出す
(D) Sign some paperwork　　　書類にサインする

解説 新しいソフトを永続的に採用するか、他の選択肢を検討するかどうかを判断するため、感想を教えてほしいと述べているので、(C) が正解。

語注 □ estimate 名 見積もり　□ paperwork 名 書類

Questions 89 through 91 refer to the following talk. 🇦🇺 ◀125

Welcome to our first wood carving workshop. Before we start, let me go over a couple of important details. First, safety is our top priority, so we'll all wear gloves and eye protection. Second, we have basic woodworking tools on hand, such as chisels and knives. I can see you won't all need them. But for those who do, please help yourselves. Now, come up to this table for a wooden block, which you'll use to carve your first simple design. After that, I'll go over some basic carving techniques. All right, let's begin.

> **訳** 問題89〜91は次のトークに関するものです。
> 初回の木彫りワークショップへようこそ。始める前に、いくつか重要なことを説明させてください。まず、安全が第一ですので、全員、手袋と目の保護具を着用します。次に、ノミやナイフなどの基本的な木工用具はご用意しています。皆さん全員には必要なさそうですね。でも、必要な方はどうぞご自由にお使いください。では、このテーブルの上にある木のブロックを取りに来てください。それを使って、最初の簡単なデザインを彫ってみましょう。その後で、基本的な彫り方のテクニックをご説明します。では、始めましょう。

> **語注** □ **wood carving** 木彫り □ **go over** 詳しく説明する
> □ **detail** 名 詳細 □ **priority** 名 優先事項 □ **glove** 名 手袋
> □ **protection** 名 防護、保護 □ **on hand** 手元に □ **chisel** 名 ノミ
> □ **help yourselves** ご自由にどうぞ □ **carve** 動 彫る

89. 正解 (D) 🚄

What requirement does the speaker mention?
話し手は何が必要だと述べていますか？

(A) Memorizing a list of rules ルールのリストを覚える
(B) Submitting a registration form 登録用紙を提出する
(C) Giving a presentation プレゼンを行う
(D) Wearing protective eyewear 目の保護具を着用する

> **解説** 冒頭で、木彫りのクラスの参加者に対し、安全のため手袋と目の保護具を着用するよう求めているので、(D) が正解。

語注 □ **requirement** 名 必要なこと □ **memorize** 動 覚える
□ **submit** 動 提出する □ **registration** 名 登録 □ **protective** 形 防護用の

90. 正解 (D)

What does the speaker imply when he says, "I can see you won't all
need them"?
　　話し手が「皆さん全員には必要なさそうですね」と言う際、何をほのめかしていますか？

(A) A carving can be done at a later time.　彫るのは後でもよい。
(B) He does not need to offer assistance.　彼は助けを申し出る必要がない。
(C) Some instructions are not necessary.　必要ない指示もある。
(D) Some listeners have their own tools.　　自分の道具を持っている聞き手もいる。

解説　　木を彫るのに必要な基本的な木工用具は用意していると説明した
後、「皆さん全員には必要なさそうですね」と述べている。つまり、自分の道具
を持っている参加者もいるということなので、(D) が正解。(B) のように、話
し手が手助けしないという意味ではない。

91. 正解 (B)

What does the speaker plan to do?　話し手は何をする予定ですか？
(A) Assemble some equipment　機器を組み立てる
(B) Introduce some techniques　テクニックを紹介する
(C) Compare some examples　実例を比較する
(D) Clear off some tables　　テーブルを片づける

解説　　最初の簡単なデザインを彫り、その後で基本的な彫り方のテクニック
を説明すると述べているので、(B) が正解。
語注 □ **assemble** 動 組み立てる □ **compare** 動 比べる
□ **clear off** 片づける

Questions 92 through 94 refer to the following telephone message.

Hi, Mr. Johnson. It's Becky Cheung from Fresh Harvests calling about your current order. We're scheduled to make a delivery to your restaurant, but we've encountered an issue with our ordering system. Details our customers submitted to us online have been lost. We'll prepare a variety of seasonal vegetables for you, as per our usual arrangement. But could you get a hold of me to confirm your other requirements? Our number is 555-0101. Also, for the inconvenience, I'll throw in a large can of sliced pineapple. Talk to you soon.

訳 問題92～94は次の電話メッセージに関するものです。
こんにちは、ジョンソンさん。フレッシュハーベストのベッキー・チェンです。現在のご注文についてお電話させていただきました。そちらのレストランに配達予定なのですが、注文システムに問題が発生しました。お客様がオンラインで送信された詳細が消えてしまいました。いつものように季節の野菜をいろいろとご用意します。ですが、他の必要条件を確認するために、私にご連絡いただけますか？ 当社の電話番号は555-0101です。それと、ご迷惑をおかけしたので、パイナップルのスライスのLサイズを1缶お入れします。それでは、また。

語注 □ **current** 形 現在の □ **delivery** 名 配達
□ **encounter an issue** 問題が起きる □ **submit** 動 提出する
□ **a variety of** さまざまな □ **as per** ～により □ **get a hold of** ～と連絡を取る
□ **confirm** 動 確認する □ **requirement** 名 必要事項 □ **inconvenience** 名 不便
□ **throw in** 投げ込む

---

92. 正解 (B)

What is the speaker calling about? 話し手は何について電話していますか？
(A) A system password システムのパスワード
(B) A food order 食べ物の注文
(C) A lunch reservation ランチの予約
(D) A job application 仕事の応募

410   実戦模試 解答・解説

解説 冒頭で、注文に関する電話だと述べ、続いて、「レストランへ配達予定だが、注文システムに問題が生じた」と伝えているので、(B) が正解。

93. 正解 (B)

What problem does the speaker mention?
話し手は何の問題について述べていますか？

(A) Some food has spoiled. 食べ物が傷んでしまった。
(B) Some information is missing. 情報が行方不明だ。
(C) A shipment was damaged. 配送品に損傷があった。
(D) An invoice is incorrect. 請求書が間違っている。

解説 中盤で、注文システムのエラーで詳細が消えたと述べているので、(B) が正解。

語注 □ spoil 動 (食べ物が) 傷む □ invoice 名 請求書
□ incorrect 形 不正確な、誤った

94. 正解 (C)

What does the speaker ask Mr. Johnson to do?
話し手はジョンソンさんに何をするよう求めていますか？

(A) Change a meeting time 打ち合わせの時間を変更する
(B) Hold a teleconference リモート会議を開く
(C) Return a phone call 折り返し電話をする
(D) Keep vegetables fresh 野菜を新鮮な状態に保つ

解説 詳細確認のため連絡が欲しいと述べ、電話番号を伝えているので、(C) が正解。

語注 □ teleconference 名 リモート会議

Questions 95 through 97 refer to the following excerpt from a meeting and forecast.

As we prepare for next week's charity walk, I'd like to address a couple of things. <u>First, the trail is perfect. It's scenic and safe for walking. Samantha, thank you for recommending it to us.</u> <u>Now, we'll need to set up water stations along the route.</u> Since the event begins at 9:00 A.M., all volunteers should be there by seven. That'll give us enough time to get the tables and cups ready. Lots of people will be participating, and <u>according to the forecast, it'll be partly cloudy with no chance of rain</u>. I'm sure everyone will have a great time.

訳 問題95～97は次の会議の抜粋と予報に関するものです。
来週のチャリティウォークの準備として、いくつかのことを取り上げたいと思います。まず、山道は完ぺきです。景色もよく、安全に歩けます。サマンサ、勧めてくれてありがとう。さて、ルート上に給水所を設置する必要があります。イベントは午前9時に始まるので、ボランティアは全員7時までに来てください。そうすれば、テーブルやカップを準備するのに十分な時間が取れます。たくさんの人が参加する予定です。天気予報によると、晴れ時々曇りで、雨の心配はなさそうです。きっと皆さん楽しい時間を過ごすことができるでしょう。

語注 □ **address** 動 話をする □ **trail** 名 山道 □ **scenic** 形 景色がいい □ **water station** 給水所 □ **participate** 動 参加する □ **according to** ～によると □ **forecast** 名 予報 □ **partly cloudy** 晴れ時々曇り □ **no chance of rain** 雨の可能性はない

95. 正解 (D)

Why does the speaker thank Samantha?
話し手はなぜサマンサに感謝していますか？

(A) For negotiating a contract　契約交渉をしてくれたから
(B) For recruiting volunteers　ボランティアを動員してくれたから
(C) For accepting an offer　オファーを受け入れてくれたから
(D) For suggesting a location　場所を提案してくれたから

冒頭で、景色がよく安全に歩ける山道をサマンサが勧めてくれたことに対してお礼を述べているので、(D) が正解。

□ **negotiate** 動 交渉する □ **contract** 名 契約 □ **recruit** 動 補充する □ **accept** 動 受け入れる

96. 正解 (B)

According to the speaker, what will the volunteers need to do?
話し手によると、ボランティアは何をする必要がありますか？

(A) Fill out a questionnaire　アンケートに記入する
(B) Set up water stations　給水所を設置する
(C) Order some paper cups　紙カップを注文する
(D) Hand out some flyers　チラシを配る

解説 ボランティアは、ウォーキングのルート上に給水所を設置する必要があると述べているので、(B) が正解。

語注 □ **fill out** 〜に記入する □ **questionnaire** 名 アンケート □ **hand out** 配る □ **flyer** 名 チラシ

97. 正解 (C)

Look at the graphic. When will the event take place?
図表を見てください。いつイベントは行われますか？

週間天気予報	
4月23日	☀
4月24日	☔
4月25日	☀
4月26日	⛅
4月27日	☔

(A) April 24　4月24日
(B) April 25　4月25日
(C) April 26　4月26日
(D) April 27　4月27日

解説 イベント当日は、晴れ時々曇りで雨の心配はないと述べているので、表を見ると、4月26日だとわかる。よって、(C) が正解。

Welcome to Oakwood Manor, one of the oldest buildings in
Kingston. I'll be guiding you from the grand ballroom all the way
to the cozy library on the third floor, sharing this mansion's rich
history along the way. We kindly ask that you do not touch any
of the paintings on the walls or decorations, but photography
is perfectly OK. If you're interested in learning about Kingston
after the tour, I encourage you to have a look at the books in
our souvenir shop, including my own, entitled *Kingston's Legacy*.
There's also one by renowned historian Lara Smith. All right,
everybody, please follow me.

訳 問題98～100は次のツアー情報とブックカバーに関するものです。
キングストンで最も古い建物の一つであるオークウッド邸へようこそ。大宴会場か
ら3階の居心地の良い図書館まで、この邸宅の豊かな歴史をお伝えしながら、皆さま
をご案内します。壁の絵画や装飾品には触れないようにお願いします。ただし、写
真撮影は全く問題ありません。ツアー終了後、キングストンについて興味を持たれ
た方は、ギフトショップで私の著書『キングストンの遺産』を含む書籍をぜひご覧く
ださい。有名な歴史家ララ・スミスの本もありますよ。それでは皆さん、私につい
てきてください。

語注 □ **manor** 名 (中世の) 邸宅 □ **grand ballroom** 大宴会場
□ **all the way to** ～までずっと □ **cozy** 形 居心地が良い □ **mansion** 名 大邸宅
□ **along the way** 途中で □ **kindly** 副 どうか □ **decoration** 名 装飾品
□ **photography** 名 写真撮影 □ **encourage** 動 勧める □ **souvenir** 名 お土産
□ **entitled** 形 ～というタイトルの □ **renowned** 形 著名な □ **historian** 名 歴史家

98. 正解 (A)

What will the listeners learn about?　聞き手は何について学びますか？
(A) The history of a house　ある家の歴史
(B) The artists of a period　ある時代の芸術家
(C) The industry of an area　あるエリアの産業
(D) The customs of a city　ある市の慣習

冒頭で、キングストンにある最も古い建物の一つである邸宅を、歴史を伝えながら案内すると述べているので、(A) が正解。

99. 正解 (A)

What does the speaker mention about the tour?
話し手はツアーについて何と述べていますか？

(A) Photography is permitted.　写真撮影は認められている。
(B) Mobile phones should be off.　携帯電話は電源を切るべきだ。
(C) Refreshments are not allowed.　飲食は許されていない。
(D) Certain areas are dangerous.　一部のエリアは危険だ。

ツアー中、絵画や装飾品に触れることは禁止だが、写真撮影はOKだと述べているので、(A) が正解。

□ **permit** 動 認める　□ **refreshments** 名 軽食　□ **allow** 動 許す
□ **certain** 形 特定の

100. 正解 (C)

Look at the graphic. Who is the speaker?
図表を見てください。話し手は誰ですか？

(A) Lara Smith　ララ・スミス
(B) Jack Lee　ジャック・リー
(C) Sam Patel　サム・パテル
(D) Mia Jones　マイア・ジョーンズ

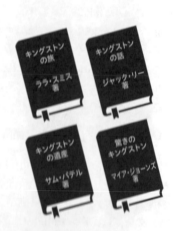

キングストンに興味があれば、ギフトショップにある本を見るよう勧めたのち、「私の著書『キングストンの遺産』もある」と述べている。図表を見ると、この本の著者はサム・パテルなので、(C) が正解。

101.　正解 (A)　　品詞

解説　冠詞と名詞の間に入り、名詞を修飾するのは形容詞なので、(A) free (無料の) が正解。(B) は動詞 free (解放する) の現在分詞・動名詞。(C) は副詞「自由に」。(D) は名詞「自由」。

訳　オプトワイズ・パートナーズでは、当社のサービスにご興味をお持ちのすべてのお客様に無料相談を提供しています。

語注　□ **consultation** 名 相談　□ **prospective** 形 見込みのある、有望な

102.　正解 (A)　　語彙

解説　空所に (A) diet (食事) を入れると、「栄養があってバランスの取れた食事」となって意味が通る。diet には、「ダイエット (減量)」の意味もあるが、主に「食事」の意味で出るので注意しよう。(B) は「ケア、注意」、(C) は「出所」、(D) は「心配事」という意味。

訳　シンさんの主治医は、健康的なライフスタイルには、定期的な運動と栄養があってバランスの取れた食事が必要であることを彼に念押しした。

語注　□ **remind** 動 念押しする　□ **involve** 動 含む
□ **nutritious** 形 栄養のある　□ **well-balanced** 形 バランスの取れた

103.　正解 (B)　　品詞

解説　空所には、動詞 found の目的語になる名詞が必要。名詞 (B)(C) のうち、意味が通じるのは (B) navigation (案内表示)。(C)「案内役」は、形容詞 easy (簡単な) と合わない。(A) は動詞「行き先案内する」、(D) はその過去形・過去分詞。文全体は、形容詞 helpful が補語 (C) の SVOC のカタチ。

訳　フォアマンさんは、必要な記録を探すのに、そのウェブサイトの簡単な案内表示が助けになると思った。

語注　□ **find** 動 思う、わかる　□ **helpful** 形 助けになる、役立つ
□ **locate** 動 見つける

104. 正解 (B)　🚄　前置詞

解説　空所に「範囲内」を表す前置詞 (B) within を入れれば、「3営業日以内」という注文の配達期間を正しく示せる。(A) は、among residents (住民の間で) のようにグループの「間」を表し、期間は表さない。(C) は、期間を表す際は、between April 1 and 3 (4月1日と3日の間) のように、between X and Y の形になる。(D) は、until tomorrow (明日まで) のように時の終点を伴う。

訳　アデレードにお住まいの方へのすべてのご注文は、3営業日以内に処理され、配送されます。

語注　□ **resident** 名 住人　□ **process** 動 処理する

105. 正解 (A)　🚄　品詞

解説　空所の前後が「be 動詞＋過去分詞」の受動態の述語動詞なので、間に入るのは動詞を修飾する副詞。よって (A) accidentally (誤って) が正解。品詞問題の頻出パターンなので、「be 動詞と -ed の間は -ly」と頭に入れよう。(B) は名詞「事故」、(D) はその複数形。(C) は形容詞「偶然の」。

訳　工場のベルトコンベヤーが誤って破損し、生産性と収益の損失につながった。

語注　□ **lead to** 〜につながる　□ **loss** 名 損失　□ **productivity** 名 生産性　□ **revenue** 名 収益

106. 正解 (A)　🚄　代名詞

解説　空所が指すのは one (1台) なので、それを言い換えた (A) it が正解。対象のスマホを1台買うと、「それ」にヘッドフォンが付いてくるという意味。後の選択肢は前置詞 with の目的語にはなるが、文脈と合わない。

訳　当社のプレミアム・スマートフォンをお買い上げの方に、ヘッドフォン・セットをプレゼント。

107. 正解 (C)　🚄　前置詞

解説　空所に「起点」を表す前置詞 (C) from を入れると、「地元企業から」となり、支援の出所を正しく示せる。from は、from Monday to Friday (月曜から金曜まで) のように、「到達点」を示す前置詞 to とセットでよく用いられるこ

とも頭に入れよう。

訳 　地域清掃の成功は、地元企業からの惜しみない支援によって実現した。

語注 　□ **generous** 形 惜しみない、寛大な　□ **local** 形 地元の

108. 正解 (D) 　語彙

解説 　空所後の形容詞 available（手に入る）を修飾して文意が通る副詞は、(D) currently（現在）。(A)「しっかりと」、(B)「着実に」、(C)「正確に」はいずれも意味が通らない。(B) は、grow/increase/rise steadily（着実に伸びる・増える・上がる）といった形で何度も出題例がある重要語。

訳 　そのメーカーの最先端ノート PC は、現在市場にあるものを凌駕するだろう。

語注 　□ **manufacturer** 名 メーカー　□ **cutting-edge** 形 最先端の
□ **laptop** 名 ノートPC　□ **outperform** 動 凌駕する、勝る
□ **available** 形 手に入る

109. 正解 (A) 　代名詞の格

解説 　空所直後の plan の品詞の見分けがポイント。ここでは、if に続く節の述語動詞なので、空所には主語になる主格が必要。よって (A) they が正解。plan を名詞と判断し、所有格の (B)(C) を空所に入れると、if 節の述語動詞がなくなり文が成立しない。(D) は目的語になる目的格。

訳 　すべての従業員は、勤務スケジュールを変更する予定がある場合、管理部に報告する義務がある。

語注 　□ **require** 動 必要とする　□ **inform** 動 知らせる
□ **administration department** 管理部

110. 正解 (C) 　語彙

解説 　空所後の名詞 offices（オフィス）を修飾して意味が通じる形容詞は、(C) regional（地域の）。(A)「実践的な、実用的な」、(B)「自信がある」、(D)「絶えず続く」は意味が通じない。

訳 　地域のお客様と強い絆を維持することは、当社の地域オフィスの非常に重要な役割です。

語注 　□ **maintain** 動 維持管理する　□ **crucial** 形 非常に重要な

111. 正解 (B) 🚄 前置詞 or 接続詞

解説 空所前の節 (SV) と、後の名詞のカタマリをつなぐのは前置詞なので、(B) because of (〜なので) が正解。(A)「〜する間、〜する一方で」と (D)「〜するとすぐに」は節を伴う接続詞。(C) は、「いったん〜したらすぐに」の意味の接続詞か、「一度、かつて」の意味の副詞。

訳 LED 照明の設置により、ビルのエネルギー効率は改善した。

語注 □ **efficiency** 名 効率　□ **improve** 動 改善する　□ **installation** 名 設置

112. 正解 (B) 🚄 品詞

解説 選択肢中、空所直後の名詞 schedule を修飾する形容詞の働きを持つのは分詞の (B)(C)。名詞 schedule と動詞 revise (修正する) との間には、「修正される」という受動の関係がある。よって、過去分詞の (B) revised (修正された) が正解。能動の意味を表す現在分詞の (C)「修正している」は意味が通じない。(A) は動詞、(D) はその三人称単数現在形。

訳 修正されたスケジュールによると、プロジェクトの期限は 2 週間延長された。

語注 □ **according to** 〜によると　□ **deadline** 名 期限
□ **extend** 動 延長する

113. 正解 (A) 🚄 語彙

解説 主語の「労働許可証の取得」とイコールになり意味が通じる名詞は、(A) requirement (義務、必要)。(B)「お客様の声」、(C)「保護」、(D)「満足」は主語とイコールにならず意味が通じない。

訳 クロアチア支店に赴任する従業員には、労働許可証の取得が義務付けられている。

語注 □ **obtain** 動 得る　□ **permit** 名 許可証　□ **post** 動 赴任させる
□ **branch** 名 支店

114. 正解 (D) 品詞

解説 空所には、前置詞 of の目的語になる名詞が必要なので、複数形の (D) attractions (名所) が正解。one of the の後には必ず複数名詞が入ることも頭に入れよう。(A) は動詞「引き付ける」。(B) は形容詞「魅力的な」。(C) は副詞「魅力的に」。

訳 この記念碑はワシントンで最も重要な名所の一つであり、国中から観光客が訪れる。

語注 □ **monument** 名 記念碑 □ **draw** 動 引き寄せる
□ **from across the country** 国中から

115. 正解 (B) 動詞

解説 選択肢に動詞 introduce (導入する) の異なるカタチが並ぶ動詞問題。文頭に、Last year (昨年) という「過去」を表す「時のキーワード」があるので、過去形の (B) introduced が正解。(D) の現在完了形は、「現在＋過去」を表す時制なので、過去を表すキーワードと一緒に使えないことに注意。

訳 昨年、私たちのチームはワークフローシステムを導入し、以来運営費を削減しました。

語注 □ **workflow system** ワークフローシステム (業務手続を電子化するシステム) □ **since** 副 それ以来 □ **reduce** 動 減らす □ **operational costs** 運営費

116. 正解 (B) 品詞

解説 空所前の副詞 much は、「はるかに」の意味で、形容詞や副詞の「比較級」を強調する。よって、(B) easier が正解。文全体は、make OC (O を C にする) のカタチで、easier は補語として機能している。much は、(A)(C) のような普通 (原級) の形容詞や副詞は修飾しないことに注意。(D) は形容詞の最上級。比較級を強調する副詞として、even (さらに) と far (はるかに) も頭に入れよう。

訳 自動化された新しい機械で作業することで、我々の生産工程ははるかに楽になるでしょう。

語注 □ **automated** 形 自動化された □ **machinery** 名 機械類
□ **production** 名 生産

117. 正解 (B) 語彙

解説 空所までは、選択肢のいずれも正解になり得るが、カンマ後を見ると、「追加費用が予想以上に高かった」とある。文頭の接続詞 although (〜だが) は、逆の内容の2つの節 (SV) をつなぐので、(B) inexpensive (安価な) が正解。(A)「近代的な」、(C)「広々とした」、(D)「効率的な」は、いずれもカンマ後の節の内容と対照にならない。実際の試験でも、こうしたタイプの語彙問題は出題される。頭に入れておこう。

訳 バンそのものは安価だったが、追加費用の総額は予想以上に高くついた。

語注 □ **added cost** 追加費用　□ **turn out to be** 〜だとわかる
□ **than expected** 予想以上に

118. 正解 (C) 語彙

解説 空所後の technicians (技術者) を修飾して意味が通じる形容詞は、(C) skilled (熟練した、スキルが高い)。(A)「実行可能な、実現可能な」、(B)「コンパクトな」、(D)「部分的な、一部の」はいずれも「人」を表さない。

訳 エッチェル建設は、重機を操作できる熟練技術者を必要としている。

語注 □ **in need of** 〜が必要だ　□ **capable** 形 能力がある
□ **operate** 動 操作する、運転する　□ **heavy machinery** 重機

119. 正解 (D) 品詞

解説 文全体は、S was published 〜 and became 〜 . と、接続詞 and が2つの動詞をつなぐカタチ。空所には、直後の動詞 became を修飾する副詞が入るので、(D) quickly (すばやく) が正解。主語と動詞の間は副詞が入る位置の一つ。頭に入れよう。空所に主語の名詞が入ると考え、(C)「すばやさ」を入れると文意が通じない。(A) は形容詞「すばやい」。(B) は動詞「速める」。

訳 ハルキチ・ムラカミの新作は5月に出版され、瞬く間にベストセラーとなった。

語注 □ **novel** 名 小説　□ **publish** 動 出版する

120. 正解 (A) 前置詞 or 接続詞

解説 空所後が節 (SV)、カンマ後も節なので、空所に入るのは節をつなぐ接続詞。よって、(A) Since (〜して以来) が正解。(B)「実際」と (C)「したがって」は接続機能を持たない副詞。(D)「〜が理由で」は名詞を伴う前置詞。

訳 革新的な製品ラインを導入して以来、その会社の市場シェアは大きく伸びた。

語注 □ **innovative** 形 革新的な　□ **significantly** 副 大きく、著しく

121. 正解 (A) 語彙

解説 空所後の bird species (鳥類) を修飾して意味が通じるのは、(A) common (普通の、一般的な)。(B)「厳格な」、(C)「熱心な」、(D)「たまの」は、いずれもここでは文意が通じないが、TOEIC によく出る重要語。

訳 バードウォッチング愛好家なら、スワンリー・パークで、さまざまな一般的な鳥類を見つけることができる。

語注 □ **enthusiast** 名 熱心な人、愛好家　□ **spot** 動 見つける
□ **a variety of** さまざまな　□ **species** 名 (生物の) 種

122. 正解 (D) 動詞

解説 空所前の主格の関係代名詞 who は、先行詞 (関係代名詞以降の形容詞のカタマリが後ろから説明する先にある名詞) と、直後の動詞との間に SV の関係がある。ここでは、先行詞のライラ・ヒューバートは、魅力的な写真で「知られている」側なので、受動態の (D) is known が正解。(A)(B) は能動態。(C) は現在分詞・動名詞。(A)(B) は「三単現のs」がなく、先行詞と主述も合わない。

訳 特集アーティストの一人は、魅力的な写真で知られるライラ・ヒューバートだ。

語注 □ **feature** 名 特集、特徴　□ **captivating** 形 魅力的な
□ **photography** 名 撮影

123. 正解 (D) 品詞

解説　空所には、直後の動詞 should submit (提出すべきだ) の主語になる名詞が必要。名詞 (A)(D) のうち、履歴書とカバーレターを提出するのは「人」なので、(D) applicants (応募者) が正解。(A)「応募」は意味が通じない。(B) は動詞「応募する」、(C) はその現在分詞・動名詞。動名詞も主語になり得るが、意味が通じない。名詞が正解になる品詞問題では、目に入った名詞を反射的に選ばず、必ず他にも名詞がないかを確認しよう。

訳　応募にご興味のある方は、履歴書とカバーレターを弊社人事部までお送りください。

語注　□ **submit** 動 提出する　□ **résumé** 名 履歴書
□ **human resources** 人事

124. 正解 (D) その他

解説　空所に代名詞の (D) everyone (全員) を入れると、空所後の分詞 participating 以降の説明を受け、「チャリティ・ランに参加する人全員」となり正しい英文になる。複合関係代名詞の (A)「誰でも」も意味は通じるが、whoever = anyone who で、直後に分詞ではなく必ず動詞を伴う。違いを頭に入れよう。(B)「彼ら自身」は修飾語を伴わない再帰代名詞。(C) は、直後に名詞を伴う所有格の関係代名詞。

訳　チャリティ・ランの参加者全員を対象とした大抽選会が開催される。

語注　□ **grand prize draw** 大抽選会　□ **participate** 動 参加する

125. 正解 (C) 語彙

解説　空所に入れて文意が通る形容詞は (C) unable (できない)。be unable to do で「〜できない」という意味。(A)「効果がない」、(B)「目立つ、著名な」、(D)「正確な」はいずれも文意と合わない。

訳　地図がわかりにくかったため、その歴史的建造物を見つけられなかった観光客もいた。

語注　□ **confusing** 形 わかりにくい、ややこしい
□ **historic landmark** 歴史的建造物

126. 正解 (D) 語彙

解説 be 動詞 was とセットで、主語「新設されたショールーム」の受動態の述語動詞として文意が通る過去分詞は、(D) visited (訪問された)。(A)「起こった」、(B)「行われた」、(C)「適用された」はいずれも意味が通じない。(B) は、conduct a survey (調査を行う) といった形で頻出する重要語。

訳 新設されたショールームには、当社の最新デザインの家具に興味を持つ潜在顧客が訪れた。

語注 □ **potential customer** 潜在顧客 □ **latest** 形 最新の

127. 正解 (D) 前置詞 or 接続詞

解説 空所の前後がどちらも節 (SV) なので、空所に入るのは節をつなぐ接続詞。よって、(D) even though (〜だが) が正解。(A)「〜にもかかわらず」は名詞を伴う前置詞。(B)「最終的に」と (C)「結果として」は接続機能のない副詞。

訳 エヴァンス博士は、研究中に数々の障害に直面しながらも、目覚ましい成功を収めた。

語注 □ **achieve** 動 獲得する、達成する □ **remarkable** 形 目覚ましい、驚くべき □ **face** 動 直面する □ **numerous** 形 多数の □ **obstacle** 名 障害

128. 正解 (B) 語彙

解説 空所後の in detail は修飾語で、その後の their hours worked (彼らの労働時間) が目的語。この名詞を目的語に取り意味が通じる動詞は、(B) record (記録する)。(A)「進む」は目的語を取らない自動詞。(C)「獲得する、得る」、(D)「返事をする」はどちらも意味が通じない。

訳 セログラフ社の従業員は、正確な給与管理のため、労働時間を詳細に記録する必要がある。

語注 □ **require** 動 必要とする □ **in detail** 詳細に □ **hours worked** 労働時間 □ **accurate** 形 正確な □ **payroll management** 給与管理

129. 正解 (C) 品詞

解説 空所には、他動詞 exceeded (超えた) の目的語となる名詞が必要なので、(C) expectations (予想、期待) が正解。exceed expectations (期待を超える) は重要表現。(A) は動詞「予期する」、(B) はその現在分詞・動名詞、(D) は過去形・過去分詞。

訳 社長は取締役に対し、第3四半期の売り上げが自らの予想を大きく上回ったと語った。

語注 □ **director** 名 取締役、部長 □ **quarter** 名 四半期 □ **exceed** 動 超える

130. 正解 (B) 語彙

解説 空所に入れて文意が通る名詞は、(B) audit (監査)。(A)「対比」、(C)「見積もり」、(D)「コントロール」は意味が通じない。こうしたハイレベルな語彙問題では、時間を浪費しないことが重要。仮に答えがわからなくても、悩まず思い切って答えを選んで先に進もう。

訳 監査結果で説明された推奨事項は、工場のアップグレードに非常に役立つとわかった。

語注 □ **recommendation** 名 推奨事項、推薦 □ **outline** 動 概要を説明する
□ **findings** 名 (研究や調査の) 結果 □ **prove** 動 ～だとわかる
□ **instrumental** 形 重要や役割を果たす

Part 6　解答・解説

皆さまにより良いサービスをご提供するため、キャスター銀行は、ハリソン支店を以前のウィンズロウ通りから、リバーデールの中心地にあるエルドラ・センターに移転しました。利便性を考慮し、新店舗には、8台のATM、個室会議室、タッチスクリーンの情報端末を設置し、さまざまなお取引ができるようになっています。

移転に関して何かお問い合わせや懸念事項がございましたら、お気軽に当支店 (harrisoncs@casterbank.com) までメールにてご連絡ください。私たちはお客様のご意見を大切にし、お手伝いさせていただきます。

当行のスタッフは、新しい支店でお客様をお迎えし、近々お会いできることを楽しみにしています。

シンシア・メイビス
ハリソン支店長
キャスター銀行

語注　□ **in an effort to do**　〜しようとして　□ **serve** 動 サービスを提供する
□ **relocate** 動 移転させる　□ **previous** 形 以前の　□ **downtown** 形 中心地の
□ **convenience** 名 利便性　□ **equip** 動 備え付ける　□ **kiosk** 名 (小型の) 情報端末
□ **perform** 動 行う　□ **various** 形 さまざまな　□ **transaction** 名 取引
□ **should** 助 万が一　□ **concern** 名 心配事　□ **regarding** 前 〜に関して
□ **relocation** 名 移転　□ **feel free to do**　気軽に〜する
□ **look forward to doing**　〜するのを楽しみにする

131.　正解 (D)

(A) them
(B) him
(C) us
(D) you

解説　文脈に合う指示語を選ぶタイプの問題。銀行が移転したのは、このお知らせを読んでいる利用客、つまり「皆さま」によりよいサービスを提供するため。よって、(D) you が正解。

132. 正解 (B)

(A) While 　接 ～する間、～する一方で
(B) With 　前 ～と一緒に
(C) Because 　接 ～なので
(D) Otherwise 　副 さもなければ

解説　「前置詞 or 接続詞」問題。空所後からカンマまでが名詞のカタマリ、カンマ以降が節 (SV) なので、名詞と節をつなぐ前置詞 (B) With が正解。with convenience in mind で、「利便性を考えて」という意味。(A)(C) は節 (SV) を伴う接続詞。(D) は接続機能を持たない副詞。

133. 正解 (B)

(A) decisions 　名 決定
(B) inquiries 　名 問い合わせ
(C) responses 　名 返事
(D) clarifications 　名 明確化

解説　文脈に合う答えを選ぶ語彙問題。(B) inquiries (問い合わせ) を空所に入れると、移転に関する「お問い合わせ」や懸念事項があればお気軽にご連絡ください、となり文意が通る。空所が入った文は、If you should have ～ (万が一～があれば) の if が省略され、should が文頭に出た倒置形。出題例のある用法なので頭に入れておこう。

134. 正解 (C)

(A) Then visit our Web site for more detailed reports.
(B) The branch office will remain closed for renovations.
(C) We value your feedback and are here to assist you.
(D) Rest assured, we are working to resolve the issue.

(A) それから、より詳細なレポートにつきましては、当行の Web サイトをご覧ください。
(B) 支店は改装のため、引き続き閉鎖されます。

(C) 私たちはお客様のご意見を大切にし、お手伝いさせていただきます。

(D) 問題解決に向けて取り組んでいますので、ご安心ください。

解説　空所に (C) を入れれば、「移転についてのお問い合わせや心配事はお気軽にお知らせください ⇨ 皆様のご意見を大切にします」となり文脈がうまくつながる。

語注　□ **detailed** 形 詳しい　□ **renovation** 名 改装
□ **value** 動 大切にする、尊重する　□ **feedback** 名 意見、感想
□ **rest assured** ご安心ください　□ **resolve** 動 解決する　□ **issue** 名 問題

訳　問題135〜138は次の手紙に関するものです。　◀️133

マイヤー様

私は、イントバイト・ソリューションズのネットワーク管理者としての職を辞することに決めたことを正式にお伝えするため、この手紙を書いています。私の最終出社日は3月31日です。

当社での5年間を通して、ご指導とご支援をいただき、本当にありがとうございました。<u>私はここでの時間を、本当に貴重な経験として振り返ることになるでしょう。</u>

残り4週間は、後任への引き継ぎをスムーズに行えるようお手伝いしたく思います。したがって、私の担当業務の移管を可能な限り支援させていただきます。このプロセスを円滑に進めるために、他に何かできることがあれば、お知らせください。

敬具

ダグ・パチェコ

語注　□ **formally** 副 正式に　□ **notify** 動 知らせる　□ **decision** 名 決定
□ **administrator** 名 管理者　□ **throughout** 前 〜を通してずっと
□ **remaining** 形 残りの　□ **ensure** 動 確実にする、保証する
□ **handover** 名 引継ぎ　□ **successor** 名 後任
□ **accordingly** 副 それに応じて、したがって　□ **transfer** 名 移管、移行
□ **responsibility** 名 職務　□ **further** 形 さらなる
□ **facilitate** 動 円滑に進める、促進する

135. 正解 (D)

(A) renew　　動 更新する
(B) return　　動 戻す
(C) restart　　動 再起動する
(D) resign　　動 辞任する

解説　文脈に合う答えを選ぶ語彙問題。次の文で、「私の最終出社日は3月31日です」とあるので、退職の意思を伝える手紙である。よって、(D) resign（辞任する）が正解。

136. 正解 (D)

(A) You are not the only manager who will provide the training.
(B) Nevertheless, they faced some unexpected challenges.
(C) So, all of us appreciate your contributions to the campaign.
(D) I will look back at my time here as a truly valuable experience.

(A) 研修を行うマネージャーはあなただけではありません。
(B) とはいえ、予期せぬ課題にも直面しました。
(C) ですから、私たち全員が、あなたのキャンペーンへの貢献に感謝しています。
(D) 私はここでの時間を、本当に貴重な経験として振り返ることになるでしょう。

解説　この段落では、5年間勤務した会社に対するお礼を述べているので、文脈に合うのは (D)。他の選択肢はいずれも本文の内容と合わない。

語注　□ **nevertheless** 副 それでもなお　□ **face** 動 直面する　□ **unexpected** 形 予想外の　□ **challenge** 名 困難　□ **appreciate** 動 感謝する　□ **contribution** 名 貢献　□ **truly** 副 本当に　□ **valuable** 形 貴重な、価値のある

137. 正解 (B) 🚄

(A) supported
(B) will support
(C) have supported
(D) am supported

解説 文脈に合う時制を選ぶタイプの動詞問題。退職するまでの今後4週間の引き継ぎの話をしているので、未来を表す形の (B) will support が正解。

138. 正解 (A) 🚄

(A) if
(B) but
(C) from
(D) since

解説 空所前の動詞 know の目的語となる名詞のカタマリを作る接続詞は (A) if（〜かどうか）のみ。if は、「〜かどうか」の意味では名詞のカタマリ、「もし」の意味では副詞のカタマリを作る。接続詞の (B)「しかし」と (D)「〜して以来」「〜なので」はどちらも副詞のカタマリを作り、節 (SV) をつなぐ。(C) は、節 (SV) ではなく、名詞を伴う前置詞。

改装された城が再オープンへ

プリマス（10月24日）——イングランド南西部にあるソーンハースト城は、約3年にわたる改修工事を終え、今、一般公開の準備が整いました。構造的な完全性を高め、本来の美しさを取り戻すため、ソーンハースト城で工事が行われました。全48室は18世紀の高貴さを再現するために改装され、その結果、訪問者はその時代の歴史と文化を体験することができます。外では、訪問者は庭の散歩を楽しむことができます。中庭には静かな噴水がいくつもあり、魅力的な環境と、絵画のように美しい風景をさらに引き立てています。詳しくは、thornhurstcastle.org をご覧ください。

語注 □ **renovate** 動 改装する　□ **set to do** 〜する準備ができる
□ **reopen** 動 再オープンする　□ **open to the public** 一般公開される
□ **renovation** 名 改装　□ **enhance** 動 高める
□ **structural integrity** 構造的な完全性　□ **restore** 動 取り戻す
□ **redecorate** 動 改装する　□ **grandeur** 名 高貴さ　□ **era** 名 時代
□ **serene** 形 静かな　□ **water fountain** 噴水　□ **courtyard** 名 中庭
□ **add to** 〜を引き立てる　□ **enchanting** 形 魅力的な　□ **setting** 名 環境
□ **picturesque** 形 絵のように美しい　□ **surrounding** 名 周辺環境

139. 正解 (A)

(A) now　副 今
(B) once　副 かつて、一度
(C) then　副 その時
(D) that　副 そんなに

解説 約3年の改装工事を終え、ソーンハースト城は「今」一般公開できる状態にあるので、文意が通じるのは (A) now（今）。

140. 正解 (D)

(A) too　副 も
(B) besides　副 その上　前 〜に加えて
(C) so that　接 〜するように
(D) as well as　接 〜に加えて

431

解説　「前置詞 or 接続詞」問題。空所が入った文は、Work has been done ～ to enhance X ------- restore Y. のカタチ。enhance（～を高める）と restore（～を取り戻す）という2つの動詞をつなげられるのは、(D) as well as のみ。as well as は、「～に加えて」の意味で、and のように、動詞と動詞、名詞と名詞のような同じ品詞をつなげられる（節はつなげない）。(A) は接続機能のない副詞。(B) は副詞または前置詞。(C) は節（SV）を伴う接続詞。

141. 正解 (C)

(A) nevertheless　副 それでもなお
(B) conversely　　副 逆に
(C) thus　　　　　副 その結果、したがって
(D) rather　　　　副 むしろ、かなり

解説　前後の文脈がうまくつながる接続語を選ぶタイプの問題。「部屋は18世紀の高貴さを取り戻すために改装された」「訪問者はその時代の歴史と文化を体験することができる」の2つの文脈がうまくつながるのは (C) thus（その結果、したがって）。

142. 正解 (D)

(A) Another location also serves delicious food nearby.
(B) Subsequently, tourists only visit the castle in the summer.
(C) Guided tours are provided by these travel companies.
(D) Outside, visitors can enjoy walking through the garden.

(A) 別の場所も近くでおいしいものを食べさせてくれます。
(B) その後、観光客は夏の間だけこの城を訪れるようになりました。
(C) ガイド付きツアーは、これらの旅行会社によって提供されています。
(D) 外では、訪問者は庭の散歩を楽しむことができます。

解説　空所以降で、中庭の様子が具体的に説明されているので、空所に (D) を入れると、前後の文脈がうまくつながる。

訳 問題143〜146は次の報道用資料に関するものです。 ◀135

即時発表

ジオメッド・ラブズ、バイオメディカー社の買収計画を発表

3月12日、シカゴの製薬会社ジオメッド・ラブズは、トロントに拠点を置く著名なバイオ医薬品会社バイオメディカーを買収する計画を公式発表した。この戦略的な動きにより、ジオメッド・ラブズは業界における地位をより強固なものとし、製品群を拡大することが期待される。

バイオメディカーは、革新的な医薬品開発に重点を置き、バイオ医薬品分野のトップ企業としての地位を確立している。現在、同社は1500人の従業員を抱えている。ジオメッド・ラブズは、彼らと手を組むことで、自社の専門知識を活用し、画期的な医療ソリューションを提供する自社の能力を向上させることを目指している。買収に関するさらなる詳細は、今月最終決定される見通しだ。

語注 □ **immediate release** 即時発表（発表内容が発表時点で即有効だという意味）
□ **Chicago-based** シカゴに拠点を置く □ **pharmaceutical** 形 製薬の
□ **regarding** 前 〜に関する □ **acquire** 動 買収する
□ **renowned** 形 名高い、有名な □ **strengthen** 動 強化する □ **expand** 動 広げる
□ **product portfolio** 製品群 □ **establish** 動 確立する
□ **leading player** トップ企業 □ **sector** 名 分野 □ **focus** 名 重点
□ **innovative** 形 革新的な □ **join forces with** 〜と手を組む、〜と提携する
□ **aim to do** 〜することを目指す □ **leverage** 動 活用する
□ **expertise** 名 専門知識 □ **enhance** 動 高める □ **capability** 名 能力
□ **breakthrough** 形 画期的な □ **acquisition** 名 買収

143. 正解 (C)

(A) impression 名 印象
(B) invitation 名 招待（状）
(C) intention 名 意図、計画
(D) innovation 名 技術革新

解説 一文を読めば解けるタイプの語彙問題。空所に (C) intention（意図、計画）を入れると、intention to acquire X（Xを買収する計画）となり文意が通る。

144. 正解 (A)

(A) strategic 　形 戦略的な
(B) strategize 　動 戦略化する
(C) strategies 　名 戦略（strategyの複数形）
(D) strategically 　副 戦略的に

解説 空所の入った一文を読めば解ける品詞問題。空所後の名詞 move（動き）を修飾するのは形容詞なので、(A) strategic（戦略的な）が正解。

145. 正解 (C)

(A) Some of the costs have been significantly high.
(B) Having efficient processes increases productivity.
(C) The company currently employs 1,500 people.
(D) However, the project has presented problems.

(A) 一部のコストがかなり高い。
(B) 効率的なプロセスを持つことで、生産性が向上する。
(C) 現在、同社は1500人の従業員を抱えている。
(D) しかし、このプロジェクトには問題がある。

解説 空所に (C) を入れると、挿入文中の The company が前文のバイオメディカー社を指すことになり、前後の文脈がうまくつながる。文挿入問題では、こうした定冠詞 the が指すモノは必ず直前の文にある。(A) の the costs や (D) の the project が指すモノは前文にないことからも、不正解と判断できる。

語注 □ **significantly** 副 かなり　□ **efficient** 形 効率的な
□ **productivity** 名 生産性　□ **currently** 副 現在　□ **present** 動 引き起こす

146. 正解 (D) 🚄

(A) have finalized
(B) should be finalized
(C) will be finalizing
(D) to be finalized

解説　選択肢に finalize（最終決定する）の異なるカタチが並ぶ動詞問題。空所前に述語動詞 are expected があるので、空所に入るのは不定詞の (D) to be finalized。他の3つの選択肢はいずれも述語動詞になるカタチで、空所には入れられない。be expected to do（～すると予想される）は重要表現。

147. 正解 (C)　　148. 正解 (B)

訳　　問題147～148は次の通知に関するものです。　　◀136

スタッフの皆様へ

サイバーセキュリティに関するセミナーをこのたび開催いたします。当社の機密情報を保護することは最重要事項であり、この有益なセッションでは、サイバー脅威に対処するために必要な知識とスキルを身につけることができます。このセミナーでは、この分野の著名な専門家であるジェド・マカーリー氏を講師に迎え、データ保護、サイバー攻撃の防止、顧客の個人情報の確保に関する最善の方法を扱います。

11月7日午後2時から4時まで開催されるこのセミナーを予定に入れてください。全従業員の出席が義務付けられています。積極的なご参加をお願いいたします。

---

147. セミナーの目的は何ですか？
　　(A) 規定を説明すること
　　(B) ウェブサイトを企画すること
　　(C) 社員を教育すること
　　(D) フィードバックを集めること

148. マカーリーさんは何者ですか？
　　(A) 大学教授
　　(B) サイバーセキュリティの専門家
　　(C) データ管理者
　　(D) 見込み客

語注

【通知】□ **pleased** 形 喜んで　□ **upcoming** 形 今度の
□ **sensitive information** 機密情報　□ **of utmost importance** 最も重要な
□ **informative** 形 有益な　□ **equip X with Y** XにYを身につけさせる
□ **address** 動 対処する　□ **cyber threat** サイバー脅威　□ **renowned** 形 著名な
□ **best practices** 最善の方法、ベストなやり方　□ **prevent** 動 予防する
□ **ensure** 動 保証する　□ **mark** 動 印を付ける　□ **attendance** 名 出席
□ **mandatory** 形 義務の　□ **participation** 名 参加
【設問・選択肢】□ **policy** 名 規定、方針　□ **administrator** 名 管理者
□ **prospective customer** 見込み客

解説

147. 全社員が参加して、サイバーセキュリティに関する知識やスキルを身につけることが目的のセミナーなので、(C)「社員を教育すること」が正解。

148. 第1段落で、「この分野 (サイバーセキュリティ) の著名な専門家であるジェド・マカーリー氏」とあるので、(B)「サイバーセキュリティの専門家」が正解。

149. 正解 (D)　　**150.** 正解 (A)

訳　問題149～150は次のクーポンに関するものです。

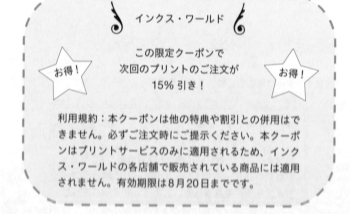

インクス・ワールド

この限定クーポンで
次回のプリントのご注文が
15% 引き！

お得！　お得！

利用規約：本クーポンは他の特典や割引との併用はできません。必ずご注文時にご提示ください。本クーポンはプリントサービスのみに適用されるため、インクス・ワールドの各店舗で販売されている商品には適用されません。有効期限は8月20日までです。

149. 顧客はクーポンで何を受け取ることができますか？
(A) 無料サンプル
(B) 限定のアクセス
(C) 追加サービス
(D) 特別割引

150. インクス・ワールドについて何が示唆されていますか？
(A) プリント用品を販売している。
(B) 配送サービスがある。
(C) 新しい場所に移転した。
(D) 他に負けない価格を提供している。

語注

【クーポン】 □ **exclusive** 形 限定の　□ **terms and conditions** 利用規約、諸条件
□ **be combined with** ～と併用する　□ **present** 動 提示する
□ **therefore** 副 したがって　□ **apply to** ～に適用される、該当する
□ **merchandise** 名 商品　□ **expire** 動 期限が切れる
【設問・選択肢】 □ **additional** 形 追加の　□ **printing supplies** プリント用品
□ **delivery** 名 配送、配達　□ **competitive** 形 他に負けない、競争力のある

149. 次回15％引きのクーポンなので、(D)「特別割引」が正解。

150. 推測問題。利用規約の後半で、このクーポンは、「インクス・ワールドの各店舗で販売されている商品には適用されません」とある。つまり、各店舗では、プリントサービスを提供しているだけでなく、プリント用品も販売していると推測できる。よって、(A)「プリント用品を販売している」が正解。配送サービスや移転、価格に関する情報は記載がない。

151. 正解 (D)　　**152.** 正解 (B)

訳　問題151〜152は次の広告に関するものです。　(138)

> ### クリエイティブなイベントコーディネーター募集
>
> バンクーバーの新しいイベント運営会社、ネクサス・プロダクションズでは、当社のチームに加わるコーディネーターを募集しています。主要メンバーとして、合格者には、印象に残るさまざまなイベントを企画・実行する重要な役割を担っていただきます。また、業者管理やスタッフへの指示も行っていただきます。そのため、創造性に富み、高度な管理能力のある方を求めています。イベント企画またはホスピタリティの経験は必須です。このポジションはフルタイムで、週末や夜間を含むフレックス勤務です。イベント・コーディネーションのスキルを次のレベルに引き上げたい方は、履歴書にカバーレターを添えてcareers@nexxusproductions.com までお送りください。その際、関連する経験の概略と、急成長中の当チームにふさわしい理由を必ず明記してください。

151. ネクサス・プロダクションズについて示されていないことは何ですか？
- (A) 最近設立された。
- (B) さまざまなイベントを企画している。
- (C) バンクーバーを拠点としている。
- (D) 環境に優しい取り組みで知られている。

152. この職に必要だと明記されている条件は何ですか？
- (A) トレンドに関する知識
- (B) 職務に関する経験
- (C) コンピュータスキル
- (D) 出張する意欲

語注

【広告】□ **successful candidate** 合格者
□ **play a crucial role** 非常に重要な役割を果たす　□ **execute** 動 実行する
□ **all sorts of** あらゆる種類の　□ **lasting** 形 長く残る、永続的な
□ **impression** 名 印象　□ **responsibility** 名 職務　□ **include** 動 含む
□ **vendor** 名 業者　□ **direct** 動 指示する、指揮する　□ **therefore** 副 したがって
□ **seek** 動 探し求める　□ **individual** 名 個人　□ **highly** 副 非常に
□ **strong organizational skills** 高度な管理能力　□ **previous** 形 以前の
□ **must** 名 必須　□ **full-time** 形 フルタイムの、正社員の
□ **flexible working hours** フレックス勤務　□ **résumé** 名 履歴書
□ **outline** 動 概要を説明する　□ **related** 形 関連した
□ **a good fit** ぴったり合う人　□ **fast-growing** 形 急成長中の
【設問・選択肢】□ **indicate** 動 示す、示唆する　□ **establish** 動 設立する
□ **recently** 副 最近　□ **various** 形 さまざまな
□ **based in** ～を拠点とする、～に本社がある　□ **eco-friendly** 形 環境に優しい
□ **stated** 形 明記されている　□ **requirement** 名 必要条件　□ **willingness** 名 意欲

解説

151. ネクサス・プロダクションズが環境に優しいビジネスであるとの記述はないので、(D)「環境に優しい取り組みで知られている」が正解。(A)(C) は、冒頭の a new event management company in Vancouver（バンクーバーにある新しいイベント管理会社）、(B) は、前半の planning and executing all sorts of events（あらゆる種類のイベントを企画し実施する）にそれぞれ記載がある。

152. 求人の応募条件を答える問題。後半で、Previous experience in event planning or hospitality is a must.（イベント企画またはホスピタリティの経験は必須です）とあるので、(B)「職務に関する経験」が正解。求人広告で、must（必須）や、required（必須の）、necessary（必要な）等の単語があれば必須条件。頭に入れておこう。

153. 正解 (B)　　154. 正解 (C)

訳　問題153〜154は次のテキストメッセージのやりとりに関するものです。 (139)

サイモン・マーシャル　　[午後4時21分]
やあ、アマンダ。ちょっと問題があるんだ。クライアントがプレゼンを明日の午後から午前中に変更したいと言っているんだよ。

アマンダ・スカリー　　[午後4時22分]
予想外だわ。予定を変更しないと。午前中の正確には何時なの？

サイモン・マーシャル　　[午後4時23分]
午前10時を提案されたけど、大丈夫かな？

アマンダ・スカリー　　[午後4時24分]
何とかするわ。でも、午前中のアポは変更する必要があるわね。

サイモン・マーシャル　　[午後4時25分]
融通を利かせてくれて感謝してるよ。何か手伝えることがあったら言ってください。

153. なぜマーシャルさんはスカリーさんに連絡したのですか？
(A) 会議のテーマを確認するため
(B) スケジュールの変更を伝えるため
(C) プロジェクターの手伝いを頼むため
(D) 遅れるかもしれないと伝えるため

154. 午後4時24分に、スカリーさんが「何とかするわ」と書いているのはどういう意味ですか？
(A) 彼女が仕事を引き継ぐ。
(B) 彼女が指示を出す。
(C) 彼女はスケジュールを組み直す。
(D) 彼女は期限を守るよう努力する。

語注

【テキストメッセージ】□ **unexpected** 形 予想外の　□ **rearrange** 動 再調整する
□ **exactly** 副 正確に　□ **suggest** 動 提案する　□ **work** 動 うまくいく
□ **reschedule** 動 予定を変更する　□ **flexibility** 名 柔軟性
【設問・選択肢】□ **contact** 動 連絡する　□ **confirm** 動 確認する
□ **inform** 動 知らせる　□ **take over** 引き継ぐ　□ **assignment** 名 業務
□ **instruction** 名 指示　□ **reorganize** 動 整理し直す　□ **strive** 動 努力する
□ **meet a deadline** 締め切りを守る

解説

153. 冒頭で、マーシャルさんがスカリーさんに対し、「クライアントがプレゼンを明日の午後から午前中に変更したいと言っている」と述べているので、

(B)「スケジュールの変更を伝えるため」が正解。

154. 4時24分にスカリーさんが書いた「何とかするわ」の意味を問う「意図問題」。4時23分にマーシャルさんが、「午前10時を提案されたけど、大丈夫かな?」とスカリーさんに都合を尋ねている。このセリフはそれに対しての返答なので、予定を変更して何とか都合をつけるという意味。よって、(C)「彼女はスケジュールを組み直す」が正解。直後のセリフも解答のヒントになる。

155. 正解 (C)　　**156.** 正解 (D)　　**157.** 正解 (A)

訳　問題155～157は次のオンライン・フォームに関するものです。　◀140

宛先:カスタマーサービス 📎

御社のオンラインストアで最近購入した4つのプールライト (注文番号:45-9734) について連絡しています。説明書に従い、新しい電池を使用したにもかかわらず、2つしか点灯しません。フリーダイヤルで問い合わせようとしたのですが、待ち時間が長すぎました。長年の顧客として、この経験には特に失望したと言わざるを得ません。

不良品2つの無償交換と料金元払いの返送用ラベルを希望します。交換品の追跡情報を記載した確認メールをお願いします。参考のために購入時のレシートを添付しました。プルイット・サプライズが迅速かつ満足のいく方法でこの問題を解決してくれることを信じています。

よろしくお願いします。

マテオ・ソーヤー

---

155. ソーヤーさんはなぜフォームに記入したのですか?
(A) 一部の指示が不明確だった。
(B) 注文品が届かなかった。
(C) 彼は欠陥のあるライトを受け取った。
(D) 彼はプールの清掃を望んでいる。

156. ソーヤーさんについて何が示されていますか?
(A) 彼はウェブサイトの顧客レビューに同意していない。
(B) 彼は以前プルイット・サプライズで出荷の仕事をしていた。
(C) 彼はいくつかの不良品について全額返金を望んでいる。
(D) 彼は過去にこの会社から商品を購入したことがある。

157. このフォームには何が添付されていま
　　すか？
　　(A) 購入証明
　　(B) 口座番号
　　(C) いくつかのライトの写真
　　(D) 写真付き身分証

解説

155. 第1段落で、ソーヤーさんは、オンラインストアで購入した4つのライ
トのうち2つしか点灯しないと述べているので、(C)「彼は欠陥のあるライトを
受け取った」が正解。faulty（欠陥のある）は defective（欠陥のある）の類義語。両方
覚えよう。

156. 第1段落の最後に、As a long-time customer（長年の顧客として）とある
ので、ソーヤーさんは常連客であるとわかる。よって、(D)「彼は過去にこの
会社から商品を購入したことがある」が正解。Part 7では、frequent customer
discount（常連客割引）が適用されていることを手掛かりに、過去に取引があるこ
とを推測して答える問題も出題例がある。頭に入れておこう。

157. 第2段落後半で、I have attached the purchase receipt for reference
（参考のために購入時のレシートを添付しました）とある。よって、receipt（レシート）を

言い換えた (A) Proof of purchase (購入証明) が正解。この言い換えも定番なので、頭に入れておこう。

158. 正解 (A)　　**159.** 正解 (C)　　**160.** 正解 (B)

訳　　問題158〜160は次の内部連絡に関するものです。　　(141)

チーム各位

9月28日 (月) は臨時休業となります。当日はオフィスへの出入りはできませんので、社員の皆さんはリモートで業務を行ってください。

この休業は、当社の電気システムのアップグレードのために必要です。作業完了後は、より安全で信頼性の高い電力供給が可能になります。何より重要なこととして、当社で最近起きている停電が起きないようになります。

それまでの間、自宅で効率的に仕事をするために必要なリソースや機器を用意しておいてください。会社のノート PC を使用する必要がある場合は、今週中に上司または人事部までご連絡ください。

ご理解とご協力をお願いいたします。

キャシー・バーロウ
業務部長
キーズ保険

---

158. 内部連絡はなぜ書かれましたか？
　　(A) 休業に関する情報を提供するため
　　(B) 事業所間の手続きを比較するため
　　(C) 新しいプロジェクトのスケジュールを説明するため
　　(D) リモートワーク用のソフトについて説明するため

159. キーズ保険について何が示唆されていますか？
　　(A) 空調装置を交換する予定である。
　　(B) 本社を拡張する予定である。
　　(C) 電力供給が不安定である。
　　(D) 社員は臨時の休日をもらえる。

160. 第3段落3行目の "reach out" に最も意味の近い語は
　　(A) 処理する
　　(B) 伝える
　　(C) 伸ばす
　　(D) 関連付ける

【内部連絡】　□ **temporarily** 副 一時的に、臨時で　□ **premises** 名 敷地
□ **closure** 名 閉鎖、休業　□ **allow for** 〜を可能にする　□ **reliable** 形 信頼できる
□ **power supply** 電力供給　□ **most importantly** 何より重要なこととして
□ **put an end to** 〜を終わらせる　□ **power outage** 停電　□ **recently** 副 最近
□ **in the meantime** それまでの間　□ **necessary** 形 必要な　□ **resource** 名 資源
□ **effectively** 副 効率的に　□ **supervisor** 名 上司　□ **HR department** 人事部
□ **insurance** 名 保険

【設問・選択肢】　□ **compare** 動 比べる　□ **procedure** 名 手順、手続き
□ **site** 名 場所　□ **outline** 動 概要を説明する　□ **replace** 動 交換する
□ **expand** 動 拡大する　□ **disrupt** 動 混乱させる、邪魔をする

解説

158. この文書は、業務部長から社員向けの内部連絡。第1段落で、9月28日にオフィスが臨時休業になることが伝えられ、第2段落以降でその理由や必要な準備が説明されている。よって、(A)「休業に関する情報を提供するため」が正解。

159. 第2段落後半に、the power outages we have been experiencing recently (当社で最近起きている停電) とある。つまり、この会社では最近停電が起きていると推測できるので、(C)「電力供給が不安定である」が正解。選択肢中の disrupt は、「通常の流れを妨げる」という意味。

160. ここでの reach out は、reach out to〈人〉の形で、「〜と意思疎通を図る、〜に連絡を取る」と言う意味。よって、(B) communicate (意思疎通をする、コミュニケーションを取る) が正解。

161. 正解 (A)　　**162.** 正解 (B)　　**163.** 正解 (C)

訳　問題161〜163は次のレビューに関するものです。　（142）

ウェイヴォックス・プロでしっかりした財務管理を
レビュアー：ニック・ベレス

最近ウェイヴォックス・プロを私のビジネスに取り入れた結果、財務管理の処理方法が大きく変わりました。— [1] —. この総合的な会計ソフトは、記帳とレポートのプロセ

スを簡単にする幅広い機能を備えています。さらに、直感的なユーザー・インターフェイスを備えているため、チームに加入したばかりの人でも操作やデータ入力がとても簡単です。

— [2] —. ウェイヴォックス・プロのもう一つの優れた機能は、請求書発行や給与計算などの業務を自動化する能力です。これにより、当社はかなりの時間を節約でき、記録にミスや矛盾が生じる可能性がほとんどなくなりました。さらに、ウェイヴォックス・プロのレポート機能は一流で、当社の財務実績に関しての洞察を提供するカスタマイズ可能なレポートが数多く用意されています。— [3] —.

総合的に、私はどのような規模の企業にもウェイヴォックス・プロを強くお勧めします。間違いなく時間とお金を節約できる非常に貴重なツールです。— [4] —.

---

161. ペレスさんは自社について何をほのめかしていますか？
   (A) 最近新人を雇った。
   (B) 財政難を克服した。
   (C) 競争相手も同じソフトを使っている。
   (D) 顧客がよく請求の間違いを報告している。

162. ウェイヴォックス・プロについてレビューで述べられていないことは何ですか？
   (A) あらゆる規模の会社に適している。
   (B) 効果的に使用するためには広範囲のトレーニングが必要だ。
   (C) 記帳とレポートの機能がある。
   (D) 財務実績について洞察を提供する。

163. [1]、[2]、[3]、[4] のうち、次の文が入る最も適切な箇所はどこですか？

   「結果的に、これらは、当社の将来の成長戦略を立てるのに非常に役立っています。」

   (A) [1]
   (B) [2]
   (C) [3]
   (D) [4]

語注

【レビュー】 □ **robust** 形 しっかりした、強固な □ **incorporate** 動 取り入れる
□ **transform** 動 一変させる □ **handle** 動 扱う
□ **financial management** 財務管理 □ **comprehensive** 形 総合的な
□ **a range of** 広範囲の □ **feature** 名 機能 □ **simplify** 動 簡単にする
□ **bookkeeping** 名 記帳 □ **intuitive** 形 直感的な □ **navigation** 名 操作
□ **breeze** 名 とても簡単なこと □ **standout** 形 優れた □ **ability** 名 能力
□ **automate** 動 自動化する □ **invoicing** 名 請求書発行 □ **payroll** 名 給与計算
□ **significant** 形 かなりの □ **pretty much** かなり □ **eliminate** 動 除去する
□ **discrepancy** 名 食い違い、矛盾 □ **additionally** 副 加えて
□ **top-notch** 形 一流の □ **an array of** たくさんの、さまざまな
□ **customizable** 形 カスタマイズ可能な □ **insight** 名 洞察、深い考察

□ **financial performance** 財務実績 □ **overall** 副 全体として
□ **highly** 副 非常に □ **invaluable** 形 非常に貴重な

【設問・選択肢】 □ **imply** 動 ほのめかす □ **overcome** 動 克服する
□ **financial difficulty** 財政難 □ **competitor** 名 競争相手
□ **billing inaccuracy** 請求の間違い □ **suitable** 形 適した
□ **extensive** 形 広範囲の、詳細な □ **effectively** 副 効果的に □ **in turn** その結果
□ **instrumental** 形 重要な役割を果たす □ **strategize** 動 戦略化する

解説

161. 第1段落の最後に、このソフトは、those who have just joined our team（チームに加入したばかりの人たち）にとっても、とても使いやすい、とある。つまり、この会社は最近新入社員を雇ったと推測できるので、(A)「最近新人を雇った」が正解。ソフトのおかげで財務管理が楽になったとは書かれてるが、(B) のような、財政難を克服したという記述はない。

162. このソフトは「操作やデータ入力がとても簡単」とあり、使いこなすのに広範囲のトレーニングが必要だとは書かれていない。よって、(B)「効果的に使用するためには広範囲のトレーニングが必要だ」が正解。(A) は、最終段落の、「総合的に、私はどのような規模の企業にもウェイヴォックス・プロを強くお勧めします」、(C) は、第1段落の、「この総合的な会計ソフトは、記帳とレポートのプロセスを簡単にする幅広い機能を備えています」、(D) は、第2段落の、「ウェイヴォックス・プロのレポート機能は一流で、当社の財務実績に関しての洞察を提供するカスタマイズ可能なレポートが数多く用意されています」の記述内容とそれぞれ合致する。

163. 挿入文中の、複数名詞 these（これら）がヒント。直前の文にこの指示代名詞が指す複数形の名詞がある箇所を探して本文を検索する。すると、第2段落最終文で、このソフトに、財務実績に関しての洞察を提供する customizable reports（カスタマイズ可能なレポート）が数多く用意されている、とある。この文の直後の3番の空所に挿入文を補うと、「これら（カスタマイズ可能なレポート）は、当社の将来の成長戦略を立てるのに非常に役立っています」となり、文意が通る。よって、(C) [3] が正解。位置選択問題では、この挿入文中の these のような指示代名詞が解答のヒントになることがよくある。その代名詞が何を指しているのかを確認し、見つけたら、その直後の位置の番号が正解になる。頭に入れておこう。

164.　正解 (A)　　165.　正解 (B)
166.　正解 (D)　　167.　正解 (C)

訳　問題164～167は次のニュースレターに関するものです。　🔊143

タウンニュース

改装された大通り劇場で魅惑のコメディとドラマを

『運命の反動』は、コメディとドラマの融合を求める演劇ファン必見の作品だ。エスター・ノワク演出によるこの最新作は、映画スタジオの重役オリバー・ジェフリーズの出世にまつわる実話に影響を受けている。ノワク氏の演劇は、ジェフリーズ氏と、彼が1930年代に共に仕事をした元ハリウッドスターのリリー・エヴァンスやブレント・パテルら有名俳優たちとの関係に焦点を当て、観客を飽きさせない。

この作品を見越して、大通り劇場の舞台は、観客がかつての大手映画スタジオの雰囲気を感じ取れるよう、大規模な改修を行った。劇場支配人のイザベル・ベネットは、「複雑なセットと信じられないような特殊効果に対応するため、舞台のアップグレードには努力を惜しみませんでした」と語った。また、開演初日を迎えるまでの数日間、技術者たちは、ショーのさまざまなムードを演出するための最新鋭の照明システムを設置するために精力的に働いたと述べた。

これらの変更は、今年初めに行われた他のいくつかの改修に続くものである。客席には人間工学に基づいた新しい椅子が設置され、座り心地が向上した。そして、より良い音質のために音響装置が細かく調整された。『運命の反動』、そして今後上演される作品のキャストとスタッフは、近代化された楽屋と、劇場地下のより広々としたリハーサルスペースを享受することもできる。

---

164. ニュースレターの目的の一つは何ですか？
(A) 改修プロジェクトについて論じること
(B) テレビ番組を紹介すること
(C) 今度のイベントを告知すること
(D) 舞台役者を紹介すること

165. ブレント・パテルは何者ですか？
(A) 演劇評論家
(B) 有名な俳優
(C) 映画スタジオの重役
(D) 劇場の支配人

166. 劇場改修の理由として述べられていないものは何ですか？
(A) 音質の向上
(B) 座り心地の向上
(C) 楽屋の近代化
(D) エネルギー消費の低減

167. 大通り劇場について何が示唆されていますか？
(A) ミュージカルだけを上演している。
(B) 1930年代に建てられた。
(C) 地下はリハーサルに使われている。
(D) 改装は延期を余儀なくされた。

【ニュースレター】　□ **captivating** 形 魅力的な　□ **renovate** 動 改装する
□ **must-see** 名 必見のもの　□ **enthusiast** 名 ファン、愛好家　□ **latest** 形 最新の
□ **production** 名 作品　□ **direct** 動 演出する、監督する
□ **inspire** 動 刺激を与える　□ **surround** 動 取り巻く　□ **rise** 名 出世
□ **executive** 名 重役　□ **play** 名 演劇　□ **audience** 名 観客
□ **engage** 動 興味を引く　□ **focus on** 〜に集中する、絞る　□ **relationship** 名 関係
□ **including** 前 〜を含む　□ **former** 形 かつての
□ **in anticipation of** 〜を見越して　□ **undergo** 動 受ける、入る
□ **remarkable** 形 驚くべき　□ **transformation** 名 変化
□ **so that** 接 〜するために　□ **used to be** 以前〜だった　□ **spare** 動 出し惜しむ
□ **accommodate** 動 収容する　□ **intricate** 形 複雑な
□ **incredible** 形 信じられない　□ **special effect** 特殊効果
□ **remark** 動 コメントする　□ **lead up to** 〜に至るまでの
□ **tirelessly** 副 精力的に　□ **install** 動 設置する　□ **state-of-the-art** 形 最新鋭の
□ **various** 形 さまざまな　□ **follow** 動 後に続く　□ **a number of** いくつかの
□ **renovation** 名 改装　□ **be fitted with** 〜を備える　□ **ergonomic** 形 人間工学
に基づいた　□ **comfort** 名 快適さ　□ **acoustics** 名 音響効果
□ **fine-tune** 動 微調整する　□ **upcoming** 形 今度の　□ **modernize** 動 近代化する
□ **dressing room** 楽屋　□ **spacious** 形 広々とした　□ **basement** 名 地下
【設問・選択肢】　□ **discuss** 動 論じる　□ **publicize** 動 告知する
□ **profile** 動 （プロフィールを）紹介する　□ **critic** 名 評論家
□ **renowned** 形 著名な　□ **improve** 動 向上させる　□ **enhance** 動 高める
□ **consumption** 名 消費　□ **showcase** 動 披露する　□ **postpone** 動 延期する

解説

164. 文書の目的のうちの一つを答えるタイプの問題。第1段落では、新作の演劇が絶賛されているが、選択肢に該当する答えがない。そこで、第2段落を読むと、上演される劇場が大規模な改修を行い、その詳細が説明されている。よって、(A)「改修プロジェクトについて論じること」が正解。(C) の publicize (告知する) や (D) の profile (プロフィールを紹介する) は、Part 7 の選択肢に頻出する重要語。頭に入れよう。

165. 第1段落の最後で、パテルさんは、ジェフリーズさんが1930年代に共に仕事をした有名俳優の一人として紹介されている。よって、(B)「有名な俳優」が正解。

166. 劇場の改修理由として、どこにも記載がないのは、(D)「エネルギー消費の低減」。残る選択肢はすべて第3段落に記述がある。(A) は、the acoustics were fine-tuned for better sound quality (より良い音質のために音響装置が細かく調整された)、(B) は、The seating area was fitted with new ergonomic chairs for extra comfort (客席には人間工学に基づいた新しい椅子が設置され、座り心地が向上した)、(C) は、the modernized dressing rooms (近代化された楽屋) がそれぞれ該当する。

167. 最終文に、a more spacious rehearsal space in the basement of the theater (劇場地下のより広々としたリハーサルスペース) とある。よって、(C)「地下はリハーサルに使われている」が正解。

168. 正解 (A)   **169.** 正解 (C)

170. 正解 (D)   **171.** 正解 (D)

訳 問題168〜171は次の記事に関するものです。 （◀144

スマートホーム業界の技術展

毎年恒例の第6回スマート・テック・エキスポが、4月9日から11日までオーランドのアルヴァラド・センターで開催される。この待望のイベントは、多くの新技術や技術革新を紹介することで、世界のスマートホーム市場に自信を植え付けることを目的としている。 — [1] —.

「間違いなく、これは最先端の家の自動化と接続機器のための最高の見本市になりました」とホームスフィア・テクノロジーズの CEO であるポーリン・グエンは語った。— [2] —.「昨年は12万人以上という過去最高の来場者数で、200社以上の企業が最新の革新的な技術を発表しました。このイベントの成功は本当に驚くべきものです」。彼女はまた、今年のイベントの出席者が20%増加すると予測した。— [3] —.

展示会の成功にもかかわらず、スマートホーム業界は昨年、成長の鈍化に直面し、前年比で成長率14%減という顕著な落ち込みを見せた。— [4] —. とはいえ、今年の展示会の雰囲気は、まもなく発売されるエキサイティングな製品の数々を導入することで、売り上げが回復することを期待する参加者の楽観論に満ちているに違いない。

---

168. スマート・テック・エキスポについて述べられていることは何ですか？
(A) 年に一度開催される。
(B) 一般公開されている。
(C) 登録料がかかる。
(D) 軽食付きである。

169. グエンさんは今年の展示会がどのように変わると思っていますか？
(A) オーランド最大のイベントになる。
(B) 家電製品の遠隔操作に焦点を当てる。
(C) より多くの人を迎える。
(D) より広い会場で開催される。

170. 第2段落1行目の "trade" に最も意味の近い語は
(A) 交換
(B) 職業
(C) 専門家
(D) 業界

171. [1]、[2]、[3]、[4] のうち、次の文が入る最も適切な箇所はどこですか？

「専門家はこれを、セキュリティ上の懸念や景気後退などの要因によるものだとしている。」

(A) [1]
(B) [2]
(C) [3]
(D) [4]

語注

【記事】 □ **technology convention** 技術展　□ **annual** 形 年に一度の、毎年恒例の
□ **eagerly awaited** 待望の　□ **aim to do** ～することを目指す
□ **instill confidence** 自信を植え付ける　□ **present** 動 提示する
□ **innovation** 名 技術革新　□ **without a doubt** 間違いなく
□ **premier** 形 トップの、最高の　□ **trade show** 見本市
□ **cutting-edge** 形 最先端の　□ **automation** 名 自動化
□ **connected device** 接続機器　□ **CEO** 最高経営責任者
□ **record-breaking** 形 新記録の　□ **attendance** 名 出席者数
□ **along with** ～と一緒に　□ **unveil** 動 披露する　□ **latest** 形 最新の
□ **truly** 副 本当に　□ **remarkable** 形 驚くべき　□ **predict** 動 予想する
□ **despite** 前 ～にもかかわらず　□ **face** 動 直面する　□ **slump** 名 低迷
□ **notable** 形 顕著な　□ **rate of growth** 成長率　□ **compared to** ～と比べて
□ **the previous year** その前年　□ **nevertheless** 副 それでもなお、にもかかわらず
□ **atmosphere** 名 雰囲気　□ **optimism** 名 楽観主義　□ **attendee** 名 出席者
□ **anticipate** 動 予期する　□ **resurgence** 名 復活、盛り返し
□ **introduction** 名 導入　□ **an array of** たくさんの
□ **soon-to-be-released** 形 もうすぐ発売になる

【設問・選択肢】 □ **state** 動 述べる　□ **open to the public** 一般公開されている
□ **registration fee** 登録料　□ **include** 動 含む　□ **refreshments** 名 軽食

□ **focus on** 〜に焦点を当てる、絞る　□ **appliance** 名 電化製品
□ **spacious** 形 広々とした　□ **venue** 名 会場
□ **attribute X to Y** XはYによるものだと考える　□ **factor** 名 要素、要因
□ **concern** 名 懸念　□ **economic downturn** 景気後退

解説

168. 冒頭で、「毎年恒例の第6回スマート・テック・エキスポ」とあるので、(A)「年に一度開催される」が正解。Part 7では、annual (毎年恒例の、年に一度の) と、once a year (年に一度) や every year (毎年) の言い換えは定番。頭に入れよう。

169. 第2段落の最後に、「彼女 (グエンさん) はまた、今年のイベントの出席者が20%増加すると予測した」とあるので、(C)「より多くの人を迎える」が正解。過去最多の来場者数が見込まれるが、(A) のような、オーランド最大のイベントになるとの記述はない。

170. trade show (見本市) は、自社の新製品や新技術を、見込み客にアピールする「業界関係者向けのショー」のこと。つまり、ここでの trade は「業界」という意味なので、(D) industry (業界、産業) が正解。

171. 挿入文中の、this (これ) はセキュリティ上の懸念や景気後退が要因だ、の「これ」に該当する内容が直前の文にあるはずなので、各番号の該当箇所を確認。すると、第3段落の冒頭に、the smart home industry faced a slump in growth last year (スマートホーム業界は昨年、成長の鈍化に直面した) とある。直後の4番に挿入文を入れると、「これ」が「スマートホーム業界の昨年の成長鈍化」を指し、文意が通る。よって、(D) [4] が正解。

172. 正解 (B) **173.** 正解 (C)
174. 正解 (D) **175.** 正解 (B)

訳 問題172～175は次のオンラインチャットの話し合いに関するものです。 (145)

ノア・シンクレア　　　[午前10時02分]
みなさん、こんにちは！　来月の研修週間の計画を話し合うために、このミーティングを招集しました。今回をより効果的なものにするために、何か提案はありますか？

マンディ・ノヴァク　　　[午前10時03分]
通常のオリエンテーションは省くべきだと思います。彼らは、会社の価値観、使命、文化については、従業員ハンドブックで読むことができます。

リサ・スターリング　　　[午前10時04分]
私もそう思いますし、緊張をほぐすための活動から始めるのも有効だと思います。そうすることで、誰もが安心し、スムーズに進むでしょう。また、彼らに私たちの職場に慣れてもらうためにツアーを行うべきです。

ノア・シンクレア　　　[午前10時05分]
では、通常のオリエンテーションの代わりに、信頼関係を築きツアーを行うことに時間を割くべきだと？

マイケル・チェン　　　[午前10時06分]
なくなっても誰もがっかりしないでしょう。以前は毎回、研修生たちは終わるころには疲れて退屈そうにしていました。ロールプレイングの練習も見てみたいですね。新しいスタッフが仕事で遭遇する状況にどう対処すればいいかを理解するのに役立つと思います。

リサ・スターリング　　　[午前10時07分]
素晴らしい指摘ですね。実践的な練習をすることで、彼らは職場環境や割り当てられるさまざまな役割に、より早く適応することができるでしょう。

マンディ・ノヴァク　　　[午前10時08分]
わかりました。では、練習問題を作りましょう。私は、適切なケーススタディの本を探します。

ノア・シンクレア　　　[午前10時09分]
素晴らしい。皆さん、ご意見ありがとうございました。次回の研修週間は、さらに魅力的で効果的なものになると確信しています。

172. オンラインチャットの話し合いは何についてですか？
- (A) 従業員ハンドブックの改訂
- (B) 研修プログラムの改善
- (C) 仕事の面接の手配
- (D) 技術的な問題の解決

173. スターリングさんは何を導入したいのですか？
- (A) 新しい訪問者のグループのための軽食
- (B) 筋肉を鍛えたり伸ばしたりする運動
- (C) 参加者を居心地よくさせるための活動
- (D) いくつかの有名な史跡のツアー

174. 午前10時06分に、チェンさんが「なくなっても誰もがっかりしないでしょう」と書いているのはおそらくどういう意味ですか？
- (A) ある技術が時代遅れになった。
- (B) グループ全員がイベントに参加する。
- (C) エラーは簡単に特定できるはずである。
- (D) あるセッションが不人気になった。

175. ノヴァクさんは何をすることを示唆していますか？
- (A) いくつかの文書をオンラインで掲載する
- (B) 適切な本を探す
- (C) 追加の配布資料を用意する
- (D) 簡単なアンケートを配布する

語注

【オンラインチャット】 □ **call** 動 招集する　□ **suggestion** 名 提案
□ **effective** 形 効果的な　□ **leave out** 省く　□ **orientation** 名 説明会
□ **mission** 名 使命　□ **icebreaker** 名 緊張をほぐすもの
□ **get the ball rolling smoothly** スムーズに進める　□ **at ease** 安心して
□ **tour** 名 見学　□ **familiarize X with Y** XにYをよく知ってもらう
□ **instead of** ～の代わりに　□ **rapport** 名 信頼関係　□ **bored** 形 退屈して
□ **handle** 動 扱う、対処する　□ **encounter** 動 遭遇する　□ **practical** 形 実践的な
□ **adapt to** ～に適応する　□ **various** 形 さまざまな　□ **role** 名 役割
□ **assign** 動 割り当てる　□ **put together** 取りまとめる　□ **search for** ～を探す
□ **suitable** 形 適した　□ **input** 名 意見　□ **confident** 形 確信している
□ **engaging** 形 魅力的な

【設問・選択肢】 □ **revise** 動 改定する、見直す　□ **improve** 動 改善する
□ **resolve** 動 解決する　□ **refreshments** 名 軽食　□ **strengthen** 動 強化する
□ **participant** 名 参加者　□ **comfortable** 形 なじむ、心地よい
□ **historical site** 史跡　□ **outdated** 形 時代遅れの　□ **entire** 形 全部の
□ **identify** 動 特定する　□ **post** 動 掲載する　□ **appropriate** 形 適切な
□ **distribute** 動 配る　□ **questionnaire** 名 アンケート

172. 冒頭でシンクレアさんが、「来月の研修週間の計画を話し合うために、このミーティングを招集しました。今回より効果的なものにするために、何か提案はありますか？」と述べているので、(B)「研修プログラムの改善」が正解。

173. 10時4分にスターリングさんが、icebreaker activities (緊張をほぐすための活動) から始めるべきだと述べている。よって、それを言い換えた (C)「参加者を居心地よくさせるための活動」が正解。comfortable は、文脈によって、「快適な、心地よい、くつろいだ、自信がある」といった意味になる。頭に入れておこう。

174. 10時6分の None of us will miss it. は、10時5分にシンクレアさんが、これまで行っていたオリエンテーションを止めるべきかを尋ねたのに対する返答。つまり、「それ (オリエンテーション) を誰も miss (なくて残念に思う) ことはないでしょう」という意味なので、(D)「あるセッションが不人気になった」が正解。後に続く、「以前は毎回、研修生たちは終わるころには疲れて退屈そうにしていました」も文脈を理解するヒントになる。

175. 10時8分にノヴァクさんが、「私は、適切なケーススタディの本を探します」と書いている。ロールプレイングの練習問題を作るための参考図書を探す予定なので、(B)「適切な本を探す」が正解。

176. 正解 (A)　**177.** 正解 (A)　**178.** 正解 (C)
179. 正解 (C)　**180.** 正解 (D)

訳　問題176〜180は次のメールとスケジュールに関するものです。　◀146

宛先：　モーリーン・エリス
送信者：ロブ・マッキンタイア
日付：　6月2日
件名：　リーダーシップ会議

エリスさんへ

このたびの部長就任、おめでとうございます。新しい役職でもご活躍されると確信しています。

前回の会話で、私たちは、クオントスにとって専門能力開発がどれほど重要であるかで意見が一致しました。それを踏まえ、会社は全従業員を対象としたリーダーシップ会議を開催する予定です。目的は、リーダーシップ・スキルを育成し、さまざまな部署間の協力を促進することです。

あなたは今年クオントスで唯一の新任部長なので、ワークショップの一つをご担当いただきたくお願いします。テーマは、あなたの部署の専門分野である顧客とのコミュニケーションです。会議は9月14日にマグノリア・センターで開催されます。

改めまして、あなたにふさわしいご昇進おめでとうございます。新しい役職への移行にあたり、何かサポートが必要な場合は、遠慮なく私にお声がけください。

よろしくお願いいたします。

ロブ・マッキンタイア
人事部長
クオントス・テック

クオントス リーダーシップ会議スケジュール

クオントス・テックの全社員は、以下のワークショップに参加できます。登録は不要です。

戦略的プランニング（午前8時30分～10時）
人事部長の案内で戦略的プランニングのプロセスを学びましょう。目標達成のために人的資源を最適化する方法を学び、意思決定のテクニックについての深い気付きも得ましょう。

チーム作り（午前10時15分～11時45分）
営業部長がチーム作りとチームのモチベーションの高め方について語ります。参加者は、さまざまなリーダーシップ・スタイルと、それが従業員にどのような影響を与えるかについて理解を深めます。

予算の立て方（午後1時～2時30分）
参加者は小グループに分かれ、各部門の予算管理に関するケーススタディを検討します。このセッションでは、経理部長が予算計画の立て方についても詳しく説明します。

効果的なコミュニケーション（午後2時45分～4時15分）
新任のコミュニケーション部長が進行するこのワークショップでは、広報担当者に必要なリーダーシップ・スキルに焦点を当てます。顧客と効果的にコミュニケーションを取り、ニーズを十分に理解する方法を探ります。

176. マッキンタイアさんはなぜエリスさんを祝福していますか？
(A) 彼女は管理職に昇進した。
(B) 彼女は貢献が認められ受賞した。
(C) 彼女は会議でワークショップを成功させた。
(D) 彼女は最近研修プログラムを修了した。

177. マッキンタイアさんとエリスさんの共通点は何ですか？
(A) 専門能力開発が重要だと考えている。
(B) 最近新しい仕事に任命された。
(C) 会議の運営を任された。
(D) 同じ部署で働いている。

178. 9月14日に何が起こりますか？
(A) 社員が会議に登録する。
(B) 賞品の当選者が発表される。
(C) マッキンタイアさんが戦略的プランニングについて話す。
(D) 午後に質疑応答が行われる。

179. スケジュールによると、ケーススタディを含むワークショップはどれですか？
(A) 戦略的プランニング
(B) チーム作り
(C) 予算の立て方
(D) 効果的なコミュニケーション

180. エリスさんの仕事はおそらく何ですか？
(A) 人事部長
(B) 営業部長
(C) 経理部長
(D) コミュニケーション部長

【メール】 □ **conference** 名（大規模な）会議 □ **recent** 形 最近の
□ **appointment** 名 任命 □ **department director** 部長
□ **confident** 形 確信している □ **excel** 動 卓越する、秀でる
□ **professional development** 専門能力開発 □ **in line with that** それに合わせて
□ **aim** 名 目的 □ **promote** 動 促進する □ **various** 形 さまざまな
□ **since** 接 〜なので □ **appoint** 動 指名する □ **area of expertise** 専門分野
□ **well-deserved** 形 ふさわしい □ **promotion** 名 昇進 □ **should** 助 万が一
□ **require** 動 必要とする □ **assistance** 名 助け □ **transition** 動 移行する
□ **feel free to do** 気軽に〜する □ **reach out to** 〜に連絡を取る
□ **human resources** 人事

【スケジュール】 □ **registration** 名 登録 □ **strategic** 形 戦略的な
□ **optimize** 動 最適化する □ **attain** 動 達成する □ **gain** 動 得る
□ **insight** 名 洞察 □ **decision-making** 形 意思決定の □ **participant** 名 参加者
□ **influence** 動 影響する □ **budgeting** 名 予算作成 □ **approach** 名 手法
□ **split into** 〜に分かれる □ **accounting** 名 会計、経理 □ **go over** 詳しく見る
□ **effective** 形 効果的な □ **focus on** 〜に焦点を当てる □ **public relations** 広報
□ **explore** 動 探る □ **effectively** 副 効果的に

【設問・選択肢】 □ **management position** 管理職 □ **award** 名 賞
□ **contribution** 名 貢献 □ **recently** 副 最近 □ **complete** 動 完了する
□ **have in common** 共通している □ **assign** 動 割り当てる
□ **organize** 動 準備する □ **register for** 〜に登録する

解説

176. メールの冒頭で、マッキンタイアさんがエリスさんに対し、「このたび
の部長就任、おめでとうございます」と述べているので、(A)「彼女は管理職に
昇進した」が正解。

177. メールの第2段落冒頭で「前回の会話で、私たちは、クオントスにとっ
て専門能力開発がどれほど重要であるかで意見が一致しました」とあるので、
(A)「専門能力開発が重要だと考えている」が正解。

178. クロス問題。メールでリーダーシップ会議が9月14日に開催されると
あり、差出人のマッキンタイアさんの肩書を見ると、「人事部長」である。2文
書目のその会議のスケジュールを見ると、最初に行われる「戦略的プランニン
グ」の進行をするのは「人事部長」となっている。つまり、マッキンタイアさん
がこのワークショップを担当するとわかるので、(C)「マッキンタイアさんが
戦略的プランニングについて話す」が正解。

179. case studies (ケーススタディ) というキーワードですばやくスケジュー
ルを検索すると、「予算の立て方」の内容説明に、「参加者は小グループに分か
れ、各部門の予算管理に関するケーススタディを検討します」とある。よって、
(C)「予算の立て方」が正解。

180. クロス問題。メール第3段落で、マッキンタイアさんがエリスさんに対
し、顧客とのコミュニケーションに関するワークショップを担当してほしい、
と依頼している。スケジュールを見ると、これは最後のワークショップの内容
である。このワークショップを進行するのは新任のコミュニケーション部長だ
と説明されているので、エリスさんは (D)「コミュニケーション部長」だと推測
できる。

181. 正解 (B)　**182.** 正解 (B)　**183.** 正解 (C)
184. 正解 (D)　**185.** 正解 (A)

訳　問題181〜185は次の広告とサービス依頼フォームに関するものです。　(147)

カーレン・カンパニー
(555-0172)

カーレン・カンパニーはアシュバートンにおける倉庫保管・物流の信頼できるパートナーです。当社の熟練したプロフェッショナルが、荷受けから在庫管理、タイムリーな配送まで、すべてを監督いたします。各倉庫には最新の在庫管理システムを導入しており、お客様は24時間在庫を追跡することができます。我々は、お客様にご満足いただけるよう、サービス内容をカスタマイズすることで、お客様の個別のニーズにお応えします。

私たちが提供する倉庫保管の種類
標準保管：特定の温度・湿度管理を必要としない商品（腐敗しないモノ、一般商品など）の保管。

冷蔵保管：新鮮な農産物、冷凍食品、医薬品など、特に腐敗しやすい商品のために設計された冷蔵保管施設。

大型保管：アシュバートンの積出港のすぐ隣にある大型倉庫。原材料や工業品などの大量の品物を取り扱い、保管するために設計されている。

Eコマース保管：アシュバートン郊外にある、在庫管理やスムーズな注文処理など、オンライン小売業向けのEコマース注文を処理するための専用保管スペース。

　カーレン・カンパニー – 倉庫保管サービス依頼フォーム

お客様情報
お名前：メル・サンドリッジ　　会社名：トライヴォル・グループ
電話番号：555-0129　　　　　メール：msandridge@trivol.com.au

サービス内容
倉庫保管の依頼内容：セメント、レンガ、タイル、断熱材、足場などの建設資材
予想利用期間：最低14か月
想定保管量：約8000立方メートルの保管スペース
追加要件または特記事項：トライヴォル・グループは、アシュバートンのマートル・ストリートに40室のホテルを建設します。着工は6月の予定です。当社の特別なニーズに対応する御社の倉庫は、この建設現場の近くにあるため、プロジェクト期間中、当社の資材や備品を保管するのに十分なスペースがあるかどうかを教えてください。

日付：1月20日
署名：メル・サンドリッジ

必要事項をご記入の上、メールまたは直接カーレン・カンパニーまでご提出ください。弊社チームがご依頼内容を迅速に検討し、お見積もりやその他の詳細をご連絡いたします。カーレン・カンパニーをアシュバートンの信頼できる倉庫保管パートナーとしてお選びいただき、ありがとうございます。

181. この広告は、おそらく誰を対象にしていますか？
(A) カーレン・カンパニーの現従業員
(B) 倉庫を借りようと考えている人
(C) カスタマーサービス担当者
(D) 料理本を購入する人

182. カーレン・カンパニーについて示されていないことは何ですか？
(A) 顧客が在庫を追跡できる。
(B) 主に繊維会社を相手にしている。
(C) 在庫管理システムを持っている。
(D) 食品保管施設を運営している。

183. トライヴォル・グループはどのタイプの倉庫保管を依頼していますか？
(A) 標準保管
(B) 冷蔵保管
(C) 大型保管
(D) E コマース保管

184. トライヴォル・グループのプロジェクトについて何が述べられていますか？
(A) 1 年以内に完了する。
(B) 1 月に始まる。
(C) 予定より遅れている。
(D) アシュバートンで行われる。

185. サービス依頼フォームによると、カーレン・カンパニーは何をしますか？
(A) 見積もりを出す
(B) 倉庫を移転する
(C) 工事を監督する
(D) ホテルの設計を評価する

語注

【広告】 □ **reliable** 形 信頼できる　□ **warehousing** 名 倉庫保管
□ **logistics** 名 物流　□ **skilled** 形 熟練した　□ **oversee** 動 監督する
□ **shipment** 名 積み荷　□ **inventory** 名 在庫　□ **management** 名 管理
□ **timely** 形 タイミングの良い　□ **distribution** 名 流通　□ **warehouse** 名 倉庫
□ **be equipped with** ～を備えている　□ **state-of-the-art** 形 最新鋭の
□ **allow X to do** X が～するのを可能にする　□ **track** 動 追跡する
□ **around the clock** 24 時間　□ **cater to** ～に対応する　□ **unique** 形 独自の
□ **specific** 形 具体的な、特定の　□ **tailor** 動 合わせる　□ **satisfaction** 名 満足
□ **storage** 名 保管　□ **temperature** 名 温度　□ **humidity** 名 湿度
□ **including** 前 ～を含む　□ **non-perishable** 形 腐敗しない
□ **general** 形 一般的な　□ **merchandise** 名 商品　□ **refrigerated** 形 冷蔵の

□ **facility** 名 施設　□ **perishable** 形 腐敗しやすい　□ **produce** 名 農産物
□ **pharmaceutical** 名 医薬品　□ **bulk** 形 大型の、大量の
□ **shipping port** 積出港　□ **large-scale** 形 大規模な　□ **handle** 動 扱う
□ **store** 動 保管する　□ **in bulk** 大量に　□ **raw materials** 原材料
□ **industrial supplies** 工業用品　□ **dedicated** 形 専用の　□ **retail** 名 小売り
□ **seamless** 形 スムーズな　□ **order fulfillment** 注文処理

【サービス依頼フォーム】　□ **construction materials** 建築資材　□ **brick** 名 レンガ
□ **insulation** 名 断熱材　□ **scaffolding** 名 足場　□ **duration** 名 期間
□ **at least** 最低　□ **estimated** 形 推定の　□ **approximately** 副 約
□ **requirement** 名 要件　□ **instruction** 名 指示　□ **close to** 〜に近い
□ **building site** 建設現場　□ **sufficient** 形 十分な　□ **submit** 動 提出する
□ **completed** 形 記入済みの　□ **via** 前 〜経由で　□ **in person** 直に、直接
□ **promptly** 副 迅速に　□ **review** 動 検討する　□ **contact** 動 連絡する
□ **estimate** 名 見積もり　□ **detail** 名 詳細　□ **trusted** 形 信頼できる

【設問・選択肢】　□ **intended** 形 意図されて　□ **current** 形 現在の　□ **rent** 動 借りる
□ **representative** 名 担当者　□ **purchase** 動 購入する　□ **textile** 名 繊維
□ **operate** 動 運営する　□ **behind schedule** 予定より遅れて
□ **relocate** 動 移転させる　□ **supervise** 動 監督する　□ **evaluate** 動 評価する

解説

181. カーレン・カンパニーという倉庫保管会社の広告なので、主な対象は、(B)「倉庫を借りようと考えている人」である。

182. カーレン・カンパニーについての NOT 問題。「主に繊維会社を相手にしている」との記述はないので、(B) が正解。(A)(C) は、第1段落後半の「各倉庫には最新の在庫管理システムを導入しており、お客様は24時間在庫を追跡することができます」、(D) は、「新鮮な農産物、冷凍食品、医薬品など、特に腐敗しやすい商品のために設計された冷蔵保管施設」がそれぞれ該当する。

183. クロス問題。フォーム中で、トライヴォル・グループのサンドリッジさんは、ホテルの建設資材や備品の保管場所を求めている。広告を見ると、Bulk storage（大型保管）の説明部分で、「原材料や工業用品などの大量の品物を取り扱い、保管するために設計されている」とある。「建設資材⇨原材料」「建設用の備品⇨工業用品」という言い換えが成立するので、(C)「大型保管」が正解。

184. フォーム中の「追加要件または特記事項」で、「トライヴォル・グループは、アシュバートンのマートル・ストリートに40室のホテルを建設します」とある。よって、(D)「アシュバートンで行われる」が正解。

185. フォームの署名欄の下の追記で、「弊社チームがご依頼内容を迅速に検討し、お見積もりやその他の詳細をご連絡いたします」とある。よって、(A)「見積もりを出す」が正解。

186. 正解 (D)　**187.** 正解 (A)　**188.** 正解 (C)
189. 正解 (C)　**190.** 正解 (B)

訳　問題186〜190は次の記事、メール、レビューに関するものです。　◀))148

エルバークラフト・ハウスで過去をよみがえらせる

オールストン・シティにある家族経営の家具修復業、エルバークラフト・ハウスは3世代に渡って続いている。1952年にヘンリー・ミッチェルが創業し、その後、娘のオリヴィア・ミッチェル、それから、彼女の才能ある娘、アメリア・ローソンに引き継がれた。

アメリアの卓越した技術は、一般的な修復業が提供できる範囲を超えている。彼女は、歴史的な邸宅にあった16世紀のライティングデスクなどの宝物の修復を依頼されてきた。彼女が手がけた品の一つ、複雑な彫刻が施されたルネサンス風のダイニングテーブルは、現在、国立博物館に展示されている。

アンティークの化粧台やヴィンテージの椅子、キャビネットやソファに至るまで、エルバークラフト・ハウスとその専門家チームは、古い家具にかつての輝きを取り戻すことができると高い評判を得ている。エルバークラフト・ハウスの今後の展望を尋ねると、彼女はこう答えた。「美しい家具を再生させることで、過去と現在のつながりを作り続けていきます」。

宛先： ルシア・ゴンザレス
送信者：ジャロッド・ブラウン
日付： 10月27日
件名： 修復に関するお問い合わせ

ゴンザレス様

私どものサービスにご関心をお寄せいただき、ありがとうございます。お写真を拝見し、お客様の素晴らしい品に携われることを大変嬉しく思っております。修復作業中は、細心の注意を払うことをお約束いたします。

不思議なことに、エルバークラフト・ハウスのオーナーである人物は、お客様のものとまったく同じような品を手がけたことがあります。それはとても珍しいもので、今では博物館の展示品の一部になっています。しかし、彼女は11月いっぱいアジアに滞在する予定で、その特別な経験があるので、それの修復に最も適しているのは彼女なのです。その品につきましては、彼女が作業できる12月までお待ちいただけますか？ ウォールナットのアームチェア、マホガニーのサイドボード、ベッドフレームについては、すぐにでも取りかかることができます。

私どものサービスの詳細について話し合う機会をいただければ幸いです。ご都合のよい日時をお知らせください。

敬具

ジャロッド・ブラウン
エルバークラフト・ハウス

驚くべき変貌

エルバークラフト・ハウスのサービス
レビュアー：ルシア・ゴンザレス

私は4つのアンティークをエルバークラフト・ハウスに託し、結果は並外れていました。エルバークラフト・ハウスは、自らの手作業に対する純粋な情熱を持ち、私の家具への思いを理解してくれました。最初は、専門家が不在だったため3点しか修復してもらえず、もう1点は別のところに頼もうかと思いました。しかし、彼らの細部まで注意が行き届いた仕事ぶりと、完ぺきに再仕上げされた表面を見て、4点目も彼らに依頼しました。どうやら前オーナーが、修復する品ごとに常に顧客と密接に仕事をする方針にしたようです。ですので、定期的に私に電話で作業の相談をしてくれてよかったです。また、集配サービスも一流です。エルバークラフト・ハウスは、顧客満足への取り組みをしっかり示してくれました。私はこのビジネスを強く推薦します。

186. この記事はおそらくどこに掲載されていますか？
(A) 科学雑誌
(B) 旅行のパンフレット
(C) 会社のニュースレター
(D) デザイン雑誌

187. ブラウンさんはゴンザレスさんに何と伝えていますか？
(A) いくつかの作業はすぐに始められる。
(B) いくつかの品物が破損した。
(C) 手続きは不要だ。
(D) 見積もりが用意できた。

188. エルバークラフト・ハウスがゴンザレスさんのために最後に修復した品はおそらく何ですか？
(A) ウォールナットのアームチェア
(B) ベッドフレーム
(C) ダイニングテーブル
(D) アンティークの化粧台

189. レビューによると、ゴンザレスさんはエルバークラフト・ハウスのどこが気に入っていますか？
(A) 広い保管スペース
(B) 手ごろな価格
(C) 細心の注意
(D) 豊富な品ぞろえ

190. ゴンザレスさんは、誰が新しい方針を導入したことを示唆していますか？
(A) ヘンリー・ミッチェル
(B) オリヴィア・ミッチェル
(C) アメリア・ローソン
(D) ジャロッド・ブラウン

語注

【記事】 □ **revive** 動 再生する　□ **family-owned** 形 家族経営の
□ **restoration** 名 修復　□ **span** 動 渡る　□ **generation** 名 世代
□ **found** 動 設立する　□ **pass the torch** バトンを渡す　□ **talented** 形 才能のある
□ **remarkable** 形 素晴らしい　□ **extend** 動 伸びる　□ **beyond** 前 ～を超えて
□ **call on** 依頼する　□ **restore** 動 修復する　□ **treasure** 名 宝物
□ **historic mansion** 歴史的な邸宅　□ **intricately** 副 複雑に　□ **carve** 動 彫る
□ **Renaissance-inspired** 形 ルネサンス風の　□ **appear** 動 現れる
□ **dresser** 名 化粧台　□ **couch** 名 ソファ　□ **reputation** 名 評判
□ **former** 形 かつての　□ **glory** 名 輝き　□ **forge** 動 築く
□ **revitalize** 動 生き返らせる

【メール】 □ **inquiry** 名 問い合わせ　□ **appreciate** 動 感謝する
□ **exquisite** 形 優美な　□ **assure** 動 保証する　□ **utmost** 形 最大限の
□ **throughout** 前 ～を通してずっと　□ **oddly enough** 不思議なことに
□ **exactly** 副 ちょうど　□ **exhibit** 名 展示　□ **however** 副 しかしながら
□ **particular** 形 特定の　□ **suitable** 形 適任の　□ **right away** ただちに
□ **opportunity** 名 機会

【レビュー】 □ **transformation** 名 変貌、変身　□ **entrust** 動 任せる、預ける
□ **extraordinary** 形 並外れた　□ **genuine** 形 純粋な　□ **passion** 名 情熱
□ **craft** 名 手作業　□ **sentimental value** 思い入れ
□ **attention to detail** 細心の注意　□ **flawlessly** 副 完ぺきに
□ **refinished surface** 再仕上された表面　□ **apparently** 副 聞いたところでは
□ **previous** 形 前の　□ **policy** 名 方針　□ **closely** 副 密に
□ **regularly** 副 定期的に　□ **first-rate** 形 一流の　□ **pickup and delivery** 集配
□ **truly** 副 本当に　□ **demonstrate** 動 明示する
□ **commitment** 名 取り組み、約束　□ **satisfaction** 名 満足
□ **highly recommend** 強く薦める
【設問・選択肢】 □ **journal** 名 専門誌　□ **brochure** 名 パンフレット
□ **immediately** 副 即、ただちに　□ **procedure** 名 手続き
□ **unnecessary** 形 不要な　□ **estimate** 名 見積もり　□ **storage** 名 保管
□ **affordable** 形 手ごろな、安い

解説

186. オールストン・シティにある家族経営の家具修復業、エルバークラフト・ハウスのプロフィールや業績、現オーナーのコメントが紹介されている。博物館に所蔵されるような年代物の家具の修復についても触れられていることから、(D)「デザイン雑誌」に掲載された取材記事である可能性が最も高い。

187. メールの第2段落の最後で、ブラウンさんは、アームチェア等の家具3点はすぐに作業に取り掛かれるとゴンザレスさんに伝えている。よって、(A)「いくつかの作業はすぐに始められる」が正解。

188. クロス問題。メールの第2段落の前半でブラウンさんは、ゴンザレスさんが修復を依頼した家具のうち1点は、エルバークラフト・ハウスのオーナーが以前作業し、現在博物館に展示されているモノと類似しているので、彼女が担当できる12月まで作業を待ってほしいと述べている。記事の第2段落を見ると、博物館に展示されているのは (C)「ダイニングテーブル」である。レビューの内容でゴンザレスさんがこの提案に同意したこともわかる。

189. レビュー中盤で、ゴンザレスさんは、エルバークラフト・ハウスの細部まで注意が行き届いた仕事ぶりを見て、残りの家具の修復も依頼することに決めた、と述べている。よって、(C)「細心の注意」が正解。

190. クロス問題。レビュー後半でゴンザレスさんは、「どうやら前オーナー が、修復する品ごとに常に顧客と密接に仕事をする方針にしたようです」と述 べている。最初の記事を見ると、ひとつ前のオーナーは、(B)「オリヴィア・ミ ッチェル」である。

191. 正解 (B)　　　**192.** 正解 (A)　　　**193.** 正解 (C)

194. 正解 (C)　　　**195.** 正解 (D)

訳　問題191〜195は次のウェブ・ページと2通のメールに関するものです。　◀149

特別な行事に料理の楽しみを

バレンシアズでは、食の体験を創造します。シェフとイベントプランナーがお客様と緊密に 連携し、小規模な企業懇親会から大規模なプライベート祝賀会まで、お客様のイベントに最 適なメニューをご用意いたします。食欲をそそる前菜から特別なメインディッシュ、極上の デザートまで、すべてのお料理は最高級の新鮮な食材のみを使用し、心を込めてご用意いた します。皆さまのイベントを思い出深いものにするお手伝いをお任せください。

<u>11月のお得情報</u>
◆ マッシュルームの詰め物、チーズ、カナッペの盛り合わせなど、前菜を10%オフでご提供 いたします。
◆ スパイシーグリルチキン、またはベジタリアン向けのメインディッシュをご注文いただく と、ガーデンサラダが無料になります。
◆ ブルーベリーパイを特価8.99ドルでお試しください。

宛先：　メリッサ・ライアン <melryan@lazoptics.com>
送信者：スチュワート・グプタ <orders@valencias.com>
日付：　11月19日
件名：　最近のご注文

ライアン様

イベントでお客さまやゲストの皆さまにサービスを提供できて、とても光栄でした。前菜の トレイの配達が少し遅れたため、ご迷惑をおかけしたことを改めてお詫び申し上げます。手 持ちの食材が少なすぎました。このようなことが二度と起こらないよう、在庫管理システム をアップグレードする対策をとっております。

今回の件をご理解いただいたことへの感謝の印として、次回のご注文時にご利用いただける

割引券をお送りします。また、お客様からのご意見は大切ですので、当社のサービスに関するご感想もお待ちしております。

敬具

スチュワート・グプタ
バレンシアズ

宛先：　スチュワート・グプタ <orders@valencias.com>
送信者：メリッサ・ライアン <melryan@lazoptics.com>
日付：　11月20日
件名：　RE：最近のご注文

グプタ様

メールをいただき、また、当社のビジネス昼食会で美味しいお料理をご提供いただき、ありがとうございました。当社のゲストは、多種多様なメニューと御社の卓越したサービスを楽しみました。チーズのトレイの遅れは気にならず、全体的な経験に影を落とすことはありませんでした。

それでも、当社は御社の申し出に感謝し、来月の当社の年次スタッフ懇親会でそれを利用するつもりです。12月18日に開催される予定ですので、近々、メニューのオプションについてご相談させていただきたく思います。

またご一緒できることを楽しみにしております。

敬具

メリッサ・ライアン
総務マネージャー
ラゾプティクス株式会社

191. バレンシアズの業態は何ですか？
    (A) 食料品店
    (B) ケータリング会社
    (C) 料理学校
    (D) 飲料メーカー

192. 11月にベジタリアン向けのオプションを注文した客は何をもらえますか？
    (A) 無料の料理
    (B) 料理の実演
    (C) イベントの飾りつけ
    (D) 食材のリスト

193. 1通目のメールによると、バレンシアズはどのように問題を解決していますか？
    (A) メニューを増やす
    (B) 営業時間を延長する
    (C) システムを改善する
    (D) 食材を冷凍する

194. ラゾプティクス社について、何が示唆されていますか？
    (A) ビジネス昼食会の予定を変更した。
    (B) チャリティ募金イベントを主催した。
    (C) 前菜の割引を受けた。
    (D) 業界の賞にノミネートされた。

195. ライアンさんは2通目のメールで何を示唆していますか？
    (A) 年次パーティが延期になった。
    (B) 一部のチキンの調理が不十分だった。
    (C) バレンシアズは数件苦情を受けた。
    (D) ラゾプティクス社は割引券を使う予定だ。

語注

【ウェブ・ページ】 □ culinary 形 料理の □ delight 名 喜び
□ special occasion 特別な行事 □ closely 副 密接に □ whether 接 ～であろうと
□ corporate 形 企業の □ gathering 名 集会 □ celebration 名 祝典
□ mouthwatering 形 食欲をそそる □ appetizer 名 前菜
□ exceptional 形 並外れた □ main course メインディッシュ
□ exquisite 形 極上の、優美な □ thoughtfully 副 思慮深く、よく考えて
□ prepared 形 調理された □ finest 形 最高の □ ingredient 名 食材
□ truly 副 本当に □ unforgettable 形 忘れられない □ deal 名 お得
□ including 前 ～を含む □ stuffed 形 中身が詰まった □ platter 名 大皿

【1通目のメール】 □ pleasure 名 喜び □ slight 形 わずかな □ delay 名 遅れ
□ apologize 動 お詫びする □ inconvenience 名 不便 □ simply 副 単純に
□ too few 少なすぎる □ on hand 手元に □ take measures 対策を講じる
□ inventory management 在庫管理 □ so that 接 ～するように
□ token 名 印 □ gratitude 名 感謝 □ matter 名 事柄、件
□ discount voucher 割引券 □ furthermore 副 さらに □ value 動 大切にする
□ feedback 名 意見、感想

【2通目のメール】 □ provide 動 提供する □ luncheon 名 昼食会
□ diverse 形 多種多様な □ negligible 形 気にならない
□ overshadow 動 見劣りさせる、暗い影を投げかける □ overall 形 全体的な
□ nevertheless 副 それでもなお □ intend 動 意図する
□ annual 形 年に一度の、毎年恒例の □ get-together 名 懇親会
□ look forward to ～を楽しみにする □ administrative 形 管理の

【設問・選択肢】 □ beverage 名 飲料 □ complimentary 形 無料の
□ solve 動 解決する □ expand 動 拡大する □ extend 動 延長する
□ business hours 営業時間 □ improve 動 改善する □ freeze 動 冷凍する
□ reschedule 動 予定を変更する □ host 動 主催する □ fundraising 形 募金の
□ nominate 動 候補に挙げる □ postpone 動 延期する □ prepare 動 調理する
□ complaint 名 苦情

191. ウェブ・ページ冒頭で、「シェフとイベントプランナーがお客様と緊密に連携し、小規模な企業懇親会から大規模なプライベート祝賀会まで、お客様のイベントに最適なメニューをご用意いたします」とある。イベント用の食事を用意するのは、(B)「ケータリング会社」である。

192. ウェブ・ページの「11月のお得情報」に、「スパイシーグリルチキン、またはベジタリアン向けのメインディッシュをご注文いただくと、ガーデンサラダが無料になります」とある。サラダが無料でもらえるので、(A)「無料の料理」が正解。

193. 1通目のメール第1段落の最後で、グプタさんが、前菜のトレイの配達が遅れたことをお詫びしたのち、「このようなことが二度と起こらないよう、在庫管理システムをアップグレードする対策をとっております」と述べている。よって、(C)「システムを改善する」が正解。

194. クロス問題。ウェブ・ページの「11月のお得情報」で、チーズなどの前菜が10%引きとある。2通目のメールで、グプタさんが、「チーズのトレイの遅れは気にならず」と述べている。メールの日付 (11月20日) と件名 (RE：最近のご注文) から、この昼食会は11月で、ラゾプティクス社がチーズを注文したことが推測できる。よって、(C)「前菜の割引を受けた」が正解。1通目のメールでグプタさんが、「前菜のトレイの配達が少し遅れた」と述べていることからも、このチーズのトレイは前菜であったことがわかる。

195. クロス問題。2通目のメールで、ライアンさんは、チーズのトレイの遅れは気にならなかったが、「当社は御社の申し出に感謝し、来月の当社の年次スタッフ懇親会でそれを利用するつもりです」と述べている。1通目のメールでグプタさんが、「今回の件をご理解いただいたことへの感謝の印として、次回のご注文時にご利用いただける割引券 (discount voucher) をお送りします」と述べているので、「それ」とは割引券のことである。よって、(D)「ラゾプティクス社は割引券を使う予定だ」が正解。

196. 正解 (B) **197.** 正解 (A) **198.** 正解 (D)
199. 正解 (B) **200.** 正解 (D)

訳 問題196〜200は次の広告、オンライン・フォーラム、議事録に関するもの (150)
です。

インターシンク・プロで面接を効率化しましょう

当社のオンライン・ソフトウェアは、世界中の候補者とのバーチャル面接を可能にします。面
接のスケジュールを簡単に立て、高解像度の動画とクリアな音声で細部まで記録できます。
安全なデータ暗号化により、すべての面接は不正アクセスから保護されます。また、ユーザ
ーフレンドリーなインターフェイスやその他の機能を備えたこのソフトウェアにより、感想
をシェアしたり候補者を評価したりする際、スタッフの連携がスムーズに取れます。

今すぐ<u>無料体験</u>に申し込み、インターシンク・プロで次世代の面接に踏み出しましょう！

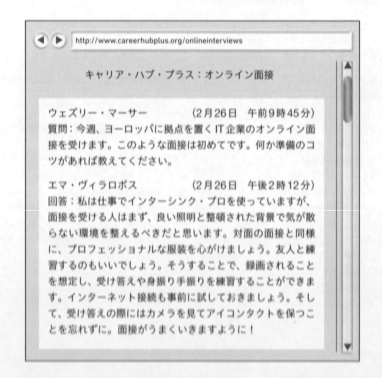

http://www.careerhubplus.org/onlineinterviews

キャリア・ハブ・プラス：オンライン面接

ウェズリー・マーサー 　　　（2月26日　午前9時45分）
質問：今週、ヨーロッパに拠点を置くIT企業のオンライン面
接を受けます。このような面接は初めてです。何か準備のコ
ツがあれば教えてください。

エマ・ヴィラロボス 　　　（2月26日　午後2時12分）
回答：私は仕事でインターシンク・プロを使っていますが、
面接を受ける人はまず、良い照明と整頓された背景で気が散
らない環境を整えるべきだと思います。対面の面接と同様
に、プロフェッショナルな服装を心がけましょう。友人と練
習するのもいいでしょう。そうすることで、録画されること
を想定し、受け答えや身振り手振りを練習することができま
す。インターネット接続も事前に試しておきましょう。そし
て、受け答えの際にはカメラを見てアイコンタクトを保つこ
とを忘れずに。面接がうまくいきますように！

IT データパルス

人事部会　議事録

日付：3月5日

出席者：人事マネージャー

議題：候補者の選考

概要：この会議では、インターシンク・プロのソフトを使って面接と選考を行った求職者について検討した。慎重に検討した結果、以下の候補者に絞り込んだ。

タマラ・ダーシー

ダーシーさんは IT データパルスで働くことを熱望していた。当社の競合他社で働いた経験はあるが、このポジションに必要な経験が不足している。

ケビン・ビングリー

ビングリーさんは、与えられた時間内にいくつかの回答を完了できなかったことが指摘された。経験はあるが、面接の準備が不十分であった。

ウェズリー・マーサー

マーサーさんは最もふさわしい候補者として際立っていた。彼は経験も豊富である。面接中スーツを着てカメラを見ていたのが印象的だった。私たちは彼に内定を出す決定をした。

次のステップ：ジャネット・ドロウィッツが内定通知書を作成し、マーサーさんと連絡を取り、詳細を詰める。

196. 明記されているインターシンク・プロの利点は何ですか？
(A) 紙の使用量の削減
(B) データの安全性
(C) 自動リマインダー
(D) 問題解決サポート

197. ヴィラロボスさんはおそらく何者ですか？
(A) 採用マネージャー
(B) 検査技師
(C) ウェブサイトのデザイナー
(D) テレビのレポーター

198. マーサーさんについて何が示唆されていますか？
(A) 何度もオンラインで面接を受けたことがある。
(B) 面接中に中断があった。
(C) オンライン・ソフトを開発する予定である。
(D) いくつかヴィラロボスさんのアドバイスに従った。

199. 議事録で何がほのめかされていますか？
- (A) ダーシーさんは IT の仕事を断った。
- (B) ビングリーさんは返答に時間がかかった。
- (C) マーサーさんは二次面接を受ける予定だ。
- (D) ドロウィッツさんは対面面接の方を好んでいる。

200. IT データパルスについて何が示されていますか？
- (A) 主要な競合他社よりも大きくなった。
- (B) 有名なインターネット・プロバイダーである。
- (C) 社長が会社を設立した。
- (D) 本社はヨーロッパにある。

語注

【広告】 □ **streamline** 動 効率化する　□ **interview** 名 面接
□ **empower** 動 可能にする　□ **conduct** 動 行う　□ **candidate** 名 候補者
□ **from around the globe** 世界中から　□ **effortlessly** 副 簡単に
□ **high-definition** 形 高解像度の　□ **crystal-clear** 形 クリアな、明瞭な
□ **encryption** 名 暗号化　□ **unauthorized** 形 無許可の　□ **feature** 名 機能
□ **allow for** 〜を可能にする　□ **when it comes to** 〜について言えば
□ **evaluate** 動 評価する　□ **sign up for** 〜に申し込む

【オンライン・フォーラム】 □ **based in** 〜に本社がある、拠点を置く　□ **tip** 名 助言、コツ
□ **distraction-free** 形 気が散らない　□ **tidy** 形 整頓された
□ **in-person** 形 対面の、直の　□ **beforehand** 副 事前に　□ **maintain** 動 維持する

【議事録】 □ **HR department** 人事部　□ **meeting minutes** 議事録、会議録
□ **attendee** 名 出席者　□ **agenda item** 議題　□ **summary** 名 概要
□ **review** 動 検討する　□ **job applicant** 求職者　□ **screen** 動 ふるいにかける
□ **careful** 形 慎重な　□ **consideration** 名 検討、考慮　□ **shortlist** 動 候補を絞る
□ **enthusiastic** 形 熱心な　□ **although** 接 〜だが　□ **competitor** 名 競争相手
□ **lack** 動 欠ける　□ **require** 動 必要とする　□ **note** 動 記す
□ **complete** 動 完了する　□ **within the given timeframe** 決められた時間内で
□ **stand out** 抜きん出る　□ **suitable** 形 適任の　□ **considerable** 形 かなりの
□ **impressed** 形 感心して　□ **reach a decision** 結論に達する
□ **extend a job offer** 内定を出す

【設問・選択肢】 □ **stated** 形 明記されている　□ **advantage** 名 利点
□ **automated** 形 自動の　□ **interrupt** 動 中断する　□ **imply** 動 ほのめかす
□ **turn down** 断る　□ **respond** 動 返答する　□ **found** 動 設立する
□ **headquarters** 名 本社

196. 広告で、「安全なデータ暗号化により、すべての面接は不正アクセスから保護されます」とあるので、(B)「データの安全性」が正解。

197. オンライン・フォーラムで、ヴィラロボスさんは、仕事で採用面接ソフトのインターシンク・プロを使っていると述べ、マーサーさんに面接対策の助言をしている。よって、この人物は (A)「採用マネージャー」だと推測できる。

198. クロス問題。議事録で、マーサーさんについて「面接中スーツを着てカメラを見ていたのが印象的だった」とある。これは、オンライン・フォーラムでヴィラロボスさんがマーサーさんに行った助言と同じ内容である。よって、(D)「いくつかヴィラロボスさんのアドバイスに従った」が正解。

199. 議事録で、ビングリーさんについて、「与えられた時間内にいくつかの回答を完了できなかったことが指摘された」とある。準備不足で回答を短くまとめることができなかったということなので、(B)「ビングリーさんは返答に時間がかかった」が正解。マーサーさんは二次面接に進むのではなく、この時点で内定が出ているので、(C) は本文の記述と合わない。

200. クロス問題。オンライン・フォーラムで、マーサーさんは「今週、ヨーロッパに拠点を置く IT 企業のオンライン面接を受けます」と述べている。議事録で、マーサーさんはインターシンク・プロを使った IT データパルス社の面接を受けたとわかる。2つの文書の日時からも、マーサーさんの質問にあった「ヨーロッパに拠点を置く I T 企業」は IT データパルス社のことだと推測できる。よって、(D)「本社はヨーロッパにある」が正解。Part 7 で based in Europe や Europe-based といった表現があれば、「ヨーロッパに本社がある」という意味である。頭に入れておこう。

● リスニング

Part 1	
1	A
2	B
3	D
4	A
5	C
6	D
Part 2	
7	A
8	A
9	C
10	B
11	A
12	C
13	B
14	B
15	A
16	C
17	B
18	A
19	C
20	C
21	C
22	A
23	A
24	B
25	C
26	A
27	B
28	A

29	B
30	C
31	A
Part 3	
32	D
33	B
34	C
35	C
36	B
37	A
38	B
39	D
40	C
41	D
42	A
43	D
44	A
45	D
46	B
47	B
48	A
49	D
50	C
51	A
52	C
53	D
54	D
55	B
56	D
57	C

58	A
59	B
60	A
61	C
62	C
63	D
64	A
65	D
66	B
67	A
68	B
69	D
70	C
Part 4	
71	C
72	C
73	B
74	D
75	A
76	B
77	D
78	D
79	C
80	A
81	B
82	C
83	B
84	D
85	B
86	D

87	A
88	C
89	D
90	D
91	B
92	B
93	B
94	C
95	D
96	B
97	C
98	A
99	A
100	C

● リーディング

Part 5	
101	A
102	A
103	B
104	B
105	A
106	A
107	C
108	D
109	A
110	C
111	B
112	B
113	A
114	D
115	B
116	B
117	B
118	C
119	D
120	A
121	A
122	D
123	D
124	D
125	C
126	D
127	D
128	B
129	C
130	B

Part 6	
131	D
132	B
133	B
134	C
135	D
136	D
137	B
138	A
139	A
140	D
141	C
142	D
143	C
144	A
145	C
146	D
Part 7	
147	C
148	B
149	D
150	A
151	D
152	B
153	B
154	C
155	C
156	D
157	A
158	A
159	C
160	B

161	A
162	B
163	C
164	A
165	B
166	D
167	C
168	A
169	C
170	D
171	D
172	B
173	C
174	D
175	B
176	A
177	A
178	C
179	C
180	D
181	B
182	B
183	C
184	D
185	A
186	D
187	A
188	C
189	C
190	B
191	B
192	A

193	C
194	C
195	D
196	B
197	A
198	D
199	B
200	D

実戦模試　スコア換算表

模試の正解数から、予想スコアを出してみましょう。
本番の試験に向けての参考にしてください。

●リスニング

正解数	スコア
100	495
99	495
98	495
97	495
96	490
95	485
94	475
93	470
92	465
91	460
90	455
89	450
88	445
87	440
86	435
85	430
84	425
83	420
82	410
81	405
80	400
79	395
78	390
77	380
76	375

正解数	スコア
75	370
74	365
73	360
72	355
71	350
70	345
69	340
68	335
67	330
66	325
65	320
64	315
63	310
62	305
61	300
60	300
59	295
58	285
57	280
56	275
55	270
54	265
53	255
52	250
51	245

正解数	スコア
50	240
49	235
48	230
47	230
46	225
45	220
44	215
43	210
42	205
41	200
40	195
39	190
38	185
37	180
36	175
35	170
34	160
33	150
32	145
31	140
30	130
29	125
28	120
27	120
26	115

正解数	スコア
25	110
24	105
23	100
22	90
21	85
20	85
19	80
18	75
17	70
16	65
15	55
14	45
13	35
12	30
11	25
10	25
9	25
8	20
7	20
6	20
5	20
4	15
3	15
2	10
1	10
0	5

● リーディング

正解数	スコア		正解数	スコア		正解数	スコア		正解数	スコア
100	495		75	370		50	220		25	85
99	495		74	360		49	215		24	80
98	490		73	355		48	210		23	75
97	485		72	345		47	205		22	70
96	480		71	340		46	195		21	70
95	475		70	335		45	190		20	60
94	470		69	330		44	185		19	60
93	465		68	325		43	180		18	55
92	460		67	320		42	170		17	50
91	455		66	310		41	165		16	50
90	450		65	305		40	160		15	50
89	445		64	300		39	155		14	45
88	440		63	295		38	150		13	40
87	435		62	290		37	145		12	40
86	430		61	280		36	140		11	35
85	420		60	270		35	135		10	25
84	415		59	265		34	130		9	25
83	410		58	260		33	125		8	20
82	405		57	255		32	120		7	20
81	400		56	250		31	115		6	15
80	395		55	245		30	110		5	10
79	390		54	240		29	105		4	10
78	385		53	235		28	100		3	10
77	380		52	230		27	95		2	5
76	375		51	225		26	90		1	5
									0	5

LISTENING SECTION

Part 1

No.	ANSWER
	A B C D
1	Ⓐ Ⓑ Ⓒ Ⓓ
2	Ⓐ Ⓑ Ⓒ Ⓓ
3	Ⓐ Ⓑ Ⓒ Ⓓ
4	Ⓐ Ⓑ Ⓒ Ⓓ
5	Ⓐ Ⓑ Ⓒ Ⓓ
6	Ⓐ Ⓑ Ⓒ Ⓓ
7	Ⓐ Ⓑ Ⓒ Ⓓ
8	Ⓐ Ⓑ Ⓒ Ⓓ
9	Ⓐ Ⓑ Ⓒ Ⓓ
10	Ⓐ Ⓑ Ⓒ Ⓓ

No.	ANSWER
	A B C
11	Ⓐ Ⓑ Ⓒ
12	Ⓐ Ⓑ Ⓒ
13	Ⓐ Ⓑ Ⓒ
14	Ⓐ Ⓑ Ⓒ
15	Ⓐ Ⓑ Ⓒ
16	Ⓐ Ⓑ Ⓒ
17	Ⓐ Ⓑ Ⓒ
18	Ⓐ Ⓑ Ⓒ
19	Ⓐ Ⓑ Ⓒ
20	Ⓐ Ⓑ Ⓒ

Part 2

No.	ANSWER
	A B C
21	Ⓐ Ⓑ Ⓒ
22	Ⓐ Ⓑ Ⓒ
23	Ⓐ Ⓑ Ⓒ
24	Ⓐ Ⓑ Ⓒ
25	Ⓐ Ⓑ Ⓒ
26	Ⓐ Ⓑ Ⓒ
27	Ⓐ Ⓑ Ⓒ
28	Ⓐ Ⓑ Ⓒ
29	Ⓐ Ⓑ Ⓒ
30	Ⓐ Ⓑ Ⓒ

No.	ANSWER
	A B C
31	Ⓐ Ⓑ Ⓒ
32	Ⓐ Ⓑ Ⓒ
33	Ⓐ Ⓑ Ⓒ
34	Ⓐ Ⓑ Ⓒ
35	Ⓐ Ⓑ Ⓒ
36	Ⓐ Ⓑ Ⓒ
37	Ⓐ Ⓑ Ⓒ
38	Ⓐ Ⓑ Ⓒ
39	Ⓐ Ⓑ Ⓒ
40	Ⓐ Ⓑ Ⓒ

Part 3

No.	ANSWER
	A B C D
41	Ⓐ Ⓑ Ⓒ Ⓓ
42	Ⓐ Ⓑ Ⓒ Ⓓ
43	Ⓐ Ⓑ Ⓒ Ⓓ
44	Ⓐ Ⓑ Ⓒ Ⓓ
45	Ⓐ Ⓑ Ⓒ Ⓓ
46	Ⓐ Ⓑ Ⓒ Ⓓ
47	Ⓐ Ⓑ Ⓒ Ⓓ
48	Ⓐ Ⓑ Ⓒ Ⓓ
49	Ⓐ Ⓑ Ⓒ Ⓓ
50	Ⓐ Ⓑ Ⓒ Ⓓ

No.	ANSWER
	A B C D
51	Ⓐ Ⓑ Ⓒ Ⓓ
52	Ⓐ Ⓑ Ⓒ Ⓓ
53	Ⓐ Ⓑ Ⓒ Ⓓ
54	Ⓐ Ⓑ Ⓒ Ⓓ
55	Ⓐ Ⓑ Ⓒ Ⓓ
56	Ⓐ Ⓑ Ⓒ Ⓓ
57	Ⓐ Ⓑ Ⓒ Ⓓ
58	Ⓐ Ⓑ Ⓒ Ⓓ
59	Ⓐ Ⓑ Ⓒ Ⓓ
60	Ⓐ Ⓑ Ⓒ Ⓓ

No.	ANSWER
	A B C D
61	Ⓐ Ⓑ Ⓒ Ⓓ
62	Ⓐ Ⓑ Ⓒ Ⓓ
63	Ⓐ Ⓑ Ⓒ Ⓓ
64	Ⓐ Ⓑ Ⓒ Ⓓ
65	Ⓐ Ⓑ Ⓒ Ⓓ
66	Ⓐ Ⓑ Ⓒ Ⓓ
67	Ⓐ Ⓑ Ⓒ Ⓓ
68	Ⓐ Ⓑ Ⓒ Ⓓ
69	Ⓐ Ⓑ Ⓒ Ⓓ
70	Ⓐ Ⓑ Ⓒ Ⓓ

Part 4

No.	ANSWER
	A B C D
71	Ⓐ Ⓑ Ⓒ Ⓓ
72	Ⓐ Ⓑ Ⓒ Ⓓ
73	Ⓐ Ⓑ Ⓒ Ⓓ
74	Ⓐ Ⓑ Ⓒ Ⓓ
75	Ⓐ Ⓑ Ⓒ Ⓓ
76	Ⓐ Ⓑ Ⓒ Ⓓ
77	Ⓐ Ⓑ Ⓒ Ⓓ
78	Ⓐ Ⓑ Ⓒ Ⓓ
79	Ⓐ Ⓑ Ⓒ Ⓓ
80	Ⓐ Ⓑ Ⓒ Ⓓ

No.	ANSWER
	A B C D
81	Ⓐ Ⓑ Ⓒ Ⓓ
82	Ⓐ Ⓑ Ⓒ Ⓓ
83	Ⓐ Ⓑ Ⓒ Ⓓ
84	Ⓐ Ⓑ Ⓒ Ⓓ
85	Ⓐ Ⓑ Ⓒ Ⓓ
86	Ⓐ Ⓑ Ⓒ Ⓓ
87	Ⓐ Ⓑ Ⓒ Ⓓ
88	Ⓐ Ⓑ Ⓒ Ⓓ
89	Ⓐ Ⓑ Ⓒ Ⓓ
90	Ⓐ Ⓑ Ⓒ Ⓓ

No.	ANSWER
	A B C D
91	Ⓐ Ⓑ Ⓒ Ⓓ
92	Ⓐ Ⓑ Ⓒ Ⓓ
93	Ⓐ Ⓑ Ⓒ Ⓓ
94	Ⓐ Ⓑ Ⓒ Ⓓ
95	Ⓐ Ⓑ Ⓒ Ⓓ
96	Ⓐ Ⓑ Ⓒ Ⓓ
97	Ⓐ Ⓑ Ⓒ Ⓓ
98	Ⓐ Ⓑ Ⓒ Ⓓ
99	Ⓐ Ⓑ Ⓒ Ⓓ
100	Ⓐ Ⓑ Ⓒ Ⓓ

READING SECTION

Part 5

No.	ANSWER
	A B C D
101	Ⓐ Ⓑ Ⓒ Ⓓ
102	Ⓐ Ⓑ Ⓒ Ⓓ
103	Ⓐ Ⓑ Ⓒ Ⓓ
104	Ⓐ Ⓑ Ⓒ Ⓓ
105	Ⓐ Ⓑ Ⓒ Ⓓ
106	Ⓐ Ⓑ Ⓒ Ⓓ
107	Ⓐ Ⓑ Ⓒ Ⓓ
108	Ⓐ Ⓑ Ⓒ Ⓓ
109	Ⓐ Ⓑ Ⓒ Ⓓ
110	Ⓐ Ⓑ Ⓒ Ⓓ

No.	ANSWER
	A B C D
111	Ⓐ Ⓑ Ⓒ Ⓓ
112	Ⓐ Ⓑ Ⓒ Ⓓ
113	Ⓐ Ⓑ Ⓒ Ⓓ
114	Ⓐ Ⓑ Ⓒ Ⓓ
115	Ⓐ Ⓑ Ⓒ Ⓓ
116	Ⓐ Ⓑ Ⓒ Ⓓ
117	Ⓐ Ⓑ Ⓒ Ⓓ
118	Ⓐ Ⓑ Ⓒ Ⓓ
119	Ⓐ Ⓑ Ⓒ Ⓓ
120	Ⓐ Ⓑ Ⓒ Ⓓ

Part 6

No.	ANSWER
	A B C D
121	Ⓐ Ⓑ Ⓒ Ⓓ
122	Ⓐ Ⓑ Ⓒ Ⓓ
123	Ⓐ Ⓑ Ⓒ Ⓓ
124	Ⓐ Ⓑ Ⓒ Ⓓ
125	Ⓐ Ⓑ Ⓒ Ⓓ
126	Ⓐ Ⓑ Ⓒ Ⓓ
127	Ⓐ Ⓑ Ⓒ Ⓓ
128	Ⓐ Ⓑ Ⓒ Ⓓ
129	Ⓐ Ⓑ Ⓒ Ⓓ
130	Ⓐ Ⓑ Ⓒ Ⓓ

No.	ANSWER
	A B C D
131	Ⓐ Ⓑ Ⓒ Ⓓ
132	Ⓐ Ⓑ Ⓒ Ⓓ
133	Ⓐ Ⓑ Ⓒ Ⓓ
134	Ⓐ Ⓑ Ⓒ Ⓓ
135	Ⓐ Ⓑ Ⓒ Ⓓ
136	Ⓐ Ⓑ Ⓒ Ⓓ
137	Ⓐ Ⓑ Ⓒ Ⓓ
138	Ⓐ Ⓑ Ⓒ Ⓓ
139	Ⓐ Ⓑ Ⓒ Ⓓ
140	Ⓐ Ⓑ Ⓒ Ⓓ

No.	ANSWER
	A B C D
141	Ⓐ Ⓑ Ⓒ Ⓓ
142	Ⓐ Ⓑ Ⓒ Ⓓ
143	Ⓐ Ⓑ Ⓒ Ⓓ
144	Ⓐ Ⓑ Ⓒ Ⓓ
145	Ⓐ Ⓑ Ⓒ Ⓓ
146	Ⓐ Ⓑ Ⓒ Ⓓ
147	Ⓐ Ⓑ Ⓒ Ⓓ
148	Ⓐ Ⓑ Ⓒ Ⓓ
149	Ⓐ Ⓑ Ⓒ Ⓓ
150	Ⓐ Ⓑ Ⓒ Ⓓ

Part 7

No.	ANSWER
	A B C D
151	Ⓐ Ⓑ Ⓒ Ⓓ
152	Ⓐ Ⓑ Ⓒ Ⓓ
153	Ⓐ Ⓑ Ⓒ Ⓓ
154	Ⓐ Ⓑ Ⓒ Ⓓ
155	Ⓐ Ⓑ Ⓒ Ⓓ
156	Ⓐ Ⓑ Ⓒ Ⓓ
157	Ⓐ Ⓑ Ⓒ Ⓓ
158	Ⓐ Ⓑ Ⓒ Ⓓ
159	Ⓐ Ⓑ Ⓒ Ⓓ
160	Ⓐ Ⓑ Ⓒ Ⓓ

No.	ANSWER
	A B C D
161	Ⓐ Ⓑ Ⓒ Ⓓ
162	Ⓐ Ⓑ Ⓒ Ⓓ
163	Ⓐ Ⓑ Ⓒ Ⓓ
164	Ⓐ Ⓑ Ⓒ Ⓓ
165	Ⓐ Ⓑ Ⓒ Ⓓ
166	Ⓐ Ⓑ Ⓒ Ⓓ
167	Ⓐ Ⓑ Ⓒ Ⓓ
168	Ⓐ Ⓑ Ⓒ Ⓓ
169	Ⓐ Ⓑ Ⓒ Ⓓ
170	Ⓐ Ⓑ Ⓒ Ⓓ

No.	ANSWER
	A B C D
171	Ⓐ Ⓑ Ⓒ Ⓓ
172	Ⓐ Ⓑ Ⓒ Ⓓ
173	Ⓐ Ⓑ Ⓒ Ⓓ
174	Ⓐ Ⓑ Ⓒ Ⓓ
175	Ⓐ Ⓑ Ⓒ Ⓓ
176	Ⓐ Ⓑ Ⓒ Ⓓ
177	Ⓐ Ⓑ Ⓒ Ⓓ
178	Ⓐ Ⓑ Ⓒ Ⓓ
179	Ⓐ Ⓑ Ⓒ Ⓓ
180	Ⓐ Ⓑ Ⓒ Ⓓ

No.	ANSWER
	A B C D
181	Ⓐ Ⓑ Ⓒ Ⓓ
182	Ⓐ Ⓑ Ⓒ Ⓓ
183	Ⓐ Ⓑ Ⓒ Ⓓ
184	Ⓐ Ⓑ Ⓒ Ⓓ
185	Ⓐ Ⓑ Ⓒ Ⓓ
186	Ⓐ Ⓑ Ⓒ Ⓓ
187	Ⓐ Ⓑ Ⓒ Ⓓ
188	Ⓐ Ⓑ Ⓒ Ⓓ
189	Ⓐ Ⓑ Ⓒ Ⓓ
190	Ⓐ Ⓑ Ⓒ Ⓓ

No.	ANSWER
	A B C D
191	Ⓐ Ⓑ Ⓒ Ⓓ
192	Ⓐ Ⓑ Ⓒ Ⓓ
193	Ⓐ Ⓑ Ⓒ Ⓓ
194	Ⓐ Ⓑ Ⓒ Ⓓ
195	Ⓐ Ⓑ Ⓒ Ⓓ
196	Ⓐ Ⓑ Ⓒ Ⓓ
197	Ⓐ Ⓑ Ⓒ Ⓓ
198	Ⓐ Ⓑ Ⓒ Ⓓ
199	Ⓐ Ⓑ Ⓒ Ⓓ
200	Ⓐ Ⓑ Ⓒ Ⓓ

READING SECTION

Part 1 / Part 2 / Part 5 / Part 6 / Part 7

No.	A	B	C	D
101	A	B	C	D
102	A	B	C	D
103	A	B	C	D
104	A	B	C	D
105	A	B	C	D
106	A	B	C	D
107	A	B	C	D
108	A	B	C	D
109	A	B	C	D
110	A	B	C	D

No.	A	B	C	D
111	A	B	C	D
112	A	B	C	D
113	A	B	C	D
114	A	B	C	D
115	A	B	C	D
116	A	B	C	D
117	A	B	C	D
118	A	B	C	D
119	A	B	C	D
120	A	B	C	D

No.	A	B	C	D
121	A	B	C	D
122	A	B	C	D
123	A	B	C	D
124	A	B	C	D
125	A	B	C	D
126	A	B	C	D
127	A	B	C	D
128	A	B	C	D
129	A	B	C	D
130	A	B	C	D

No.	A	B	C	D
131	A	B	C	D
132	A	B	C	D
133	A	B	C	D
134	A	B	C	D
135	A	B	C	D
136	A	B	C	D
137	A	B	C	D
138	A	B	C	D
139	A	B	C	D
140	A	B	C	D

No.	A	B	C	D
141	A	B	C	D
142	A	B	C	D
143	A	B	C	D
144	A	B	C	D
145	A	B	C	D
146	A	B	C	D
147	A	B	C	D
148	A	B	C	D
149	A	B	C	D
150	A	B	C	D

No.	A	B	C	D
151	A	B	C	D
152	A	B	C	D
153	A	B	C	D
154	A	B	C	D
155	A	B	C	D
156	A	B	C	D
157	A	B	C	D
158	A	B	C	D
159	A	B	C	D
160	A	B	C	D

No.	A	B	C	D
161	A	B	C	D
162	A	B	C	D
163	A	B	C	D
164	A	B	C	D
165	A	B	C	D
166	A	B	C	D
167	A	B	C	D
168	A	B	C	D
169	A	B	C	D
170	A	B	C	D

No.	A	B	C	D
171	A	B	C	D
172	A	B	C	D
173	A	B	C	D
174	A	B	C	D
175	A	B	C	D
176	A	B	C	D
177	A	B	C	D
178	A	B	C	D
179	A	B	C	D
180	A	B	C	D

No.	A	B	C	D
181	A	B	C	D
182	A	B	C	D
183	A	B	C	D
184	A	B	C	D
185	A	B	C	D
186	A	B	C	D
187	A	B	C	D
188	A	B	C	D
189	A	B	C	D
190	A	B	C	D

No.	A	B	C	D
191	A	B	C	D
192	A	B	C	D
193	A	B	C	D
194	A	B	C	D
195	A	B	C	D
196	A	B	C	D
197	A	B	C	D
198	A	B	C	D
199	A	B	C	D
200	A	B	C	D

LISTENING SECTION

Part 1 / Part 2 / Part 3 / Part 4

No.	A	B	C	D
1	A	B	C	D
2	A	B	C	D
3	A	B	C	D
4	A	B	C	D
5	A	B	C	D
6	A	B	C	D
7	A	B	C	D
8	A	B	C	D
9	A	B	C	D
10	A	B	C	D

No.	A	B	C	D
11	A	B	C	D
12	A	B	C	D
13	A	B	C	D
14	A	B	C	D
15	A	B	C	D
16	A	B	C	D
17	A	B	C	D
18	A	B	C	D
19	A	B	C	D
20	A	B	C	D

No.	A	B	C
21	A	B	C
22	A	B	C
23	A	B	C
24	A	B	C
25	A	B	C
26	A	B	C
27	A	B	C
28	A	B	C
29	A	B	C
30	A	B	C

No.	A	B	C	D
31	A	B	C	D
32	A	B	C	D
33	A	B	C	D
34	A	B	C	D
35	A	B	C	D
36	A	B	C	D
37	A	B	C	D
38	A	B	C	D
39	A	B	C	D
40	A	B	C	D

No.	A	B	C	D
41	A	B	C	D
42	A	B	C	D
43	A	B	C	D
44	A	B	C	D
45	A	B	C	D
46	A	B	C	D
47	A	B	C	D
48	A	B	C	D
49	A	B	C	D
50	A	B	C	D

No.	A	B	C	D
51	A	B	C	D
52	A	B	C	D
53	A	B	C	D
54	A	B	C	D
55	A	B	C	D
56	A	B	C	D
57	A	B	C	D
58	A	B	C	D
59	A	B	C	D
60	A	B	C	D

No.	A	B	C	D
61	A	B	C	D
62	A	B	C	D
63	A	B	C	D
64	A	B	C	D
65	A	B	C	D
66	A	B	C	D
67	A	B	C	D
68	A	B	C	D
69	A	B	C	D
70	A	B	C	D

No.	A	B	C	D
71	A	B	C	D
72	A	B	C	D
73	A	B	C	D
74	A	B	C	D
75	A	B	C	D
76	A	B	C	D
77	A	B	C	D
78	A	B	C	D
79	A	B	C	D
80	A	B	C	D

No.	A	B	C	D
81	A	B	C	D
82	A	B	C	D
83	A	B	C	D
84	A	B	C	D
85	A	B	C	D
86	A	B	C	D
87	A	B	C	D
88	A	B	C	D
89	A	B	C	D
90	A	B	C	D

No.	A	B	C	D
91	A	B	C	D
92	A	B	C	D
93	A	B	C	D
94	A	B	C	D
95	A	B	C	D
96	A	B	C	D
97	A	B	C	D
98	A	B	C	D
99	A	B	C	D
100	A	B	C	D

著者紹介　TEX 加藤 (テックス・かとう)

 1967年大阪府生まれ。神戸市外国語大学外国語学部英米学科卒。一般企業での約20年の勤務を経て、2010年、TOEIC TEST講師に転身。2008年以降、延べ150回以上TOEIC TESTを継続受験し、最新の傾向を著書に反映している。現在、神田外語グループ　アカデミック・アドバイザー。2019〜22年に受験したTOEIC公開テストで29回連続「990点」を取得。TOEIC TESTの通算満点取得回数は130回を超える。英検1級。著書に、『TOEIC® L&R TEST 出る単特急　金のフレーズ』、『TOEIC® L&R TEST 出る単特急　銀のフレーズ』、『TOEIC® L&R TEST 出る単特急 金の1000問』（以上小社）、『TOEIC® L&Rテスト 文法問題 でる1000問』（アスク）、共著に、TOEIC® L&R TEST読解特急シリーズなど多数。著書の累計発行部数は300万部を超える。

TOEIC® L&R TEST はじめから超特急
金のパッケージ

2024 年 1 月 30 日　第 1 刷発行
2024 年 7 月 30 日　第 3 刷発行

著　者	TEX 加藤
発行者	宇都宮 健太朗
装　丁	川原田 良一
本文デザイン	コントヨコ
似顔絵イラスト	cawa-j ☆ かわじ
印刷所	大日本印刷株式会社
発行所	朝日新聞出版

〒104-8011　東京都中央区築地 5-3-2
電話 03-5541-8814（編集）　03-5540-7793（販売）
© 2024 TEX Kato
Published in Japan by Asahi Shimbun Publications Inc.
ISBN 978-4-02-332353-7